相守还是分离

XIANGSHOU HAISHI FENLI

婚姻热点问题法律指引

HUNYIN REDIAN WENTI FALÜ ZHIYIN

刘亚娟 梅林 著

北京市盈科（深圳）律师事务所

法律出版社 LAW PRESS·CHINA

北京

图书在版编目(CIP)数据

相守还是分离 ：婚姻热点问题法律指引 / 刘亚娟，梅林著. -- 北京 ：法律出版社，2023
ISBN 978-7-5197-7544-5

Ⅰ. ①相… Ⅱ. ①刘… ②梅… Ⅲ. ①婚姻家庭纠纷－案例－中国 Ⅳ. ①D923.905

中国国家版本馆 CIP 数据核字（2023）第 023981 号

相守还是分离
——婚姻热点问题法律指引
XIANGSHOU HAISHI FENLI
—HUNYIN REDIAN WENTI FALÜ ZHIYIN

刘亚娟 梅 林 著

策划编辑 朱海波
责任编辑 朱海波 李 军
装帧设计 贾丹丹

出版发行 法律出版社
编辑统筹 法律应用出版分社
责任校对 王晓萍 王语童
责任印制 刘晓伟
经　　销 新华书店

开本 710 毫米×1000 毫米 1/16
印张 19.75 **字数** 300 千
版本 2023 年 3 月第 1 版
印次 2023 年 3 月第 1 次印刷
印刷 永清县金鑫印刷有限公司

地址：北京市丰台区莲花池西里 7 号（100073）
网址：www.lawpress.com.cn
投稿邮箱：info@lawpress.com.cn
举报盗版邮箱：jbwq@lawpress.com.cn
销售电话：010-83938349
客服电话：010-83938350
咨询电话：010-63939796

书号：ISBN 978-7-5197-7544-5　　**定价**：75.00 元

凡购买本社图书，如有印装错误，我社负责退换。电话：010-83938349

前　言

作为常年办理离婚案件的律师，我经常要面对当事人离还是不离的纠结。从传统习俗的角度，劝人离婚是要背负很大的心理压力的，但是有时候看见当事人那么痛苦，我真心觉得离婚可能是一种解脱，那么我们该如何看待这一问题呢？

中国有一句俗话，“宁拆十座庙，不毁一桩婚”，所以谈论如何离婚总会给人一种不良善的感觉。但是只有亲眼见过，才能体会到一段痛苦的婚姻会带给人怎样的绝望。婚姻的意义是什么？是一本结婚证和法律上的婚姻关系，还是有一个灵魂伴侣及能相互扶持的人？或者说生活的意义到底是什么？是名义上的圆满还是内心的幸福？

曾经在一本书上看过这样一句话，“离婚是痛事，离婚是幸事，每个人都不希望有离婚的经历，但每一个人都有经历的可能”。此话讲得极有道理。

的确，我们每个人谁也不能肯定、更不敢保证自己的婚姻就是一辈子的，哪怕是曾经满心欢喜、相互欣赏的两个人，也可能随着时代的变化、世事的变迁而发生改变。当然，也许一方没变，而另一方却变了，从而导致两个人之间的矛盾也变得越来越多，关爱越来越少，两颗心的距离也越来越远。

作为婚姻家事律师，我接受过太多离婚咨询，也曾代理了太多的离婚案件，亲眼所见不少曾经的恩爱夫妻如今反目成仇，当然也有不少从一开始婚姻就不幸福的，如今更是相互指责对方的不是，再或者编造谎言、颠倒黑白，转移财产、制造债务，把数年前的旧账、新账一笔笔地翻来倒去等，那种撕心裂肺的痛不是常人能体会的。这也是为何不少当事人极想早日摆脱痛苦的婚姻，却又迟迟难以下定决心的原因，那是因为害怕啊，害怕去面对这些，更害怕面对这种撕心裂肺的痛！尤其是对于一些有了孩子、又涉及一些财产分割或家庭关系复杂的夫妻来讲，左右进退都为难，复杂的情感因素又夹杂着财产利益，剪不断、理还乱！人往往在这个时候就变得特别迷茫、特别脆弱，都希望有人能切实站在自己的角度帮自己一把，为自己指明方向或告诉自己该怎么办。

很多人都说，因为感情不顺，所以把重心寄托在事业上，因此事业会发展得更好，但实际上首先要把自己的心情理顺了，让自己的心情舒畅了、安稳了，才能有更好的状态投入工作之中。因此，有些时候，不是你想不想面对或害不害怕面对的问题，而是必须要面对！人其实往往比自己想象得要坚强，更何况时间真的能抚平一切，包括伤痛。

说到最后，其实每个人都是一个独立的个体，都有自己的物质需求和情感需求。我们每个生活在这个时代的人都不容易，只是希望，两个人在一起时就尽量好好相互珍惜、相互关爱，有些过去的矛盾就让它过去吧，而没有必要放在心底里反复去想，遇事不钻牛角尖，否则既摧残了自己，又折磨了他人。所以，如果两个人处于矛盾初期，我通常建议前来咨询的当事人先别急，慢慢来，给自己一点时间、给对方一点时间，找出矛盾的根源，相互改进、彼此包容，退一步海阔天空，过了这一关，或许会柳暗花明、峰回路转。

不过，如果万一有一天两个人实在没有办法走下去了，也希望彼此能够理性面对、好好分离。

此外，无论两个人在一起或不在一起，无论两个人是夫妻还是路人，都要学会把自己经营好、打理好，人总是要朝前看，日子也总要过下去，也许走过这一段泥泞路，就会遇到新的风景！

也有很多人以孩子的名义坚持着名存实亡的婚姻，但是这样真的对孩子好吗？

很多夫妻两人之间已经早早地就离婚达成了一致，也不再修复两人的关系，但是出于为孩子考虑，为了给孩子一个完整的家而坚持不离婚，每天阳奉阴违地生活在一个屋檐下。夫妻离婚，孩子抚养权问题是绕不开的痛，但是一段没有爱、只有伤害的婚姻对孩子的成长影响可能比离异更大。作为成年人应该更多地从孩子的视角去考虑，尽量减少因夫妻离异而对孩子造成的伤害。

首先，我们要把孩子看作独立的个体，深刻理解孩子的需求和感受。这句话对很多父母来讲，说起来容易，做起来却很难。就我接触的案件而言，实际上很多父母都无法做到，很多人往往只会站在自己角度考虑：我只想和孩子在一起，我离不开孩子。可是，我们有没有真正思考过孩子的感受？

作为两个孩子的妈妈，我也曾经观察过我的两个孩子的思想和行为，举两个小例子，比如，女儿八岁多时，因为（搬新家）转学而舍不得原学校的老师和同学，故在新课堂上听到《送别》这首歌便触景生情、偷偷哭泣——在这里，我要特别感谢女儿能够与我交心谈心，向我倾诉这些，而女儿曾经的闺蜜好友更是在作文中写道："好久不见，你过得好吗？过了快半年，但我还是没有把你忘记。想起你和我玩时，我就很想回到那个时候……"——在这里，特别感谢女儿曾经的语文老师与我分享了这份感动！再如，我儿子一岁多时，每次我和他爸爸下班回家时，儿子都会先扑到他爸爸的怀里，有一次，我先下班回家了，儿子还对我"叽里呱啦"一通，尽管听不懂他说啥，但能感觉到他在问啥，当我问他是不是说爸爸怎么没回家，他连连点头。从这两个小例子可以看出，即便是一岁多正在牙牙学语的孩子，都有他自己的感受。作为父母，我相信只要细心观察，没有人会比我们更了解自己孩子的感受，而在特殊时期关键时刻，我们必须要理性、客观地从孩子的这些感受中提炼出一些东西。比如，通过我对我儿子的观察，儿子显然对他爸爸的依恋感更强，更喜欢与他爸爸待在一起，所以，我偶尔与我老公开玩笑："如果万一哪天离婚，我不会和你争儿子的抚养权。"其实无论孩子与父母哪一方更亲近一些，我们都没有必要为孩子争风吃醋，重要的是孩子过得快乐，而我们努力做好自己即可。因此，万一出现夫妻感情破裂，考虑孩子的抚养权归属时，一定要结合孩子的性格特征、感受等因素。

其次，无论孩子跟随哪一方抚养，请一定要记住：无论你对自己的前妻或前夫有多么憎恨和讨厌，都不要迁怒于孩子，因为孩子是无辜的！离婚后，作为非直接抚养孩子的一方，仍然要让孩子能够随时找到你，定期探望孩子及与孩子建立亲子关系，这既是你的权利同时也是你的义务。作为直接抚养孩子的一方，更不得限制另一方的探望权（有时在法庭上诚恳表达会保障对方的探望权其实会给法官带来更好的印象）。如此，孩子方能很快理解并能适应父母分离的状况。

最后，很多人有一种误区，认为只要自己经济能力更强、教育背景更高，便更有可能获得孩子的抚养权。当然，我们不可否认，经济能力强、教育背景好的确是争取孩子抚养权的一个有利因素，但是法庭上，法官绝不会仅以这两点来判断孩子的抚养权归属。在父母争取孩子抚养权的同时，我建议更多地考虑自己是否能抽出合理时间、精力来陪伴孩子，对于单亲家庭，对孩子的陪伴尤其重要，包括陪同孩子一起与其他小伙伴们玩耍。

此外，作为父母，自身的身体状况、精神状况（积极乐观向上的精神）也很重要，始终要相信：自己好，孩子才会好。如果为人父母，总是愁眉苦脸、充满负能量，请相信我的忠告：这种情况下，是很难培养一个健全人格的孩子的。我多年以前曾经代理一起案件，在其中接触一个女孩子，她本来年轻、漂亮且又聪明，自身条件相当不错，但偏偏对待感情并不慎重，了解其家庭情况之后，发现女孩的父母在其很小的时候便离婚了，女孩随母生活，母亲整天愁眉苦脸、怨天尤人，给女孩的心理也带来了极大的阴影，这在某种程度上也影响了女孩的价值观。因此，结合该事例，即便父母双方离婚，也切记让自己坚强起来、乐观起来，而事实上，我们代理的多起案例中，双方离婚后，各自重新找到幸福的也不少。

总而言之，如果夫妻感情确已破裂，无须为了孩子而勉强维持婚姻，因为这样的家庭环境并不利于孩子的成长，家庭功能的完整性比结构的完整性更为重要（这也是英国心理学家鲁道夫·谢弗在他的著作《儿童心理学》一书中的观点），考虑孩子抚养权时务必结合孩子的情况，并从有利于孩子成长的角度来考虑，尽可能降低对孩子的影响，非直接抚养孩子的一方也需要定期探望小孩，同孩子建立亲子关系。直接抚养的一方则要付出更多的努力，在缺少一名家庭成员的情况下保持家庭的功能性。

以上内容虽为个人观点，但亦为本人在工作中的感悟及对生活的观察，供大家参考。尽管作为一名已执业13年以上的老律师，但我仍始终保持小心谨慎的态度，因为家事案件不同于其他民事案件，它掺杂太多因素，法律的、情感的、社会的、心理的等，我们永远需要秉持谦虚谨慎的态度在该领域里努力耕耘。有时，我会想，家事律师的使命是什么？我自己的概括是："运用法律专业知识，结合司法实践及自身的社会阅历、工作经验及其他综合知识和能力等力求帮助客户和平解决问题、走出困境，维护客户的合法权益。"

我在办案之余，本书之所以能成稿，需要特别感谢我的先生梅林律师的参与，以及团队小伙伴们的帮助和协助，没有他们，就没有本书的出版。同时也感谢每一位信任我们、委托我们的当事人，是他们让我们丰富了工作阅历。当然，我们也感谢每一位读者，希望我们共同能为推动社会主义法治建设贡献一份力量。

北京市盈科（深圳）律师事务所律师　刘亚娟

2023年2月5日

目录
CONTENTS

第一章

我国的婚姻制度与夫妻财产制度

第一节　我国的婚姻制度

婚姻不是简单的两个人在一起生活，结婚意味着两个人之间的关系不再仅仅是两个人自己的事，这种关系从此要受法律的约束，也可以说两个自由人走向了不自由。所以在走进婚姻前，每个人都有必要了解在法律上婚姻意味着什么，了解我国的婚姻制度，了解婚姻对自己的约束是什么。

我国《民法典》第 1041 条规定："婚姻家庭受国家保护。实行婚姻自由、一夫一妻、男女平等的婚姻制度。保护妇女、未成年人、老年人、残疾人的合法权益。"从这个条文的表述可以看出我国婚姻制度的最基本的几条原则是"婚姻自由""一夫一妻""男女平等""保护妇女、儿童和老人的合法权益"。除了这条原则性的规定外，还有对家庭关系的指导性的规定，《民法典》第 1043 条规定："家庭应当树立优良家风，弘扬家庭美德，重视家庭文明建设。夫妻应当互相忠实，互相尊重，互相关爱；家庭成员应当敬老爱幼，互相帮助，维护平等、和睦、文明的婚姻家庭关系。"

对婚姻自由的理解首先是结婚的自由，《民法典》第 1042 条第 1 款规定："禁止包办、买卖婚姻和其他干涉婚姻自由的行为。禁止借婚姻索取财物。"第 1046 条规定："结婚应当男女双方完全自愿，禁止任何一方对另一方加以强迫，禁止任何组织或者个人加以干涉。"如果因胁迫而结婚，受胁迫一方可以向人民法院请求撤销婚姻，但需要注意需要在胁迫行为终止之日起一年内提出。关于结婚自由，并没有什么争议，毕竟双方你情我愿才结婚，这是天经地义的，包办婚姻已经是"过去式"了，即使偶有发生，社会舆论也不会认为包办婚姻行为是对的。

但是，对婚姻自由的另一面，对离婚自由的理解总是会引起广泛的争议。如果双方都同意离婚，离婚的自由比较容易保障。虽然偶尔有双方同意但法院判决不准许离婚的情况，绝大部分情形下，只要双方同意离婚，不管是去民政局还是去法院，都是可以顺利办理离婚手续的。如果只有一方希望离婚，另一方不希望离婚，就不适合以婚姻自由来主张自己的权利了，因为此时双方中任何一方行使自己的权利都干涉了另一方的权利。所以法律规定了一些法院应当准予离婚的情形，由法院居中裁判，根据夫妻感情是否确已破裂来判决是否准予离婚，本书后续章节将会详细叙述法院应当判决离婚的各种情形。

“一夫一妻”是婚姻关系中最基础的原则，违反该原则可能会构成重婚罪，后文将对此进行详细的分析。

“男女平等”原则贯穿整个婚姻、家庭、继承之中，在家事案件的审理中，法院的裁判原则是在男女平等的基础上适当保护妇女的合法权益。在实务中，各地民间还有一些风俗违背“男女平等”原则，比如，有的地方遗产“传儿不传女”。我们在法庭上就遇到过对方主张当地的风俗习惯就是房子留给儿子不留给女儿，这种观点显然不会得到法院的支持。虽然在审理案件中法院确实会考虑当地的习俗，但是如果这些习俗违背一些基础的法律原则，属于“陋习”的，则不应当作为断案的依据。在夫妻生活中，男女平等主要体现在家庭地位平等，对家庭事务、家庭财产有平等的处分权，并不会因为一方收入高或者在外的地位高就有更高的处置权。

由于妇女、儿童和老人在身体力量上一般是弱势方，所以其合法权益更容易受到侵害，更需要法律的保护。在婚姻家庭实务中，家暴的受害方往往是妇女、儿童。在离婚、分家析产、遗产继承中，受一些传统的恶习的影响，加上通常女方参与经济活动少于男方，所以女方的财产权益也更容易受到侵害。如果财产被侵害，弱势方应当积极地拿起法律的武器，维护自己的权益。

我国的婚姻关系是登记制，完成结婚登记即确立婚姻关系，没有登记就不确立婚姻关系。很多人有事实婚姻这个概念，按照《最高人民法院关于适用〈中华人民共和国民法典〉婚姻家庭编的解释（一）》的规定：“1994年2月1日民政部《婚姻登记管理条例》公布实施以前，男女双方已经符合结婚实质要件的，按事实婚姻处理。”只有符合这一条件的才能算事实婚姻。1994年2月1日之后没有办理结婚登记而共同生活的，无论是不是摆了酒席，无论是不是长期生活在一起，无论是不是有孩子，只要没有办理结婚登记，都不是合法的夫妻关系，只能按同居处理。

第二节　无效和可以被撤销的婚姻

一、可以被撤销的婚姻

《民法典》中规定了一些结婚的条件和一些禁止结婚的情形。第 1046 条规定："结婚应当男女双方完全自愿，禁止任何一方对另一方加以强迫，禁止任何组织或者个人加以干涉。"显然双方的自主意愿是结婚的最基础的前提条件。如果因胁迫而结婚，《民法典》第 1052 条规定了受胁迫的一方可以向人民法院请求撤销婚姻。但是应当自胁迫行为终止之日起 1 年内提出；如果当事人被非法限制人身自由，应当自恢复自由之日起 1 年内提出。

《最高人民法院关于适用〈中华人民共和国民法典〉婚姻家庭编的解释（一）》对怎么认定上述法律中规定的"胁迫"进行了规定："行为人以给另一方当事人或者其近亲属的生命、身体、健康、名誉、财产等方面造成损害为要挟，迫使另一方当事人违背真实意愿结婚的，可以认定为民法典第一千零五十二条所称的'胁迫'。"例如，用铁链将人锁在家中，当然构成胁迫。但在正常的社会中这种限制人身自由的极端行为属于极少数。那么如果没有限制人身自由，实务中怎么判断是否是被胁迫结婚呢？我们来看几个案例。

湖北省武汉东湖新技术开发区人民法院（2021）鄂 0192 民初 911 号案件中，被告谎称自己怀孕，并以自杀、"一尸两命"相威胁，于是原告与被告办理了结婚登记，结果同一天却发现被告来了例假，原告发现自己被欺骗，于是起诉至法院。法院认为，"原告与被告登记结婚并非原告真实意思表示，乃因被告以自杀、已怀孕等虚假事实相胁迫"，于是判决撤销婚姻。

贵州省仁怀市人民法院（2021）黔 0382 民初 4165 号案件中，被告因原告拒绝与其办理结婚登记，遂采取跳楼、同归于尽等口头威胁逼迫原告与其结婚。同时，基于被告的家庭经济条件不错，原告之父采取割腕自残和将原告关在家里等方式，逼迫原告与被告尽快结婚。法院认为："被告以口头恐吓以及原告父母以自杀威胁原告与被告办理婚姻登记，导致原告的结婚行为并非其真实意思表示，原告在双方婚姻登记后一年内向本院提出撤销婚姻登记之诉，符合法律规定，本院予以支持。"

除了被胁迫结婚可以撤销婚姻外，《民法典》第1053条第1款规定："一方患有重大疾病的，应当在结婚登记前如实告知另一方；不如实告知的，另一方可以向人民法院请求撤销婚姻。"但什么样的疾病算是重大疾病呢？《民法典》中并未明确规定。

《母婴保健法》第8条第1款规定："婚前医学检查包括对下列疾病的检查：（一）严重遗传性疾病；（二）指定传染病；（三）有关精神病。"第9条规定："经婚前医学检查，对患指定传染病在传染期内或者有关精神病在发病期内的，医师应当提出医学意见；准备结婚的男女双方应当暂缓结婚。"第10条规定，经婚前医学检查，对诊断患医学上认为不宜生育的严重遗传性疾病的，医师应当向男女双方说明情况，提出医学意见；经男女双方同意，采取长效避孕措施或者施行结扎手术后不生育的，可以结婚。同时该法在附则中对指定传染病、严重遗传性疾病和有关精神病的含义进行了解释：

"指定传染病，是指《中华人民共和国传染病防治法》中规定的艾滋病、淋病、梅毒、麻风病以及医学上认为影响结婚和生育的其他传染病。

严重遗传性疾病，是指由于遗传因素先天形成，患者全部或者部分丧失自主生活能力，后代再现风险高，医学上认为不宜生育的遗传性疾病。

有关精神病，是指精神分裂症、躁狂抑郁型精神病以及其他重型精神病。"

《母婴保健法》的规定对于什么是足以导致婚姻被撤销的重大疾病有重要的参考作用。但是，一方面该法中的规定有兜底条款，比如，"以及其他重型精神病"，另一方面法律的规定也无法涵盖所有的疾病种类，而随着医疗技术的发展一些疾病的严重程度也可能降低，所以在实务中法院也会根据一些原则来进行判断，并不一定要照着该清单判决。比如，北京市第二中级人民法院在（2021）京02民终5275号案件中，一方患有偏执型精神分裂症，结婚前未告知另一方，另一方请求撤销婚姻，法院认为："一审法院按照该疾病是否能够足以影响另一方当事人决定结婚的自由意志或者是否对双方婚后生活造成重大影响的标准严格把握亦属适当，本院不持异议。"并认为"陈某所患精神疾病对日常生活存在较为严重的不利影响，而夫妻双方在共同空间内长久生活，具有高度亲密性，对朱某而言，陈某的患病情况亦会对双方的共同生活产生重大影响，且足以成为影响其决定是否缔结婚姻的重要考量因素，故陈某所患精神疾病属于前述法律规定中的重大疾病范畴"。

根据上述分析，是否属于《民法典》第1053条规定的重大疾病，应当从是否对结婚的意愿和婚后生活造成重大影响来衡量，并结合《母婴保健法》的规定来判断。

受胁迫而请求撤销婚姻的，只能是受胁迫一方的婚姻关系当事人提起诉讼。受胁迫的当事人提起诉讼的时效为一年，该一年时效不适用诉讼时效中止、中断或者延长的规定，并且被胁迫或者被非法限制人身自由的当事人请求撤销婚姻的，不适用《民法典》第152条第2款"当事人自民事法律行为发生之日起五年内没有行使撤销权的，撤销权消灭"的规定。

二、无效的婚姻

《民法典》第1051条规定："有下列情形之一的，婚姻无效：（一）重婚；（二）有禁止结婚的亲属关系；（三）未到法定婚龄。"根据《民法典》第1047条，结婚年龄男不得早于22周岁，女不得早于20周岁。根据第1048条，直系血亲或者三代以内的旁系血亲禁止结婚。

与撤销婚姻不同的是，有权起诉请求确认婚姻无效的主体除了婚姻当事人以外，还包括利害关系人，根据《最高人民法院关于适用〈中华人民共和国民法典〉婚姻家庭编的解释（一）》第9条的规定，利害关系人包括：（1）以重婚为由的，为当事人的近亲属及基层组织；（2）以未到法定婚龄为由的，为未到法定婚龄者的近亲属；（3）以有禁止结婚的亲属关系为由的，为当事人的近亲属。

另外，根据上述司法解释第10条的规定，当事人向人民法院请求确认婚姻无效，法定的无效婚姻情形在提起诉讼时已经消失的，人民法院不予支持。比如，若当事人未到法定婚龄就登记结婚的，当事人必须在年龄达到法定婚龄之前提起诉讼请求确认婚姻无效，如果提起诉讼时已经达到了法定婚龄，则法院不会判决婚姻无效。

婚姻无效并不仅是当事人自己的权利问题，还涉及法律规定的结婚程序和条件的权威性。即使当事人没有提出婚姻无效的请求，只是提出离婚，如果法院经审理认为确属无效婚姻，应当将婚姻无效的情形告知当事人，并依法作出确认婚姻无效的判决。

实务中有一种情形是在当事人去世之前一直没有被发现其婚姻无效，直到当事人去世之后，各继承人之间争夺遗产时才发现原来有婚姻无效的情形，此时可以由利害关系人或者生存的一方向法院请求确认婚姻无效。在这种情形中，婚姻无效会导致各人之间的继承关系产生变化，至少无效婚姻的两当事人之间互相不再是继承人。

三、婚姻无效或被撤销的后果

《民法典》第1054条规定："无效的或者被撤销的婚姻自始没有法律约束力，当事人不具有夫妻的权利和义务。同居期间所得的财产，由当事人协议处理；协议不成的，由人民法院根据照顾无过错方的原则判决。对重婚导致的无效婚姻的财产处理，不得侵害合法婚姻当事人的财产权益。当事人所生的子女，适用本法关于父母子女的规定。婚姻无效或者被撤销的，无过错方有权请求损害赔偿。"

对于婚姻关系和夫妻之间的权利义务而言，自确认无效或者被撤销时，则确认双方之间的婚姻自始不受法律保护。两人之间并不是夫妻关系，如果在一起居住就只是同居关系。

《最高人民法院关于适用〈中华人民共和国民法典〉婚姻家庭编的解释

（一）》第 22 条规定："被确认无效或者被撤销的婚姻，当事人同居期间所得的财产，除有证据证明为当事人一方所有的以外，按共同共有处理。"如果是因为重婚而导致婚姻无效，在同居析产时不得侵害合法婚姻当事人的财产权益。因此对于因重婚导致婚姻无效后进行同居关系析产的，需要考虑重婚期间的生活情况，只能将同居的两当事人的共同财产进行析产，不能将同居期间重婚的一方的所有财产，包括与合法配偶之间共有的财产都纳入同居析产的财产范围。

如果已经生育子女，则不管婚姻是否无效或被撤销，父母子女关系仍然存在，子女抚养和抚养费的问题都与离婚中的处理方式类似。

第三节　夫妻财产制度

我国实施的是婚内夫妻共同财产制，原则上无论是丈夫还是妻子，在婚内取得的财产都是夫妻共同财产。

《民法典》第 1062 条对夫妻财产关系作出规定："夫妻在婚姻关系存续期间所得的下列财产，为夫妻的共同财产，归夫妻共同所有：（一）工资、奖金、劳务报酬；（二）生产、经营、投资的收益；（三）知识产权的收益；（四）继承或者受赠的财产，但是本法第一千零六十三条第三项规定的除外；（五）其他应当归共同所有的财产。夫妻对共同财产，有平等的处理权。"

《最高人民法院关于适用〈中华人民共和国民法典〉婚姻家庭编的解释（一）》中对其他应归共同所有的财产进行了一些规定。该解释第 25 条规定："婚姻关系存续期间，下列财产属于民法典第一千零六十二条规定的'其他应当归共同所有的财产'：（一）一方以个人财产投资取得的收益；（二）男女双方实际取得或者应当取得的住房补贴、住房公积金；（三）男女双方实际取得或者应当取得的基本养老金、破产安置补偿费。"第 26 条规定："夫妻一方个人财产在婚后产生的收益，除孳息和自然增值外，应认定为夫妻共同财产。”

实务中常见的其他应当归共同所有的财产包括以下几点。

1. 一方以个人财产投资取得的收益。婚姻关系存续期间，无论使用一方的个人财产还是使用夫妻共同财产投资设立的股东仅有夫妻两人的有限责任公司，公司经营所产生的股东收益均属于夫妻共同财产。

2. 男女双方婚内实际取得或者应当取得的住房补贴、住房公积金。

3. 男女双方婚内实际取得或者应当取得的养老保险金、破产安置补偿费。

4. 由一方婚前承租、婚后用共同财产购买、房屋权属证书登记在一方名下的房屋。

5. 夫妻一方个人财产在婚后产生的收益，除孳息和自然增值外，应认定为夫妻共同财产；未分割的夫妻共同财产在离婚后产生的孳息和自然增值，应认定为夫妻共同财产。

6. 当事人结婚后，父母为双方购置房屋出资的，该出资应当认定为对夫妻双方的赠与，但父母明确表示赠与一方的除外。

7. 夫妻一方在婚前购买房产并登记在该方名下，另一方主张其在买房时亦有出资且婚前买房目的即为结婚共同居住，如果并无充分证据显示有关款项属于借款或者赠与等其他性质，人民法院应当认定双方按照各自的出资比例共有房产。

8. 夫妻一方婚前出资购买房产，登记在夫妻双方名下，如双方未对该房产作出特别约定，应认定该房产为夫妻共同所有，但在离婚分割该房产时，出资一方可适当多分。

除了规定哪些财产是夫妻共同财产以外，《民法典》第 1063 条还对属于夫妻一方个人财产的部分进行了规定：“下列财产为夫妻一方的个人财产：（一）一方的婚前财产；（二）一方因受到人身损害获得的赔偿或者补偿；（三）遗嘱或者赠与合同中确定只归一方的财产；（四）一方专用的生活用品；（五）其他应当归一方的财产。”

现实中财产的种类非常多，取得的方式和时间也千变万化，很难一一列举。简单来讲，基本上可以认为如果没有夫妻财产约定，除了专门声明由夫妻中的一方赠与或继承的财产和人身损害赔偿外，婚姻关系存续期间任何一方取得的财产都是夫妻共同财产。

在实务中，偶尔有当事人提到结婚8年后是不是婚前财产就转化成夫妻共同财产了。其实这是一个很久以前的规定，早就无效了。这个规定来自1993年发布的《最高人民法院印发〈关于人民法院审理离婚案件处理财产分割问题的若干具体意见〉的通知》第6条："一方婚前个人所有的财产，婚后由双方共同使用、经营、管理的，房屋和其他价值较大的生产资料经过8年，贵重的生活资料经过4年，可视为夫妻共同财产。"但是2001年的《最高人民法院关于适用〈中华人民共和国婚姻法〉若干问题的解释（一）》（已失效）中就已经对该条进行了变更。该司法解释第19条规定："婚姻法第十八条规定为夫妻一方所有的财产，不因婚姻关系的延续而转化为夫妻共同财产。但当事人另有约定的除外。"在此之后该规则再也没有变化过，所以按照现行的法律规定，婚前财产不会因为婚姻关系的延续而转化为夫妻共同财产。需要注意的是，不仅某一财产不会因为婚姻关系的延续而转化为夫妻共同财产，将婚前的财产出售后所得的资金也属于婚前财产，完全使用该资金购买的财产也属于婚前财产，即婚前财产转化而来的财产也是一方的个人财产。

法律上对夫妻之间的财产关系的规定是很清晰的，但实务中很多当事人对此并不了解。很多当事人在前来咨询离婚时声称"买房的钱都是我出的"，而实际上详细询问后发现购房的支出来自婚后的收入，这其实属于夫妻共同财产。也有很多双方都在工作的家庭在婚姻期间收入并没有混在一起用，仍然跟婚前一样各自的收入各自安排，碰到具体需要花钱的地方再各自商量，又或者一方定期给另一方家用，其他的收入自己保留。在这些家庭离婚时，收入多的一方往往会认为这些钱都是自己赚的，不应当分给对方，但实际上并非如此，原则上所有婚内取得的收入都是夫妻共同财产。

如果夫妻之间真的打算采用分别财产制，各自取得的收入归各自所有，法律上也是支持的，但是法律要求对此必须有"书面"的约定，不能以口头约定，也不能以俩人之间的默契默示。现实生活中极少夫妻会作出这样的书面约定，比较常见的是夫妻之间对某一项财产作出约定，比如，约定房产归某一方所有，这种约定也是有效的，在离婚财产分割时应当按照该约定分割。但是如果在作出上述约定的协议中除了这些约定外，还涉及离婚，那么该约定可能会被认为是离婚协议，如果没有办理离婚手续，该约定不生效；如果涉及出轨等表述则可能会被认为是忠诚协议，是否有效有很大的争议，这些问题都将在本书中一一探讨。

实务中由于财产形式十分复杂，法律无法面面俱到规定所有的财产形式，即使是上述条文中看似规定了的财产，实务中可能也会碰到争议，比如，婚前购买的股票，婚后的增值算不算夫妻共同财产？这是属于投资收益还是属于婚前财产的孳息？婚前出资支付首付取得的房产，婚后共同还贷的，该房产算共同财产还是个人财产？婚前创立的公司婚后增资了，增资的金额算不算共同财产？增资后股比看起来没有变化，那股权的增值有没有部分应当算是夫妻共同财产呢？很多问题都不一定有明确的答案，对此将在本书中逐一探讨。

第四节 夫妻一方单独对外赠与行为

以上分析了我国的夫妻财产制度，以及哪些财产属于夫妻共同财产。按照我国的法律制度，如果没有其他约定，婚后取得的所有财产都是夫妻共同财产，并且是共同共有。《民法典》第 301 条规定：“处分共有的不动产或者动产以及对共有的不动产或者动产作重大修缮、变更性质或者用途的，应当经占份额三分之二以上的按份共有人或者全体共同共有人同意，但是共有人之间另有约定的除外。”因此，处分夫妻共同财产应当经夫妻二人同意，但是显然不可能家庭的任何花费都由两人同意后才可以支出。实际上在家庭生活中，夫妻中的任何一方都可以为日常家庭生活所需而处理家庭的财产，比如，购买生活用品之类的。《民法典》第 1060 条规定了夫妻日常家事代理权："夫妻一方因家庭日常生活需要而实施的民事法律行为，对夫妻双方发生效力，但是夫妻一方与相对人另有约定的除外。夫妻之间对一方可以实施的民事法律行为范围的限制，不得对抗善意相对人。"也就是说，在日常家庭事务上，夫妻双方有互相代理的权利，在此范围内不需要凡事都经两人同意。即使一方采取日常家事范围内的法律行为后另一方不同意，也不能推翻该行为，典型的如男方在菜场买了鱼，女方认为该买肉，女方不能以买鱼没有经其同意为由退货。《民法典》第 1062 条第 2 款也规定："夫妻对共同财产，有平等的处理权。"对平等处理权的理解一般是，如果是用于日常家庭生活所需，则任何一方都有权处理；但是如果超出日常家庭生活所需，则需要夫妻双方都同意才能处理。

如果一方所实施的法律行为超出了日常家事的范围，就不以日常家事代理为由单方处置夫妻共同财产。比较典型的日常家事事务包括合理范围内的购物、衣食、娱乐、医疗等；而典型的不属于日常家事范围内的事务包括购买不动产、大额赠与等。

在实务中，夫妻一方发生婚外情之后往往都随着与婚外情对象之间的经济来往，小则微信红包，大则买车买房。而"东窗事发"之后，无过错一方往往都希望能追回对方在婚外情对象身上所花费的金钱。那么这种给予婚外情对象财物的行为在法律上如何定性？配偶是否有可能追回这些财物呢？

发生婚外情的一方给予第三者财物的行为在法律上是什么性质？很显然这两者之间并不存在双务的合同关系，也并不存在法定的互相扶持的义务，在法律上这是一种赠与行为。根据《民法典》第 657 条，赠与合同是赠与人将自己的财产无偿给予受赠人，受赠人表示接受赠与的合同。一般赠与行为是单务的，但是《民法典》第 661 条也规定了赠与可以附义务，并且第 663 条还规定了受赠人不履行赠与合同约定的义务的，赠与人可以撤销赠与。由于此规定的存在，有一些案件中第三者主张涉案行为是附义务的赠与，但是除非男未婚女未嫁有婚约，否则法院并不认可这是附义务的赠与。

那么这种赠与是否有效呢？在《民法典》第三编"合同"的第十一章

“赠与合同”中并未规定赠与合同无效的情形，只是规定了赠与合同可撤销的一些情形，主要有赠与财产权利转移之前可以撤销赠与；受赠人不履行赠与合同约定的义务，赠与人可撤销赠与等。但是《民法典》第153条第2款规定：“违背公序良俗的民事法律行为无效。”很多案件中法官都援引这一条相关的规定认定赠与行为无效。比如，广州市中级人民法院（2021）粤01民终24934号案件中就是这么认定的。法院查明了各笔款项的支付时间后，认定所支付的款项来自婚内的夫妻共同财产，并根据各方对婚外生育子女情况的陈述，认定赠与行为因违背了社会公序良俗而无效，判决返还财产。实际上类似案件中法院都支持了赠与合同因违反公序良俗而无效的观点。

根据这一条法律规定认定赠与合同无效的前提是，认为其违背了社会公序良俗，但社会公序良俗并没有明确的标准，进行这种认定牵涉了太多价值判断。如果原配起诉，原配一方没有过错，婚外情的对象明知对方有家庭，则要认定违背公序良俗。但如果婚外情对象并不知道对方有家庭，或者夫妻二人已经感情破裂很久，并且久诉不决，是不是就能轻松地、内心没有犹豫地认定违背公序良俗呢？

夫妻中无过错方如果选择从赠与合同的角度出发维护自己的权利，若暂不考虑依据公序良俗的原则认定合同无效，就只能从撤销赠与方向寻找追回夫妻共同财产的机会。但如果赠与财产的权利已经转移给了受赠人，赠与合同将无法被撤销。所以如果不考虑公序良俗的原则，单从法律规则来判断，从赠与合同的角度并不能依据既有规则追回财产。那除了用公序良俗原则以外，就没有更符合法律规则、更少引入价值判断的诉讼思路吗？其实是有的。

《民法典》第311条规定：“无处分权人将不动产或者动产转让给受让人的，所有权人有权追回；除法律另有规定外，符合下列情形的，受让人取得该不动产或者动产的所有权：（一）受让人受让该不动产或者动产时是善意；（二）以合理的价格转让；（三）转让的不动产或者动产依照法律规定应当登记的已经登记，不需要登记的已经交付给受让人。受让人依据前款规定取得不动产或者动产的所有权的，原所有权人有权向无处分权人请求损害赔偿。当事人善意取得其他物权的，参照适用前两款规定。”

前文已经分析了夫妻二人对夫妻共同财产是共同共有关系，夫妻二人有平等的处置权，如果不是用于夫妻共同生活所需，处置夫妻共同财产需要二人一致同意。所以夫妻一方擅自将夫妻共同财产赠与他人的行为是一种无权处分行为。根据上述规定，所有权人有权追回无权处分的财产，除非受让人是善意的。而在夫妻一方将财产赠与第三者的情形中，第三者受让财产时并未支付对价，并且往往知道赠与人是有配偶的，也就是知道赠与人只是共有人之一，所以在该赠与行为中第三者往往都不是善意的。于是夫妻中的无过错方有权追回赠与的财物。这是从物权优先于债权的角度出发的，不需要认定赠与合同是否有效。从这个角度来追回财物，几乎不涉及价值判断，完全依据法律规则就可以，显然起诉方会有更大的胜算。

检索近年的案例发现，在无过错方请求确认赠与合同无效并返还财产的情况下，法院都支持了无过错方的诉讼请求，判决赠与合同因违反公序良俗而无效。从社会效果来讲，这么判决是合适的，但是对于法律专业人士而言，代理类似案件时如果从无权处分的角度出发提出诉求，在法律规则上无疑更严谨。

另外，除了裁判依据的问题以外，以赠与无效起诉有另外一个问题，那就是原告的举证责任更重。如果以返还原物起诉，原告起诉的基础是夫妻共有财产，原告只需要证明夫妻共有，以及配偶处分了大额财产给第三方，第三方则需证明自己是善意取得。但是如果以赠与合同无效的理由起诉，原告还要证明赠与行为违反公序良俗，且根据谁主张谁举证的原则，原告要证明配偶与第三方有不正当关系，与返还原物相比，显然有更重的举证责任。但是这并不是说如果以返还原物起诉就完全不需要就婚外情进行举证，如果有证据，最好还是尽可能地举证证明这一点，这可以证明第三方取得财产并非善意，胜诉可能性更大。

需要注意的是，前文都是在夫妻中非赠与一方起诉的情形下探讨的，如果是赠与的一方自己起诉可能就不一样了。首先从赠与行为无效来讲，虽然赠与行为可能是违背了公序良俗，但是赠与人自己赠与出去，享受了赠与之后相应的好处和回报，然后又自己起诉要求认定赠与无效，这一行为本身也是违背公序良俗的。如果法院要认定赠与无效，在价值判断上就会碰到两难，判决无效和有效都支持了违背公序良俗的行为。如果从无权处分的角度，《民法典》第311条中所规定的无处分权人和所有权人是不同的主体，权利受到侵害的是赠与人的配偶，赠与人自己不能依据该条提起诉讼。所以该类诉讼应当由夫妻二人中非赠与的一方提起，可以将赠与方列为共同被告或者第三人。

另外，有人认为，夫妻中非赠与的一方提起诉讼时只能要求受赠方返还财产的一半，这种观点是错误的。因为夫妻二人在没有离婚时是共同共有人，财产是未分割的状态，与按份共有的一人一半的状态是不一样的。共同共有中因共有的不动产或者动产产生的债权债务，在对外关系上，共有人享有连带债权，对外任何一方均有权主张全部的债权。并且《民法典》第311条中也是将无权处分的动产或者不动产作为一个整体描述的，并未规定共有人可以追回部分动产或不动产。所以夫妻中非赠与的一方有权要求受赠人返还全部的赠与财产，如果夫妻中的赠与方主张赠与财产中有自己的份额，可以在离婚时对返还的财产进行分割；如果已经离婚，可以在离婚后财产纠纷诉讼中对该部分财产进行分割。当然，由于赠与的一方擅自处分夫妻共有财产，在分割时应当少分或不分给对外赠与的一方。实务中也有案件法官为了避免当事人再次起诉，在夫妻双方均参加诉讼时直接就夫妻之间的分配比例进行了安排，并直接要求第三者返还相应比例的财物。比如，郑州市中级人民法院在（2020）豫01民终9286号案件中认为“鉴于付某与赵某已经离婚，且赵某在与付某夫妻关系存续期间与孟某保持同居关系，隐瞒付某将夫妻共同财产赠与孟某，属于过错一方，结合实际情况，为减少当事人诉累，判决酌定孟某向付某返还上述款项的80%”。

有人认为此类案件中第三者没有正当理由获得利益，所以应当以不当得利为案由提起诉讼。根据《民法典》第985条的规定，得利人没有法律根据取得不当利益的，受损失的人可以请求得利人返还取得的利益。是否构成不当得利，关键在于取得利益没有法律上的依据，只要得利人的取得是有法律上依据的，就不属于不当得利——无论有没有法律依据撤销原法律行为，或者相对人是否因为有其他法律依据而主张得利人返还。在当事人发生纠纷时，首先应在物权、合同、侵权等领域确定请求权，如果双方当事人在这些民事领域内不能确定基础法律关系，才能适用不当得利制度，不能因为当事人在其他法律关系中缺乏证据而直接以不当得利进行起诉。

回到夫妻一方将共同财产转移给第三者这类案件，私自处分财产的一方是有明确的赠与意思的，第三者依据该赠与关系取得财产，其法律关系是确定的，且第三者在这里并非没有任何抗辩的机会。比如，在我们办理过的案件中，我方当事人"被第三者"并且与男方办理了结婚登记，男方去世后，其多年未出现的"原配"提起诉讼。经调查我们了解到，"原配"与男方的经常居住地都是我国香港特区，而我国香港特区实行的是夫妻分别财产制，男方有完整的权限处置自己名下的财产。据此我们成功地进行了抗辩，法院判决驳回了对方的诉讼请求。所以此类案件中的法律关系是无权处分和赠与，并非不当得利。

在实务中如果能证明赠与第三者财物的一方与受赠方有不正当男女关系，以上述各种理由起诉，则法官都很有可能从公序良俗的角度出发，判决第三者返还财产。无论从赠与合同的效力还是从无权处分的角度出发，夫妻中的一方赠与第三者的财物后，另一方都是可以追回的，但是要注意诉讼的策略才能更轻松地胜诉。

第五节　实务分享

◇ 如何防范婚姻带来的风险

有人说，律师总是喜欢危言耸听，处处谈风险。然而，你又不得不承认，不管你是否去思考这个问题，风险就在那里，没有人敢保证自己的婚姻就是一辈子的，也没有人能预测哪天意外会降临到自己头上。既然风险无处不在，那么对我们而言，重要的不是害怕风险，而是尽量控制风险的发生、减少风险所带来的伤害。接下来，我将从办案实务角度与大家分享几个问题，这几个问题若了解并注意到，风险将大大降低，这无论是对婚姻还是财富都是一种保护。

一、离婚风险及财产保护

离婚的风险是由多种因素决定的。如果要讲如何降低离婚的风险，往往说来话长，从择偶问题谈到婚姻经营，得从双方性格谈到家庭的影响，这是一个大话题。我们这里重点要讲的是如何从保护财产的角度来防范离婚风险。以下略举几个方面。

1. 定期梳理家庭财产情况，并保存好相关财产证明材料

有很多人，尤其是一些家庭主妇咨询离婚案件时，当问及其丈夫名下有哪些财产时，竟答不清楚，还反问律师不是可以调查取证吗？在这里，我要纠正大家一个误区，律师虽然可以向法院申请调取证据，但是也有一个前提，就是当事人得提供财产线索。比如，证明有银行存款并申请法院调查的，应提交开户行名称和开户账号（实践中至少要知道账号）；证明有股票并申请法院调查的，应提交股东代码、资金账号以及开户的证券营业部；证明有车辆的，至少要知道车牌号码。如果申请法院调查取证但不能提供以上线索的，可能会被依法驳回申请。因此，平时就要做个“有心人”，对于家庭的财产情况要知晓，对于能证明财产情况的证据材料要保存好。

其实定期梳理家庭财产除了防止万一离婚时对财产情况有个了解外，还能确保在一方发生意外时，知道有哪些财产可以继承，否则，若连财产状况都不清楚，也会给继承带来困难。

2. 签署婚内财产约定时，不要附加其他条款

当事人咨询婚内财产约定如何签署时，我的意见是严格按照《民法典》第 1065 条的规定。根据《民法典》第 1065 条规定，男女双方可以约定婚姻关系存续期间所得的财产以及婚前财产归各自所有、共同所有或者部分各

自所有、部分共同所有。约定应当采用书面形式。

首先，务必采用书面形式来签署协议，若采用其他形式，比如，谈话录音等，都极有可能不被法官采纳。

其次，要明确哪些财产归哪一方个人所有，哪些财产为夫妻共有，并要列明具体的财产。如是房产，要写明房产的具体位置，如办了房产证的，最好写明房产证登记号；如是银行存款的，要列明银行账号、开户行，目前账户里大约还有多少钱等。

最后，不要在协议里写其他内容，如添加“如果一方出轨，财产按下列约定执行”等类似条款。加了此种条款后，协议就变成了我们通常所说的“忠诚协议”；然而忠诚协议是否有效，在全国各地司法实践中的认定并不是完全一致的，比如，上海和浙江的法院可能会不认可此协议的效力，而深圳的法院可能会认可。因此，为了避免不被法院认可的风险，建议如果一定签忠诚协议，也要另行签署，而不要将财产约定和忠诚条款写在一份协议里。比如，另行签订一份“若一方出轨，一方赔偿另一方人民币多少元”，或者约定“由于某方曾经有过出轨行为，若某方再出轨，则离婚时须支付另一方多少元”。虽然此种约定在实践中仍然存有争议，也未必能被法院认可，但是至少对于一方或双方能够在心理上产生一定的约束力。

此外，婚内财产约定的协议里也不要提子女抚养权的问题，曾有一个案例，就因为在协议里提到了若离婚孩子归一方抚养的问题，结果该份协议被法院参照“离婚协议书”来处理。根据《最高人民法院关于适用〈中华人民共和国民法典〉婚姻家庭编的解释（一）》第 69 条第 1 款的规定：“当事人达成的以协议离婚或者到人民法院调解离婚为条件的财产以及债务处理协议，如果双方离婚未成，一方在离婚诉讼中反悔的，人民法院应当认定该财产以及债务处理协议没有生效，并根据实际情况依照民法典第一千零八十七条和第一千零八十九条的规定判决。”因此，只要一方反悔，法院仍有可能对财产重新分配，而不会按协议约定来分割。

3. 夫妻加名一定要及时办理过户手续或者办理协议公证

对于夫妻一方婚前购买婚后共同还贷的房产，当两人结婚后，有时另一方希望将房产证上名字变更为夫妻二人，那么问题又来了，由于不少房产是抵押在银行的，而办理更名过户，通常又必须先注销银行的抵押登记，也就是说须先赎楼。但此种情况且不说徒增一笔赎楼费，当楼赎出后，重新再向银行申请抵押贷款时，是否仍能享受原先的房贷优惠利率也不好说。于是有些夫妻商量后决定先签一份协议，约定房产为二人共有，这样签协议有没有错，当然没错，但是是否签了协议，就有保障了呢？答案为否，签署协议后如果没有及时过户或办理协议公证，一方随时可以撤销该协议。为何这样说，因为《最高人民法院关于适用〈中华人民共和国民法典〉婚姻家庭编的解释（一）》第 32 条规定："婚前或者婚姻关系存续期间，当事人约定将一方所有的房产赠与另一方或者共有，赠与方在赠与房产变更登记之前撤销赠与，另一方请求判令继续履行的，人民法院可以按照民法典第六百五十八条的规定处理。"另外《民法典》第 658 条第 1 款规定："赠与人在赠与财产的权利转移之前可以撤销赠与。"因此，若房产既没过户又没办理协议公证，签了可能等于白签，深圳市中级人民法院正是此观点。

也许有人会问，你前面不是说夫妻可以约定财产归夫妻共同所有吗？是可以约定共同所有，约定也是有效的，但是要注意这是对夫妻财产约定制的一般性、概括性规定，法律允许夫妻之间对夫妻婚前财产及婚后财产作出约定。但法律对房产问题作出了特殊规定，对房产的赠与优先适用该条款。这说明了我们对法律的理解必须得全面，切不可只知其一不知其二。

4. 一方婚前房产婚后共同按揭贷款尽量不要提前还

对很多家庭来讲，房产几乎是最重要甚至是倾其一生积蓄的财产，所以除非觉得无所谓或者赚钱能力很强，随便买套房也不在话下，否则不建议在婚后提前还贷。尤其是对有些婚后还贷还需要父母资助的家庭，就更加不建议提前还了，因为婚后还贷越多，共同还贷的比例越高，则意味着万一离婚对方分得的房屋补偿越多。当然这也很公平，意味着在正常按月还贷的情况下，婚姻关系存续时间越长，则对方理所当然应当分得更多的房产价值。然而，实践中有较多人在夫妻关系并不好的情况下一次性提前偿还了贷款，之后又后悔莫及。

当然，如果是为了换房，又另当别论。不过，即使是换房，建议最好明晰购房款项来源，并保存好相关证据，以帮助法官判断婚后所购买的房产各方所占的份额，促进公平合理地分配。

二、离婚对孩子的影响以及争取子女抚养权的风险

对很多夫妻感情破裂的家庭来讲，或许财产都只是其次，孩子的问题却是“心头的痛”，很多夫妻感情早已破裂，但考虑到孩子，委曲求全地勉强在一起，或者总是在不断地纠结离还是不离。为了寻找这个问题的答案，我阅读了英国心理学家鲁道夫·谢弗的著作《儿童心理学》，关于离异这个事件对孩子的影响，该书中表达了以下几个观点。

1. 离婚对孩子的影响不是在一个时间点上，而是从父母争吵、分居，一直到法律上离婚的整个期间。

2. 研究表明没有更容易受离婚伤害的年龄段。

3. 父母离婚的孩子出现问题的可能性比父母没离婚的孩子高 2 倍到 3 倍，但是 70%至 80%的孩子没有任何显著或者持久的问题。

4. 长远地看，大多数儿童显示相当大的灵活性。

5. 追踪研究表明，仅仅一小部分人在成年期自己也更容易离婚。

由此，当和当事人沟通时，针对子女问题一般主要强调三点：一是应该更看重家庭的功能，而不是结构：无论家庭是由什么样的人组成的，更重要的是家庭主导关系的质量，包括温暖、责任、相互理解与和谐。二是尽量避免冲突：离婚中对子女伤害最大的是父母之间的冲突，如果父母之间经常发生冲突，即使不离婚，对子女也已经产生伤害。三是离婚后带孩子的母亲或父亲给孩子提供的环境对孩子的成长有很大的影响。

因此，考虑究竟要不要离婚以及离婚对孩子是否有影响，可结合以上几点内容来思考，如果决定离婚，并且认为自己抚养孩子会更有利于孩子的成长，那么接下来，你需要考虑如何尽量争取孩子的抚养权。根据过往实践经验，法官判决抚养权归一方，通常会考虑如下因素。

1. 孩子目前的生活状态，目前由谁在抚养照顾（应注意，这一点非常

重要，尤其对双方已分居的，法官是一定会考虑孩子目前跟随哪一方，为维持稳定的生活状态，法官通常会判给孩子目前跟随居住的一方）。

2. 双方的身体状况、工作性质及经济能力、教育水平等。

3. 孩子若不满两岁，一般考虑归女方抚养，已满八周岁的，则要听取孩子的意见。

4. 双方的年龄及是否有再生育的能力。

5. 是否存在爷爷奶奶或外公外婆协助照顾孩子的情形。

6. 一方有其他子女，而另一方无其他子女。

以上初步列出几点，如果夫妻感情破裂，建议不妨对照以上内容尽量寻找和保存对争取抚养权有利的证据，保证孩子尽量留在自己身边抚养。值得注意的是，直接抚养子女的一方不能藏匿孩子，不能切断另一方与孩子的联系、阻止另一方探望等，否则法官也会认为该方不适合直接抚养孩子。

三、其他意外风险

老人立遗嘱，如果只希望把财产留给自己的子女，务必在遗嘱上加上一句话，例如，“将上述属于我所有的财产份额遗留给我的孩子某某某（身份证号码：××××），由我孩子某某某单独继承，归其个人所有，不作为某某某与其配偶的夫妻共同财产”，同时建议办理公证遗嘱。

综上，婚姻家庭与每一个人的生活息息相关，风险也永远是说不尽道不完的。写出这些观点与方法的目的，一方面，只是让大家更好地了解一些风险，并根据自己的实际情况来防范风险的发生，从而过更有保障、更安全的生活。另一方面，我们要做生活的“有心人”，但同时不要过于有心计，对家人一定要付出满满的爱，唯有爱方能让婚姻长久，家庭稳固。我们更希望夫妻签署的那些协议一辈子都不要用上。

◇ 夫妻一方重婚期间购置的财产应如何处理？

何为重婚？重婚是指有配偶者与他人结婚或者有配偶者与他人同居并对

外以夫妻名义共同生活的行为，即一个人在同一时间内存在两段或两段以上名义上的婚姻关系。《民法典》明确规定，重婚是无效婚姻的情形之一，因重婚发生的婚姻关系，自始没有法律拘束力。我国立法对婚姻无效采取的是宣告无效主义，需经人民法院宣告确认。那么在经人民法院宣告婚姻无效后，夫妻一方在重婚期间购置的财产，应如何分割？

一、相关案例

案例一：贾某与刘某 1 婚姻无效纠纷案[1]

法院认为：贾某于 2006 年 12 月 7 日与男子张某登记结婚，在双方未办理离婚登记的情况下，贾某又于 2011 年 3 月 17 日与刘某 1 登记结婚，故一审法院认定贾某与刘某 1 双方之间的婚姻关系属于无效婚姻。贾某在未与案外人张某解除婚姻关系的情况下，又与刘某 1 登记结婚，违反了法律规定，构成重婚；因贾某重婚导致其与刘某 1 的婚姻无效，一审法院据此认定贾某存在重大过错、刘某 1 无过错，根据照顾无过错方和维护未成年人合法权益的原则，确认双方同居期间的共同财产，即东风牌轿车一辆（车牌号为×××）、大型四轮拖拉机一辆、位于石嘴山市××区的房屋 4 间，均归刘某 1 所有。

案例二：郑某某与王某某同居期间财产分割、子女抚养纠纷案[2]

邢台县法院一审查明：2004 年 11 月 23 日郑某某与胡某某于辽宁省原调兵山市民政局登记结婚，两人生有一女。王某某在大庆市服兵役期间认识了郑某某，2005 年 10 月 14 日郑某某在未与胡某某离婚的情况下，又与王某某在邢台县民政局登记结婚。2006 年 10 月 14 日生一男孩，取名王某甲。2006 年 2 月 22 日郑某某以分期还贷的方式在永辉巴黎小区购买住房一套。2010 年 10 月 27 日王某某与郑某某在邢台县民政局协议离婚并签署离婚

---

〔1〕 宁夏回族自治区石嘴山市中级人民法院民事判决书，（2020）宁 02 民终 966 号。

〔2〕 河北省高级人民法院民事裁定书，（2013）冀民再终字第 101 号。

协议。

邢台市中级人民法院二审认为，王某某与郑某某签订的离婚协议基于合法婚姻关系，现该婚姻被宣告为无效婚姻，无效婚姻自始无效，当事人不具有夫妻间的权利和义务，双方签订的离婚协议失去了基础与前提。由于在签订离婚协议时郑某某存在重婚的情形，因此不能认定离婚协议是王某某的真实意思表示，该离婚协议应认定无效。

双方共同生活期间所得的财产，应按共同共有处理。争议的永辉巴黎小区房产以郑某某的名义购买，但郑某某、王某某提供的证据都不能证实该房系其独自出资，因此应认定共同生活期间，支付的首付及偿还的贷款部分所对应的房产部分为王某某与郑某某的共同财产，该部分房产应予以分割。由于房产是由郑某某与开发商签订房屋买卖合同，并进行了不动产登记，2010年10月后，郑某某居住使用了该房产并按月偿还了银行贷款，因此，本案房产应归郑某某所有并继续由郑某某偿还银行贷款。关于房产的分割，由于房产未作评估，郑某某也不同意以评估或竞价方式对房产进行分割，综合考虑本案实际情况、房产增值、双方共同生活期间支付房款及偿还银行本息约共28万余元等因素，酌情由郑某某支付王某某15万元的房产份额为宜。

案例三：丈夫重婚购置了房产，原配妻子可主张分割

案例源于肇庆市中级人民法院微信公众号文章。阿红与阿伟婚后育有一儿子阿杰，2012年两人在广宁县民政局办理了离婚登记。在两人婚姻存续期间，阿伟在1997年至2012年以夫妻名义与小薇同居，并育有另一儿子。广宁县人民法院于2014年对此作出刑事判决，判决阿伟、小薇犯重婚罪，该判决已发生法律效力。

阿伟、小薇同居期间，分别购置及建造了3处房产，针对该三处房产，阿红是否有权要求分割？分割的比例是多少？

3处房产是阿伟和小薇重婚期间购置的，且两人重婚期间的收入和开支是混同的，故认定为阿伟、小薇共同出资，属阿伟、小薇共同共有。阿伟占这些房产的一半份额，而这一半房产份额又是阿伟在与阿红婚姻存续期间取

得，应认定为阿伟与阿红的夫妻共同财产。阿伟在婚姻存续期间与他人同居并构成重婚罪，对离婚负有严重过错，并且在离婚时隐藏共同财产，依法“可以少分或者不分”，据此，广宁县人民法院结合本案实际情况认定所涉房产属阿红与阿伟的夫妻共同财产部分，阿红应占 2/3 份额，则阿伟占涉案房产的 1/3 的份额。

二、涉及重婚的婚姻被宣告无效后的财产法律关系

婚姻被宣告无效的，双方当事人之间的财产关系不适用夫妻财产制的规定。根据《民法典》第 1054 条的规定，对于同居期间所得的财产，首先应当尊重当事人对自己财产的处分权，若当事人对同居期间的财产归属有约定，则按约定处理，若没有约定，也应当由双方当事人协商确定。当事人无法达成协议的，则由人民法院按照照顾无过错方的原则进行处理。此处照顾无过错方的原则主要是考虑到有的婚姻无效或者被撤销，另一方当事人可能并不知情，其以为是合法有效的婚姻并对该段婚姻付出，对婚姻无效和婚姻被撤销并无过错，故人民法院在对财产进行处理时，应当适当照顾无过错方，对无过错的一方可多分财产。《最高人民法院关于适用〈中华人民共和国民法典〉婚姻家庭编的解释（一）》第 22 条规定：“被确认无效或者被撤销的婚姻，当事人同居期间所得的财产，除有证据证明为当事人一方所有的以外，按共同共有处理。”因此，人民法院对当事人同居期间的财产进行处理时，除当事人能够证明为一方所有的财产外，同居期间所得的财产均应按双方共同共有予以处理。如果一方当事人主张是其个人财产，应当负举证责任。

另外，《民法典》第 1054 条对因重婚导致的婚姻无效后双方的财产处理进行了特别规定，即不得侵害合法婚姻当事人的财产权益。在因重婚而导致婚姻无效的情形下，重婚的双方当事人对同居期间财产的处理很可能损害重婚一方的合法婚姻配偶的财产权益。如上述案例三，阿伟的行为就严重侵害了阿红的财产权益，阿红可以依据《最高人民法院关于适用〈中华人民共和国民法典〉婚姻家庭编的解释（一）》第 16 条的规定，作为有独立请求权的第三人参加诉讼，并在分割属于阿伟的财产时，阿红可以主张多分。

第二章

离婚协议及其他婚姻相关协议

第一节　离婚协议

在民政局办理离婚手续时双方必须签订离婚协议，对是否同意离婚、子女抚养权抚养费、财产分割等都作出详细的约定。但是就离婚财产分割而言，签订离婚协议只是一个开始。如果离婚协议撰写不当，离婚协议的履行可能更漫长而复杂，在办理完离婚手续后真正处理财产时会发现各种各样的问题，可能会有一方“钻空子”反悔，也有可能离婚协议的约定根本没法执行。

在实务中曾碰到当事人和对方在离婚协议中约定离婚后将登记在对方名下的房产出售，然后两人平均分割售房后取得的款项。本来这种约定情有可原，因为目前房价高企，而房屋往往又是普通家庭里最主要的资产，如果在离婚时直接分割，分得房屋的一方要按照市场价补偿现金给对方，很多家庭都拿不出那么多的现金，所以只能约定卖掉分钱。但是这个案子的问题在于离婚协议中并没有清楚地约定应当在什么时间之前卖出，出售的最低价应当是多少，出售的各项成本如何分摊，出售之前房屋的收益如何分享、贷款如何偿还等事项。于是在离婚后，由于房产登记在对方名下，对方以贷款还没有还清为由一直拖延出售房屋，导致当事人一直无法取得房屋分割的利益。无奈之下只能提起离婚后财产纠纷诉讼，要求分割该房产。

由于现在的财产形式复杂，很多财产都有按揭、共有、借名等各种复杂的关系夹在夫妻共有关系之中，很多时候夫妻二人离婚时为了尽快解决眼前的问题，在离婚协议中把很多问题都回避了，但是对以后的处分细节又没有作详尽的约定。在离婚之后双方如果仍有默契还可以协商确定细节，但如果离婚之后双方之间已经没有信任度，就很难进行协商，最终难免还是要进行诉讼。所以离婚协议的撰写十分重要，各种安排一定要清晰可执行。以下将逐条讲解离婚协议的主要条款的注意事项和范例。

一、身份信息

应仔细核对离婚协议中涉及的个人的身份信息，包括夫妻双方的姓名、身份证号码，也包括子女的姓名、身份证号码，还没有身份证号码的应核对好姓名，注明出生日期。

二、子女抚养

离婚时夫妻双方应对子女抚养问题达成一致，约定由一方直接抚养。有很多人在离婚的时候就这个问题无法达成一致，于是各让一步，约定双方轮流抚养子女。但这样会给以后带来一些问题，频繁变换生活环境对子女的身心发育并不是很好，而且在子女开始上学之后可能父母中的一方住得离学校较远，也会造成很多困扰。所以双方最好能协商归一方抚养，但对探望权可以作出比较细致的约定。比如，约定周末、节假日、寒暑假在父亲或者母亲处生活多久。离婚时，父母双方应尽可能地从怎么对子女有利这个角度来安排抚养，不要将抚养子女视作自己的权利来争取。其实很多正常家庭中也会经常出现一方工作很忙，每天早出晚归，只有周末才有机会和子女相处，这种情况直接抚养子女和安排好探望时间也并没有多大区别。

关于子女抚养、抚养费和探望权，可以表述如下：

婚生子（女）×××由×××直接抚养。为了将双方的离婚对孩子的伤害降到最低，以保障孩子的健康成长，男女双方经协商一致同意：女方（男方）每月可以将子女带到自己的住所与孩子共同居住两到三次，每次不少于两天，届时提前一天通知男方（女方）即可，男方（女方）应予以协助。孩子放寒暑假时，女方（男方）有权与孩子短期共同连续生活（一般为两周左右）。如遇重大节假日期间，男女双方友好协商轮流照顾子女或根据孩子意愿随一方共同居住。

没有违约责任的权利是存在较大风险的，但是否需要约定违约责任，由当事人综合权衡各种情况后来决定。此外，可以对不配合探望的后果作出约定（以下条款供参考）：

男（女）方不得无故阻挠，也不得无故拒绝女（男）方的探望，否则：(1) 支付违约金×××；或 (2) 变更为由×××直接抚养。

不直接抚养子女的一方应每月支付抚养费，除了特殊情况以外，抚养费一般应约定为按月支付，同时应约定支付方式、违约责任等内容：

男（女）方需每月支付子女的抚养费为人民币×元，直至子女年满18周岁；抚养费的支付方式为按月支付，从签订本协议并办理完毕离婚手续时起，由男（女）方于每月的×日之前转账支付当月抚养费至女（男）方账户（账户名：×××，账号：×××，开户行：×××）。

随着通货膨胀（或其他原因），上述子女的基本抚养费用每年递增5%，即自20××年×月起当年每名子女每月抚养费为×元，自20××年×月起当年每名子女每月抚养费为×元，以此类推。

男（女）方若逾期支付，则女（男）方有权要求男（女）方支付逾期利息，利息计算方式为以逾期金额为基数，按每日万分之五的标准计算逾期利息。

子女年满18周岁后，大学毕业前，男（女）方也应每月直接向其支付抚养费，具体金额由男（女）方与子女协商。子女大学毕业后再深造、结婚等需要男（女）方的经济资助时，男（女）方届时可根据自身的经济状况自行与子女协商决定具体资助金额。

如遇子女患有重大疾病等情况，保险（含少儿医保以及男方或女方为孩子购买的重疾险等）无法报销的医疗费由双方共同分担，具体分担比例可由双方另行协商，此外，非直接抚养方与直接抚养子女的一方承担同等的护理、照顾义务。

三、房产分割

房产是大部分家庭最重要的资产。离婚时，二人往往也需要在房产分割上耗费最大的精力。如果房产价格稳定，没有限购限贷之类的限制，房产分割其实相对容易，一方取得产权并支付现金补偿给另一方就好，无论是以存款支付还是取得产权后贷款支付补偿。但是现实是复杂的，这些年房价飞速上涨，加上离婚后购房的诸多限制措施，导致在离婚财产分割中往往夫妻双方都想取得产权。由此也带来了很多争议，甚至在签订协议后，还有很多人反悔，所以签订协议时务必将房产分割的各个环节考虑周全。

房产的产权形态比较复杂，可能登记在一方名下，也可能登记在双方名下；可能分割给登记的一方，也可能分配给没有登记的一方。如果直接分割给登记的一方还相对简单，只需要将后续的补偿款支付方式和违约责任约定清楚。但是如果分割给没有登记的一方，还需要考虑过户时间、条件等。有的当事人签订离婚协议时觉得分割起来太复杂，所以仍约定房产归两人所有，并约定一个比例；这样眼前的问题解决了，但是后续在房屋的使用，租金收益的分配，卖房的决策上还会有很多矛盾，很有可能最后还是要“对簿公堂”。一般夫妻双方在离婚后互相之间已经没有什么信任感，应尽量避免约定房产仍归双方共有，而是约定房产归某一方，一方给另一方补偿，并约定清楚多长时间内支付补偿款，逾期支付的法律后果等。

如果离婚后需要办理房产的过户手续，比如，房产约定分归一方，但登记在另一方或两人名下，需要约定清楚另一方在什么期限内，或者满足什么条件后协助办理过户手续。

现在大部分人都是以按揭贷款的方式购房，分割房产时一般房产都处于抵押之中。虽然《民法典》第 406 条规定了“抵押期间，抵押人可以转让抵押财产”，但是据了解，截至 2022 年 1 月，很少有地方的不动产登记中心出台了带抵押过户的配套政策。如果不能带抵押过户，那么在过户之前仍然需要考虑赎楼后过户再重新贷款的问题。在签订离婚协议之前，双方最好先向不动产登记中心咨询，了解清楚有按揭贷款的房屋如何办理过户手续，然后再拟定相应的离婚协议条款。

还有一种当事人经常采用的分割方式是两人共同出售房产分配价款。这种方式下，由于离婚时房屋其实并没有分割，后续还需要两人合作一起将房屋卖出，所以很容易导致后期发生新的纠纷。如果要采取这种方式，应当约定好出售的时间和价款等出售方式，由于市场多变，在约定的出售时间之前不一定能找到好的买家，所以双方应当清楚这一约定只是为了促使房屋的登记方积极地寻找买家；并且建议多加一条，如果一定期限内没有卖出，房产分归一方，一方支付补偿款给另一方，另一方协助办理产权变更登记手续。

除了房屋的价值、贷款等以外，分割房产时还要考虑各种分割方式所产生的税、费如何分担。约定协助过户时需考虑过户过程中产生的费用由谁承担，婚内夫妻之间的房产过户或者因离婚协议里有明确约定一方配合另一方过户的，目前是免契税的。但是我们还需考虑其他费用，例如，赎楼的费用、提前还款的罚息、支付给担保公司或中介机构的费用等。如果待分割的房屋登记在其他人名下，比如，由他人代持的房产，过户时可能需要缴纳一笔不低的税费，双方应约定清楚由谁承担。另外，由于大部分新房都是期房销售，从购房到可以办理房产证往往相隔数年，很可能在离婚时还没有办理房产证。如果房产尚未办理房产证，要注意约定办证费用由谁承担，根据各地的政策和房屋价值，这笔费用可能数万元到数十万元，双方一定要了解清楚后再明确地进行约定。

离婚时房屋之上还有按揭贷款的，须约定从什么时候开始、剩余按揭贷款约多少元（以银行还款明细为准）、由哪一方承担。双方共同约定将房产全部份额或部分份额赠与给子女的，如果没有办理过户手续，子女就并未真正地取得物权，以后还会存在债权人查封、拍卖房产的可能性。所以如果约定房产过户给子女，则应当及时办理过户手续。如果受限购政策的影响无法过户至子女名下，最好办理赠与公证。双方可以约定一方未配合过户的法律后果。

如果购买房产的款项部分来自一方或双方父母出资，建议双方在协议中最好将该事项列明，并约定若任何一方父母就其出资主张权利的，相应债务由一方承担或双方分担。

关于房产分割的风险在后续会进一步地探讨，以上只是一些初步的列举，房产分割条款表述范例如下：

双方于20××年全款购买了位于×的房产（登记字号：×）及×市×区×路×号×车位（登记字号：2×），房产与车位购买总价约×万元，无按揭贷款，登记于男女双方名下。双方现约定该房产分归男方××所有，待男方向女方支付完毕本协议第×条所约定的款项后（男方补偿女方×万元后），女方在接到男方书面或短信通知后将随时配合男方办理该房产的过户手续，过户中发生的各项费用均由男方承担。此外，双方若有因该房产产生的其他债务，也均由男方承担。

双方于20××年共同购买了位于广东省××房产（不动产权证号：×号），登记在女方名下，购买价约人民币×万元，首付款约×万元，按揭贷款约×万元，目前尚欠贷款约×元。双方现约定，该房产分归女方××所有，剩余房屋按揭贷款由男方××负责偿还，具体偿还方式及期限为××××

20××年×月×日，女方向深圳市×有限公司支付了认购××房×诚意金共计×万元人民币，之后又分别支付×号购房款人民币×元，××号购房款人民币×元，但目前尚未签署正式的房屋买卖合同，双方现约定因购买该两套房产产生的相关合同权利及财产权益归女方××享有，由此产生的债务（剩余房款的支付或按揭贷款的承担、办理房产证产生的相关税费等）均由女方承担，若购买该房产过程中需要男方协助提供证件或协助办理相关手续，男方收到女方通知后应当积极配合，否则若因男方未予协助所产生的责任或损失将由男方承担，若女方已为此承担损失（包括律师费、诉讼费用等维权费用）的，有权向男方追偿。

当购买位于深圳市×房产时，双方父母均赠与了部分资金（男方父母出资约×万元人民币，女方父母出资约×万元人民币），为避免日后争议，经双方协商一致，如果将来任何一方父母就其出资主张权利，假设其主张得到法院支持，无论该债务对外是否被视作夫妻共同债务，对内（男女双方之间）均由该方个人承担（假设男方父母将男女双方均列为被告而主张偿还“出资款”，则男方父母所主张的款项由男方个人偿还；反之，女方父母所主张的款项由女方个人偿还），若另一方因执行生效法律文书对外偿还了应由一方承担的债务，则另一方在偿还之后均有权向对方追偿，并有权向对方追偿因诉讼（应诉或起诉）产生的合理律师费、诉讼费、保全费费用。

以上条款供读者参考。各地产权登记中心的办事规则不同，如有些地方只需要房屋登记人在场就可以办理完全部的过户手续；而有些地方无论房屋是否登记在配偶名下，出售房产时一定需要配偶配合签字才可以办理过户手续。根据各地的办事规则，在协议中应当有针对性地约定配合过户的义务。另外《民法典》第406条规定了“抵押期间，抵押人可以转让抵押财产”，理论上可以带着抵押办理变更登记手续，但目前实务中当事人咨询银行一般都还是不同意带着抵押过户，所以可能还需要约定赎楼手续等的费用负担问题。

四、车辆分割

车辆的分割相对房产而言要简单一些，由于车辆是贬值的，需要车辆的一方按当前的市场价补偿给另一方，另一方一般不会有什么问题，所以实务中一般在车辆的分割上不会有太大的争议。但以下事项需要注意。

1. 对于竞拍取得牌照的车辆，由于竞拍牌照需要付出一定的成本，比如，深圳竞拍一个传统车车牌需要5万元左右，所以车辆分归一方时，另一方应要求就购买牌照的成本也作出补偿，比如，5万元购买的牌照，分得车辆的一方需要给另一方2.5万元补偿款。离婚协议中务必注明所分割的车辆包含车牌。

2. 对于车辆分归一方，但离婚时登记在另一方名下的，须约定另一方什么期限内配合一方过户，过户过程中万一产生费用的，由谁承担。在不同的限牌城市，车管所可能有不同的过户政策，签订协议前务必向有关部门了解清楚流程，在离婚协议书上需要怎么表述才能办理过户手续。

3. 对于车辆分归一方，一方给另一方补偿的，须约定多长时间内支付补偿款，逾期支付的法律后果。

以下列举一个无须办理过户手续的条款范例，该条款中未包含违约责任，因为付款的违约责任可以在离婚协议中作整体的约定，不需要逐条声明：

双方于×年×月购买×牌小型客车一辆（车牌号：××××），登记于男方名下，购买价约为人民币×万元，目前尚剩约×万元车贷尚未偿还，现双方约定该车辆所有权（含牌照）归男方××所有，该车辆的剩余贷款由男方××单独承担。男方须就该车辆向女方支付补偿款××元。男方应于×年×月×日之前将补偿款支付至女方账户。

五、公司股权的分割

夫妻两人离婚时，信任基础已经基本上丧失了。如果婚内共同经营了公司，在离婚之后往往不能像普通的合作伙伴一样以股东身份正常相处，把感情纠葛带入公司经营之中往往也会给经营活动带来很多困难。离婚时最好能将公司的股权也一并分割，将公司股权分归一方所有，另一方获得现金补偿或者在其他财产分割方面获得补偿。

如何让双方都满意的分割公司股权是一个很大的话题，协议离婚时双方应尽可能理性地面对这个问题，在公司的估值方面尽可能地互相靠拢，否则将很难达成离婚协议。夫妻股东之间如果因为股权分割问题僵持起来，对公司的发展可能会带来很大的影响，土豆网、当当就是活生生的例子。

以下为股权分割条款的范例：

由于双方共同经营的多家公司（企业）中，男女双方原本共同持有的股权（份额）为×%，女方××分得的各公司、企业的股权（份额）为×%，现双方经协商一致同意：女方自愿将上述股权（份额）中的×%转让给男方，男方向女方共计支付人民币×元股权（份额）转让款，具体分三期支付，第一期人民币×元应于×年×月×日前支付；第二期人民币×元应于×年×月×日前支付；第三期人民币×元应于×年×月×日前支付；以上款项均须转账支付至女方名下银行账户，若任何一期的支付存在逾期行为，则女方有权要求男方支付逾期利息，利息计算方式为以逾期金额为基数，以年利率12%为标准，按日计算逾期利息。若逾期超过1个月，则女方有权要求男方一次性提前支付所有剩余款项。收到第一期款项后双方应在30日内办理股权（份额）变更登记手续，因办理股权（份额）变更登记产生的相关费用由男方承担。

离婚后，女方不参与公司、企业的经营管理，因公司、企业经营管理产生的任何债务或其他风险均由男方个人承担，若有任何尚未履行的公司、企业的出资义务也均由男方个人承担。双方婚姻关系存续期间若因公司经营产生了任何债务，在男女双方之间均由男方承担。若女方因执行生效法律文书对外偿还了男方名下因经营产生的债务，在偿还之后有权向男方追偿，并有权向男方追偿因诉讼（应诉或起诉）产生的合理律师费、诉讼费、保全费等费用。

根据公司的性质、价值的不同，夫妻二人参与的程度的不同，公司股权的分割方式可能有很大的不同，若离婚协议中有公司股权分割条款，建议委托专业的律师拟定协议。

六、其他财产的约定

现金、理财产品等财产的分割比较清晰，双方写明各自名下还有多少存款、股票、理财产品等，约定各方应支付多少给对方，和前述条款一样约定清楚支付时间等就可以了。除协议中列明的财产外，往往还会有一些零零碎碎的小额财产无法一一写明，双方可以对这些进行一个笼统的约定，范例如下：

双方均确认：除上述财产外，双方各自名下其他财产（含各自购置或受赠的财产、个人生活用品、个人名下存款、社保、公积金等）归各自所有。

七、债权债务

一般家庭最大的债务是房贷，但也有不少家庭中一方或两方为了公司经营等背负了其他债务，甚至可能有因对赌协议、担保等产生的高额债务。如果能确定，应当将这些债务在协议中一一地约定清楚。但是需要注意的是，夫妻之间的约定只是对夫妻二人有效，即使清楚地约定了，债权人还是可能向两人追索债务。根据债务产生的时间、用途、配偶签字等情况，债务可能仍然被认定为夫妻共同债务。对债务人的配偶而言，在离婚协议中约定好债务归属，可以保障自己向债权人偿还后按照约定向另一方追偿。另外，双方没有对其他共同债权债务作出约定的，应作出如下的兜底约定：

双方一致确认：婚姻关系存续期间，除本协议约定的债务外，无其他夫妻共同债务，若任何一方对外存在债务，则男、女双方各自名下的债务分别由各自承担。

双方承诺离婚时已披露名下所有债务，除本协议列明的外，双方无共同债务；若任何一方名下有债务，无论该债务对外是否被视作夫妻共同债务，对内（男、女双方之间）均由该方个人承担；若另一方因执行生效法律文书对外偿还了对方名下的债务，在偿还之后均有权向对方追偿，并有权向对方追偿因诉讼（应诉或起诉）产生的律师费、诉讼费、保全费等费用。

八、隐瞒财产的后果和责任

一方如果在离婚时隐瞒了财产，另一方在发现之后可以提起离婚后财产纠纷诉讼，要求分割隐瞒的财产，并可以要求不分、少分给隐瞒方。所以在离婚协议中最好声明一下双方都没有隐瞒大件的财产，需要注意的是，这里只是针对大件的财产，比如，隐瞒了由他人代持的房产、股权、虚拟限售股等财产，不包括家电、衣物等生活用品，一般离婚时没有对这些小件财产作很详细的清点是可以理解的，不应视作隐瞒财产。在离婚协议中可以作出类似于这样的声明：

双方均确认，除了本协议中列明的财产以及个人用品外，双方均没有其他财产，若任何一方隐瞒财产的，隐瞒的财产应当全部分归另一方所有。并且隐瞒方还应承担另一方为此所产生的律师费、诉讼费、保全费等费用。

九、其他

现实生活中的财产种类十分复杂，这里无法一一地列举，但实践中如果有高额的财产需要分割，建议委托专业的律师拟定协议。

第二节　夫妻忠诚协议

忠诚协议一般是指约定了如果一方或者双方违背忠实义务后，财产如何分割，或者违背方履行何种违约责任的协议。实践中，常遇到当事人咨询要不要签订忠诚协议以及如何保障自己的权益。关于忠诚协议的效力问题，全国各地法院认定并不一致，甚至同一个地区的不同法院有可能在认定上出现分歧，例如，《深圳市中级人民法院关于审理婚姻家庭纠纷案件的裁判指引》（2006 年 7 月 1 日起施行，2014 年 5 月 21 日深圳市中级人民法院审判委员会民事行政执行专业委员会第 10 次会议第二次修订）中第 37 条规定："一方当事人以另一方当事人违反忠诚协议导致离婚为由请求另一方当事人在离婚时履行其在忠诚协议中所作损害赔偿承诺的，人民法院应予支持，但该忠诚协议约定的损害赔偿数额过高时，人民法院可以适当调整。"

2004 年上海市高级人民法院民一庭对忠诚协议作出了相关指导性意见，认为《婚姻法》第 4 条（已失效，现为《民法典》第 1043 条）所规定的忠实义务，是一种道德义务，而不是法律义务，夫妻一方以此道德义务作为对价与另一方进行交换而订立的协议，不能理解为确定具体民事权利义务的协议。随后明确规定了四条意见：（1）对当事人仅以《婚姻法》第 4 条为依据提起诉讼的，人民法院不予受理；已经受理的，裁定驳回起诉。（2）对夫妻双方签有忠实协议，现一方仅以对方违反忠实协议为由，起诉要求对方履行协议或支付违约金及赔偿损失的，人民法院不予受理。（3）除《婚姻法》第 46 条（已失效，现为《民法典》第 1091 条）规定的情形外，夫妻一方在离婚案件中以对方违反忠实协议或违背忠实义务为由，要求对方支付违约金或损害赔偿的，审理该案的人民法院不予受理。（4）之前已审结并发生法律效力的相关案件不再重审。

再如，《浙江省高级人民法院民一庭关于审理婚姻家庭案件若干问题的解答》（浙高法民一〔2016〕2 号）第 6 条中规定："婚姻关系存续期间，夫妻双方订立如一方发生婚外情或实施家庭暴力等行为，离婚时放弃财产的协议，或者一方出具的前述内容的承诺或保证书，是对特定条件成就后离婚时夫妻财产分割的约定，非属《婚姻法》第十九条规定的夫妻财产约定。参照《婚姻法司法解释（三）》第十四条'当事人达成的以登记离婚或者到人民法院协议离婚为条件的财产分割协议，如果双方协议离婚未成，一方在离婚诉讼中反悔的，人民法院应当认定该财产分割协议没有生效，并根据实际情况依法对夫妻共同财产进行分割’的规定，一方在离婚诉讼中反悔的，对此协议、承诺或保证书的效力应不予确认。法院应根据实际情况对财产进行分割。一方存在婚外情、家庭暴力等过错且导致离婚，另一方无过错的，在夫妻共同财产分割时，可综合考虑过错情况等，对无过错方酌情予以照顾，以平衡双方利益。”

上述规定有些虽然已经失效了，或者有些只在法院内部具有参考价值，但是审判实务中法官基本持同样的观点，不认可忠诚协议的效力，离婚时不会按照忠诚协议的约定分割财产。

“江苏省法院、省妇联发布2019年度江苏法院婚姻家庭十大典型案例”之四中，法院对此是这样阐述的：“夫妻间的忠诚义务更多的是一种情感道德义务，夫妻虽自愿以民事协议的形式将夫妻忠诚的道德义务转化为法律义务，但也是变相以金钱衡量忠诚，存在道德风险。因此，夫妻间订立的忠诚协议应由当事人自觉履行，法律并不赋予其强制执行力，不能以此作为分割夫妻共同财产或确定子女抚养权归属的依据，但在离婚分割夫妻共同财产时，应综合考虑婚姻关系中各自的付出，过错方的过错程度和对婚姻破裂的消极影响，对无过错方酌情予以照顾，平衡双方利益，以裁判树立正确的价值导向。”

北京市第三中级人民法院在（2021）京03民终8334号民事判决书中也认为，夫妻忠诚协议实质属于情感道德范畴，应由当事人本着诚信原则自觉履行。当事人依据夫妻忠诚协议约定已经履行了赔偿等义务而反悔的，人民法院不予支持；当事人依据夫妻忠诚协议要求赔偿或承担违约责任的，同样亦不能通过诉讼方式强制予以履行，是否履行全凭当事人自愿。夫妻一方以对方违反协议约定提起诉讼的，人民法院不予受理，已经受理的，应裁定驳回起诉。故双方虽签订了夫妻忠诚协议，但应建立在双方诚信自愿履行基础之上，不具有合同法上的法律约束力，故不能通过外在法律的强制手段予以解决。

综上所述，目前在我国，夫妻双方签署忠诚协议存在较大风险，有可能不会得到法院的支持，并且法院一般认为忠诚协议只是一种道德义务，履行了不能反悔，没有履行也无法获得法律上的救济。

第三节　婚内财产约定

《民法典》第1065条规定："男女双方可以约定婚姻关系存续期间所得的财产以及婚前财产归各自所有、共同所有或者部分各自所有、部分共同所有。约定应当采用书面形式……夫妻对婚姻关系存续期间所得的财产以及婚前财产的约定，对双方具有法律约束力。夫妻对婚姻关系存续期间所得的财产约定归各自所有，夫或者妻一方对外所负的债务，相对人知道该约定的，以夫或者妻一方的个人财产清偿。"

由该规定可知，男女双方可以对婚内或婚前的财产在俩人之间如何安排进行约定，但该约定必须采用书面形式。在实务中有部分家庭男女双方结婚以后仍然财务独立，各自的收入各自使用，双方对此虽然有默契，但并没有就此签订任何书面的协议，这种情况下并不构成法律意义上的夫妻婚内财产约定，各自在婚内取得的财产实际上仍然是夫妻共同财产。如果男女双方真的打算采用夫妻分别财产制，就应当签订书面的协议，就婚内财产和婚前财产作出明确的约定。

《民法典》第1065条第2款的表述是夫妻对婚姻关系存续期间所得的财产以及婚前财产的约定，对"双方"具有法律约束力。这一表述的含义并不是强调约定对双方是有效的，而是强调协议对男女双方之外的第三方不一定有法律约束力。第3款紧接着规定了"夫妻对婚姻关系存续期间所得的财产约定归各自所有，夫或者妻一方对外所负的债务，相对人知道该约定的，以夫或者妻一方的个人财产清偿"。所以对夫妻之外的债权人而言，如果不知道夫妻之间的财产约定，则有可能还是可以主张使用非举债一方的财产偿还债务。比如，在陕西省高级人民法院（2021）陕民终656号案件中，法院认为"案涉房屋系钟某在与李某夫妻关系存续期间购买。我国婚姻法规定夫妻共同财产制是夫妻法定财产制的基本形式，夫妻双方对于共同财产的所有权是法定的，只要夫妻之间没有另行约定，双方对婚后所得的财产即享有共同所有权，这是基于婚姻法规定的法定财产制，而非当事人之间的法律行为。因为婚姻登记作为客观事实已经具备了公示特征，无须另外再为公示，所以即使与物权登记的主体信息不符，也不能否定未登记一方的所有权……案涉房屋虽登记为钟某单独所有，但依法应属钟某与李某夫妻共同财产”。

该案中法院还认为：“钟某提交的《婚内财产分割协议》，该协议依法只对钟某与李某夫妻双方具有约束力。且该协议中就案涉房屋的处分行为未经产权变更登记，并不直接发生物权变动的法律效果，也不具有对抗第三人的法律效力……且钟某并未提交证据证明韦某对该协议知晓。故韦某申请查封案涉房产，符合法律规定，钟某诉请确认案涉房屋归其所有，于法无据。”

在上述案件中，虽然当事人钟某提交了《婚内财产分割协议》，但是法院认为这只对夫妻双方具有约束力，仍然执行了夫妻共有的房产。所以夫妻之间的财产约定一般只对夫妻双方有约束力。在这个案子中，共有的房产被执行后，钟某可以依据《婚内财产分割协议》向配偶李某主张权利，由李某赔偿其损失。

事实上即使夫妻之间，婚内财产约定也不一定都有约束力。婚内夫妻双方签订财产约定协议，将一方婚前购买的房屋约定为另一方所有的，实际上是一方对另一方的赠与，根据相关法律及司法解释的规定，如果协议签署后没有办理过户手续，赠与方可以撤销赠与，后面的章节将对此进行详细的分析。如果夫妻双方约定的是房屋的所有权，那么除了要签订书面协议外，还要办理过户手续，或者对协议进行公证。

第四节 实务分享

◇ 离婚协议约定卖房分钱，他们遇到了哪些问题？

虽然几乎人人希望一段婚姻能存续一辈子，然而现实中谁也不能保证自己的婚姻就能坚持一辈子，很多夫妻往往最终走向分离，这种情况下，除了子女的抚养问题外，房产分割几乎成了头号难题。尤其是近年来，银行房贷政策缩紧，过去一方取得房产，通过融资赎楼给予另一方补偿的方式往往也行不通了——向银行申请的贷款额度极其有限，扣除各项成本后，根本无法足额向对方支付补偿款，甚至还有相当大的缺口。于是，约定卖房分钱便成了众多离婚夫妻的选择。但卖房分钱，说起来容易做起来难，下文将结合办案实践进行分析，以供大家参考。

案例一：离婚后的巨额房贷利息谁来担、售房成本是否应分担？

在一起离婚财产纠纷案（我们担任男方律师代理人）中，当事人双方离婚时自行起草的离婚协议中约定："夫妻共同所有的位于深圳市某处房产目前按估价2×××万元，欠银行1×××万元，计算折合8××万元。其所有权归男方所有，男方需要向女方支付7××万元。男方为此需要卖房，签署离婚协议后，男方承诺3个月内或者房产卖出后2个工作日内将款项付给女方。如果期间售价有变化，变化部分平均分配。"离婚协议生效后，双方却又遇到了难题：由于市场行情不好，而房子又是豪宅，很难以合适的价格出售，所以迟迟未能售出，两人产生了如下几个方面的矛盾：（1）离婚后3个月已过，但房产仍未售出，女方要求男方先行支付7××万元，但男方认为房产尚未卖出，暂时无须支付（事实上，房产未售出，即便男方想付也没有能力支付）。（2）女方向男方主张逾期支付的利息，男方认为还未满足付款的条款，又何来利息？（3）男方要求女方分担离婚后房屋贷款利息（房屋仍在按揭之中），女方认为离婚之后的贷款利息应由男方单独承担，与自己无关。（4）男方认为出售房产溢价部分，还应减去佣金税费等成本（若有），女方则认为，溢价部分（转让价款超过2×××万元的售房款）应当平均分配，其余成本与自己无关，应由男方单独承担。

虽然在诉讼过程中，男方出售了房产，并将7××万元付给了女方，但双方矛盾仍未止住，中间也经历了不少波折。如此，看起来只是一起普通的卖房分钱的案件，却产生了这么多矛盾和问题。该案历经大半年的诉讼才作出一审判决，法院认为：（1）离婚后至售房前产生的未偿还贷款利息100多万元由双方分担；（2）售房过程中产生的佣金数十万元由双方分担；（3）男方向女方支付逾期利息30多万元（逾期时间从离婚3个月之后起算至实际支付7××万元时止）。法院对离婚后的贷款利息和佣金判令由双方分担主要从享受权益就应当分担相应成本的角度来考虑的；而法院支持逾期利息的理由是结合离婚协议及离婚前男方就已在委托中介挂牌出售房屋的事实，可确定双方的真实意思是暗含付款时间最长为3个月内。对于逾期利息的支付，我们对法院观点持保留意见。我们认为，我方当事人积极挂牌出售恰好说明当事人是积极履行离婚协议的，但房屋何时能出售的时间是无法确定的，所以协议里才约定了男方承诺3个月内或者房产卖出后2个工作日内将款项付给女方，此种情况下，应当根据房屋卖出后是否有及时向女方支付款项来判断是否存在逾期行为。

本案一审判决作出后，双方均未上诉且已履行完毕，双方的矛盾终于画上了一个句号。该案给我们的启示是：约定卖房分钱时，要考虑一定时间内如果房屋未能售出，将如何处理；如果房屋仍处于按揭贷款中，还要考虑离婚之后的贷款本金利息甚至罚息（若有）的承担问题，以及售房过程中若产生一些费用（如税费、佣金、赎楼成本等）的分担问题。当然，还有其他更多问题在本案中虽然未有涉及，但实践中也是有可能发生的。例如，如果房产卖亏了（比协议里约定的预估价还要低很多）该如何处理；如果房产登记在两个人名下，一方同意以某价格出售，而另一方不同意且不配合签名又该怎么办；离婚后房产卖出前，由谁使用和管理，如果存在出租，租金由谁收取，物业管理水电费由谁承担等诸多问题尽量在离婚时考虑清楚。

案例二：约定卖房分钱，谁知人去楼空！

几年前，有这样一个案件，当事人说有一套房约定给了前妻（房产登记在前妻名下），并说好房子卖出后分钱。如今婚是早离了，前妻却消失了，一直联系不上。我们接受委托立案后才发现，原来四五年前，当事人的前妻便已将房产出售，后来卷款出国了。他们的离婚协议是这样约定的："位于深圳市福田区某处的房产，产权归女方所有，如女方出售该房产后，需先行扣除女方已向银行偿还的全部本息及税费后，剩余金额双方各50%。"最后，这个案子我方虽然胜诉，但执行并不顺利，目前尚在公告中。这起案件给我们的启示是，如果房产登记在一方名下，且约定归一方所有的，一定要考虑房产是否存在被其悄悄出售卷款离开的风险，建议最好在离婚协议里设置一个合理的卖房期限，或者约定房屋出售前暂时由另一方使用管理。如今《民法典》已然生效，还可以考虑设置居住权来降低房产被擅自转移的风险。

综上所述，可见起草离婚协议，需要考虑的因素很多，稍不留神，可能后续就会麻烦不断。在这里顺便说一句，很多人认为律师起草协议似乎很容易，其实不然，律师办理非诉业务（如起草协议）不会比代理一起诉讼案件所花费的精力少，因为其中有太多背景情况需要了解，有太多因素需要考虑，律师初步起草一份协议后，双方还要反复沟通甚至修改多次。不过诉讼是非诉业务的基础，正因为诉讼案件代理多了，也就知道"坑"在哪里了。所以对律师而言，精准发现问题特别重要。差之毫厘，失之千里。

最后，愿每对夫妻婚姻幸福，如果无法共度一生，也要慎重处理离婚这件事。

第三章

离婚案件的管辖与法律适用

在法院办理诉讼离婚，要根据法律、司法解释的规定在管辖的法院起诉，如果在没有管辖权的法院起诉，则该法院不会受理案件。本章主要探讨应当向哪个法院起诉离婚，即离婚诉讼的管辖问题。

第一节　离婚案件管辖的一般规定

《民事诉讼法》第 22 条第 1 款规定："对公民提起的民事诉讼，由被告住所地人民法院管辖；被告住所地与经常居住地不一致的，由经常居住地人民法院管辖。"公民的住所地是户籍所在地，经常居住地是公民离开住所地至起诉时已连续居住一年以上的地方。所以一般提起离婚诉讼要到对方的经常居住地法院起诉。离婚案件的一审一般是由区法院管辖，比如，在深圳的司法实践中，无论涉及多少财产，一审离婚案件都由区法院管辖。

《最高人民法院关于适用〈中华人民共和国民事诉讼法〉的解释》（2022 年修正）第 12 条规定："夫妻一方离开住所地超过一年，另一方起诉离婚的案件，可以由原告住所地人民法院管辖。夫妻双方离开住所地超过一年，一方起诉离婚的案件，由被告经常居住地人民法院管辖；没有经常居住地的，由原告起诉时被告居住地人民法院管辖。"这一规定是关于离婚案件的特殊规定，在规定的情形下可以由原告住所地法院管辖。但是实务中依据该规定申请立案往往被法院拒绝受理，除非有政府部门的相关证明。

在实务中户籍地很方便证明，户口或者身份证上的地址即为户籍地址。经常居住地相对来说较难取证，如果在社区工作站或者网格员上门普查时登记了居住信息，在公安部门或者社区工作站、街道办等部门可以查询居住信息，根据查询到的居住信息确定管辖法院。如果被告方办理了居住证，则可以根据居住证上的信息确定管辖法院。由于离婚案件当事人必须到庭参加庭审，所以如果有机会尽量还是要选择自己居住地附近的法院。

第二节　对被监禁的人提起的离婚诉讼

根据《民事诉讼法》第 23 条规定，对被监禁的人提起的诉讼由原告住所地人民法院管辖，原告住所地与经常居住地不一致的，由原告经常居住地人民法院管辖。所以如果一方被监禁，另一方可以在自己的经常居住地或住所地提起诉讼。但有些情况下夫妻双方都被监禁了，根据《最高人民法院关于适用〈中华人民共和国民事诉讼法〉的解释》（2022 年修正）第 8 条的规定，双方当事人都被监禁或者被采取强制性教育措施的，由被告原住所地人民法院管辖。被告被监禁或者被采取强制性教育措施 1 年以上的，由被告被监禁地或者被采取强制性教育措施地人民法院管辖。

第三节　涉外涉港离婚案件的管辖

如今越来越多的人办理移民，实务中离婚案件的涉外因素也越来越多。很多人虽然已经移居他国，但还是有很多财产在国内，甚至主要的财产都还在国内，而且国内的环境也更熟悉，在国内办理离婚手续也更方便。所以很多涉外案件中当事人仍希望尽可能地寻找管辖的依据以争取在国内办理。

如果离婚诉讼的原告是中国公民且在国内居住，对方是外国公民，根据《民事诉讼法》第 23 条的规定，由原告方的经常居住地或住所地法院管辖。（《民事诉讼法》第 23 条规定：“下列民事诉讼，由原告住所地人民法院管辖；原告住所地与经常居住地不一致的，由原告经常居住地人民法院管辖：（一）对不在中华人民共和国领域内居住的人提起的有关身份关系的诉讼……”）

如果夫妻双方都是定居国外的华侨，则通常无法直接在国内的法院提起离婚诉讼。需要先在定居国法院起诉，如果定居国不受理，才可以在国内起诉，具体在《最高人民法院关于适用〈中华人民共和国民事诉讼法〉的解释》（2022年修正）中的第13条和第14条有明确的规定。

如果夫妻双方都是中国公民，一方居住在国内，另一方居住在国外，则无论哪一方提起离婚诉讼，国内一方住所地法院都有权管辖；即使国外一方在居住国法院已经起诉了，国内一方向国内法院起诉的，国内法院仍然有权管辖。这涉及一国司法主权问题，只要是符合国内管辖的规定的，不管有没有在国外法院起诉，国内法院都应当受理案件。

如果夫妻双方都在国外但未定居，则应由原告或者被告原住所地法院管辖。

以上是涉及婚姻关系的涉外诉讼的管辖规定，如果不涉及身份关系，双方已经办理了离婚手续，但是国内有财产没有分割完毕的，即使双方都已经定居国外，也可由主要财产所在地的法院管辖。但涉我国香港特区、我国澳门特区的案件一般参照涉外的管辖规定。

《最高人民法院关于适用〈中华人民共和国民事诉讼法〉的解释》（2022年修正）中第13条至第17条对以上事项作出的规定如下：第13条规定，在国内结婚并定居国外的华侨，如定居国法院以离婚诉讼须由婚姻缔结地法院管辖为由不予受理，当事人向人民法院提出离婚诉讼的，由婚姻缔结地或者一方在国内的最后居住地人民法院管辖。第14条规定，在国外结婚并定居国外的华侨，如定居国法院以离婚诉讼须由国籍所属国法院管辖为由不予受理，当事人向人民法院提出离婚诉讼的，由一方原住所地或者在国内的最后居住地人民法院管辖。第15条规定，中国公民一方居住在国外，另一方居住在国内，不论哪一方向人民法院提起离婚诉讼，国内一方住所地人民法院都有权管辖。国外一方在居住国法院起诉，国内一方向人民法院起诉的，受诉人民法院有权管辖。第16条规定，中国公民双方在国外但未定居，一方向人民法院起诉离婚的，应由原告或者被告原住所地人民法院管辖。第17条规定，已经离婚的中国公民，双方均定居国外，仅就国内财产分割提起诉讼的，由主要财产所在地人民法院管辖。

需要注意的是，以上法律规定的各种情形都是针对一方或双方中国公民或者华侨在国外居住的情形。实务中也有一种比较常见的情形是双方都在国内居住，但是都是外国国籍，并且在国外办理的结婚手续。

民事诉讼法及司法解释中对“双方当事人都是外国籍，并且在国外登记结婚，但是一方或双方在中国居住的，是否可以在国内提起离婚诉讼”这一问题都没有作出明确的规定。于是实务中有两种理解，一种认为对于涉外管辖，没有规定的就视作没有管辖权；另一种认为没有规定的就适用《民事诉讼法》第二章中的管辖规定。根据实务中的一些操作指引和案例看，法院支持后一种观点的居多，即双方都是外国人但是经常居住地在国内的，可以适用《民事诉讼法》第二章中的地域管辖的规定。

《北京市高级人民法院民一庭关于审理婚姻纠纷案件若干疑难问题的参考意见》第 49 条规定：“一方或双方在我国有经常居住地的外国人在中国法院起诉离婚的，应予管辖。”

广东省高级人民法院（2021）粤民再 9 号案件中，夫妻双方都是外国人，B 某在中国居住，于是在中国提起了离婚诉讼。一审、二审法院均认为没有管辖权，B 某故在广东省高级人民法院提出再审申请，该院认为，根据《涉外民事法律关系法律适用法》第 27 条“诉讼离婚，适用法院地法律”的规定，以及《民事诉讼法》第 266 条“在中华人民共和国领域内进行涉外民事诉讼，适用本编规定。本编没有规定的，适用本法其他有关规定”、第 23 条“下列民事诉讼，由原告住所地人民法院管辖；原告住所地与经常居住地不一致的，由原告经常居住地人民法院管辖：（一）对不在中华人民共和国领域内居住的人提起的有关身份关系的诉讼”的规定，申请人 B 某可以在其经常居住地起诉一审法院对本案具有管辖权。一审法院认为对本案没有管辖权并裁定不予受理、二审法院裁定维持不当，法院依法予以纠正。

上述广东省高院的这个案子，一审裁定没有管辖权，二审予以维持，一直到高院的再审才裁定由南沙片区人民法院审理。可见这个问题的争议之大。不过从广东省高院的裁定和北京市高院的参考意见可以得出结论，更权威的观点认为，夫妻双方都是外国人，并在外国登记结婚的，一方或双方经常居住地在国内的，都可以在国内提起离婚诉讼。

第四节　涉外涉港婚姻案件的法律适用

法律适用是指用哪个国家（地区）的法律来审理案件，由于各国（地区）的法律体系不同，案件适用不同国家（地区）的法律规定可能会有截然不同的结果。比如，我国内地是夫妻共同财产制，夫妻中的任何一方都不能擅自处分超出生活需求的大额财产；但是我国香港特区则是夫妻分别财产制，任何一方都可以自由处置自己名下的财产。于是在夫妻中的一方擅自赠与他人大额财产的案件中，如果适用中国内地的法律，配偶是有权要求受赠者返还财产的，因为赠与一方无权处分了夫妻共有的财产；但是如果适用我国香港特区的法律，由于赠与财产的这一方有权处分自己名下的财产，所以配偶无权要求受赠者返还。除了财产关系以外，由于各国或地区对缔结婚姻的条件的规定也有区别，比如，结婚的年龄要求不同、结婚的手续要求不同，所以适用不同国家或地区的法律规定还可能导致婚姻的效力不同。

需要注意的是，法律适用和管辖是两个不同的问题，即使由国内法院管辖的案件，在审理中也可以对部分问题适用国外的法律；在内地审理的案件也可能适用我国香港特区的法律。

婚姻案件的法律适用主要由《涉外民事关系法律适用法》规定，条文如下：第 21 条规定，结婚条件，适用当事人共同经常居所地法律；没有共同经常居所地的，适用共同国籍国法律；没有共同国籍，在一方当事人经常居所地或者国籍国缔结婚姻的，适用婚姻缔结地法律。第 22 条规定，结婚手续，符合婚姻缔结地法律、一方当事人经常居所地法律或者国籍国法律的，均为有效。第 23 条规定，夫妻人身关系，适用共同经常居所地法律；没有共同经常居所地的，适用共同国籍国法律。第 24 条规定，夫妻财产关系，当事人可以协议选择适用一方当事人经常居所地法律、国籍国法律或者主要财产所在地法律。当事人没有选择的，适用共同经常居所地法律；没有共同经常居所地的，适用共同国籍国法律。第 25 条规定，父母子女人身、财产关系，适用共同经常居所地法律；没有共同经常居所地的，适用一方当事人经常居所地法律或者国籍国法律中有利于保护弱者权益的法律。第26条规定，协议离婚，当事人可以协议选择适用一方当事人经常居所地法律或者国籍国法律。当事人没有选择的，适用共同经常居所地法律；没有共同经常居所地的，适用共同国籍国法律；没有共同国籍的，适用办理离婚手续机构所在地法律。第27条规定，诉讼离婚，适用法院地法律。

从法律规定看可能有人会觉得法律适用都已经规定好了，提前知道也没有什么用，到时候该用哪个国家或地区的法律就用哪个。但实际上不是的，法律适用除了当事人双方协商选择外，一方也是可以在一定程度上调整的。在上述法律规定中几乎每条中都提到了共同经常居所地，就是夫妻双方共同居住一年以上的地方，那么在有些特殊的情形下可以通过提前安排在某地长期共同居住从而制造共同居所地。

比如，夫妻财产关系，当事人没有协议选择的，适用共同经常居所地法律。在深圳有些家庭虽然两人都是中国国籍、内地户口，但一方在我国香港特区或者深圳，另一方在深圳或我国香港特区两地之间来回奔波。如果来回奔波的一方发现适用我国香港特区法律的夫妻分别财产所有制对自己比较有利，那不妨在起诉前一年搬到我国香港特区居住；如果共同财产制对自己比较有利，那起诉前一年可在深圳定居。

第五节　涉港离婚案件之深圳法院管辖规定及司法实践

由于深圳与我国香港特区毗邻，因此，发生在深圳的涉港离婚案件相对较多（包括夫妻一方或双方为香港居民的，或在我国香港特区登记结婚，但一方或双方居住在深圳，再或者有夫妻共同财产在深圳需要进行分配处理的等），我们也曾办理过不少涉港离婚案件，现就部分涉港离婚案件可被深圳法院受理作出以下提示。

1. 原告是深圳户口，被告是香港居民，无论在香港特区还是在内地登记结婚，若原告欲在深圳起诉离婚，深圳的法院都会受理。

2. 原告非深圳户口，但原告在深圳居住满一年，被告是香港居民，无论是在香港特区或在内地登记结婚，深圳的法院都会受理。

3. 原告、被告双方都是香港居民，双方在我国香港特区登记结婚，现原告若在深圳居住满一年，深圳的法院通常会受理（不过前几年，深圳的法院一般不受理）。

4. 双方在深圳登记结婚，现均居住在我国香港特区，如我国香港特区法院以离婚须由婚姻缔结地法院管辖为由不予受理，当事人向深圳的法院起诉请求离婚的，深圳的法院可以受理。

5. 原在内地登记结婚，原告、被告现均居住在香港特区，如香港特区法院以离婚须由婚姻缔结地法院管辖为由不予受理，若原告、被告一方在国内的最后居住地为深圳，则深圳的法院会受理。

6. 原在内地登记结婚的夫妻双方现均居住在港澳特区，如香港、澳门特区法院以离婚诉讼须由婚姻缔结地法院管辖为由不予受理，当事人向内地人民法院起诉请求离婚的，内地原登记地或一方在国内的最后居住地人民法院可以受理。

7. 双方当事人均为香港永久居民，在我国香港特区结婚，已在我国香港特区法院诉讼离婚。一方当事人在深圳起诉要求分割位于深圳的财产时，深圳的法院会受理，并进行实体审理（案由为离婚后财产纠纷）。

8. 双方当事人现均为香港居民，原在内地登记结婚，之后在香港特区法院诉讼离婚，一方当事人在深圳起诉要求分割位于深圳的财产时，深圳的法院会受理，并进行实体审理（案由为离婚后财产纠纷）。需注意，我们曾代理的一起此种情况的涉港婚姻案例，龙岗法院以我国香港特区离婚判决须先经内地法院承认为由而驳回原告的起诉，未进行实体审理，但后来被深圳中院裁定发回一审法院重新审理，并要求一审法院进行实体审理，案由为离婚后财产纠纷。

以上只是部分示例，另还有多种情形，不再一一列举，具体请参考相关法律规定，或者咨询专业律师。一般来讲，法律上已有规定的，法院一般都会予以受理。

我国香港特别行政区沿用英国的法律制度，夫妻财产制度并没有区分婚前财产或婚后财产，也没有采用夫妻共有财产制，而是采用的夫妻分别财产制度，丈夫名下的财产归丈夫所有，妻子名下的财产归妻子所有。在婚姻关系存续期间，夫妻各自管理、使用、处分自己的财产，夫妻个人的财产各自独立，债务也由各自清偿，互相之间并不承担连带责任。如果夫妻之间发生了赠与，在符合法律规定形式的前提下，根据赠与改变财产的所有权。

香港特别行政区的婚姻财产制度与内地有很大不同，在与涉港婚姻有关的案件中，有必要了解香港特区的婚姻制度。由于两地的法律体系不同，很多法律程序和规则不一样，法律理解上差之毫厘可能会导致结果谬以千里，所以在初步了解的基础上，必要的时候应当委托我国香港特区的律师为案件出具法律意见书。

第六节　对外国离婚判决的承认

《最高人民法院关于中国公民申请承认外国法院离婚判决程序问题的规定》（2020 年修正）第 1 条规定：“对与我国没有订立司法协助协议的外国法院作出的离婚判决，中国籍当事人可以根据本规定向人民法院申请承认该外国法院的离婚判决。对与我国有司法协助协议的外国法院作出的离婚判决，按照协议的规定申请承认。”但是第 2 条又规定了外国法院离婚判决中的夫妻财产分割、生活费负担、子女抚养方面判决的承认执行不适用该规定。所以中国籍的当事人仅可以申请法院承认外国离婚判决中关于离婚的部分，相当于确认已经由国外的判决解除了婚姻关系，并不包括其他部分。例如，（2021）辽 02 协外认 17 号案中，法院裁定内容是这样表述的：对加拿大不列颠哥伦比亚省最高法院于 2010 年 5 月 20 日作出的第 E032870 号离婚判决书中解除婚姻关系的法律效力予以承认。

如果外国法院的判决中对国内的财产也进行了分割，当事人无法依据国外的判决直接在国内申请执行，只能在申请承认了国外的离婚判决之后在国内提起离婚财产纠纷诉讼，这就相当于当事人需要进行两个诉讼程序。所以很多离婚案件的当事人选择不申请承认外国法院的判决，直接在国内另行起诉离婚。但是这并不意味着国外的离婚判决中涉及国内财产的部分完全没有用。国外法院的判决在国内的离婚后财产纠纷或者离婚纠纷诉讼中可以作为证据使用。虽然外国法院认定的事实和法律定性部分涉及司法主权，国内法院不需要参考，但是当事人在诉讼过程中的陈述、承诺等可以视作当事人自己的意思表示。比如，一方当事人在外国法院已经作出了转让财产给对方的意思表示，并且财产已经交付，如果没有证据证明该意思表示是虚假的或者被强迫的，则该方应当不能撤销该转让财产的行为。即使在该承诺之后没有办理过户手续，我们也认为该意思表示是与离婚相关联的，不能随意地撤回。在我们办理过的一起案件中，法院对该部分内容是这样表述的："原告的上述承诺是对上述房产的处分行为，且明确表示将上述房产给予被告，原告的上述承诺虽然发生在××，但该承诺是原告对××法院法庭作出的，且属于双方离婚诉讼判决的内容，没有证据证实原告的上述承诺违背其真实意思或违反法律强制性规定，故原告请求重新分割上述房产有违诚实信用原则，且没有法律依据，故原告的诉讼请求于法无据，本院不予支持。"

关于申请承认和另行起诉的优先级，《最高人民法院关于中国公民申请承认外国法院离婚判决程序问题的规定》（2020 年修正）作出了明确的规定，另行提起的离婚诉讼和申请承认的程序哪个先启动就优先处理哪个，在申请承认后不再受理离婚诉讼，提起离婚诉讼后不再受理申请承认。承认国外离婚判决的申请受理后，当事人可以撤回申请，但是撤回后不可以再次提出申请，只能另行提起离婚诉讼。原文如下：第 18 条规定，人民法院受理离婚诉讼后，原告一方变更请求申请承认外国法院离婚判决，或者被告一方另提出承认外国法院离婚判决申请的，其申请均不受理。第 19 条规定，人民法院受理承认外国法院离婚判决的申请后，对方当事人向人民法院起诉离婚的，人民法院不予受理。第 20 条规定，当事人之间的婚姻虽经外国法院判决，但未向人民法院申请承认的，不妨碍当事人一方另行向人民法院提出离婚诉讼。第21条规定，申请人的申请为人民法院受理后，申请人可以撤回申请，人民法院以裁定准予撤回。申请人撤回申请后，不得再提出申请，但可以另向人民法院起诉离婚。第22条规定，申请人的申请被驳回后，不得再提出申请，但可以另行向人民法院起诉离婚。

第七节 最高人民法院关于内地与香港特别行政区法院相互认可和执行婚姻家庭民事案件判决的安排

2022年2月15日，关于内地与香港特别行政区法院相互认可和执行婚姻家庭民事案件判决的安排在两地同时生效，在内地以最高人民法院发布《最高人民法院关于内地与香港特别行政区法院相互认可和执行婚姻家庭民事案件判决的安排》的形式转化实施。最高人民法院于2022年2月14日发布了上述司法解释，自2022年2月15日起施行。该司法解释对婚姻家庭民事案件判决的认可和执行问题作出了安排。

一、适用范围

《最高人民法院关于内地与香港特别行政区法院相互认可和执行婚姻家庭民事案件判决的安排》第1条规定了适用的范围：当事人向香港特区法院申请认可和执行内地就婚姻家庭民事案件作出的生效判决，或向内地法院申请认可和执行香港特区法院就婚姻家庭民事案件作出的生效判决。该条同时规定了当事人可以向香港特区法院申请认可内地民政部门所发的离婚证，或者向内地法院申请认可香港特区相关法律规定的解除婚姻的协议书、备忘录。

也就是说，内地与香港特区之间可相互申请认可和执行生效的婚姻家庭判决，可相互申请认可在行政部门办理的离婚手续。需要注意的是，就生效判决是可以申请认可和执行，而对行政部门办理的离婚手续，只是申请认可。因为行政部门在内地指民政局，办理的离婚手续中的离婚协议是不能强制执行的，如果对方不按照离婚协议履行，只能向法院提起离婚后财产纠纷诉讼，要求履行离婚协议中的约定。

根据《最高人民法院关于内地与香港特别行政区法院相互认可和执行婚姻家庭民事案件判决的安排》第20条的规定，自该安排生效之日起作出的判决，适用该安排，该安排生效日期是2022年2月15日，所以该日期两地法院作出的相应的判决可以根据《最高人民法院关于内地与香港特别行政区法院相互认可和执行婚姻家庭民事案件判决的安排》在两地申请认可和执行。

上述适用范围的规定中最重要的是“婚姻家庭民事案件”和“生效判决”的定义。

1. 生效的定义

内地关于生效的定义与我们通常理解的“生效”的含义是相同的，指二审判决与裁定、再审判决与裁定、没有上诉而生效的一审判决。我国香港特区的生效是指终审法院、高等法院上诉法庭及原讼法庭和区域法院作出的已经发生法律效力的判决，包括依据我国香港特区法律可以在生效后作出更改的命令。

由于再审流程是否启动是不确定的，所以《最高人民法院关于内地与香港特别行政区法院相互认可和执行婚姻家庭民事案件判决的安排》第11条规定了在我国香港特区法院的认可和执行程序中，内地法院就已经作出的判决裁定再审的，我国香港特区法院审查核实后，可以中止认可和执行程序。待再审后根据再审的结果决定恢复或是终止认可和执行程序。在内地法院申请认可和执行我国香港特区法院判决时当事人已经提出上诉的，内地法院审查核实后也有对等的安排。

但如果生效判决的认可和执行程序终结后才启动的再审改变了原生效判决，对此，《最高人民法院关于内地与香港特别行政区法院相互认可和执行婚姻家庭民事案件判决的安排》中没有规定。不过《最高人民法院关于内地与香港特别行政区法院相互认可和执行婚姻家庭民事案件判决的安排》中并没有禁止申请认可和执行同一地区就同一争议作出的不同的生效判决。那么从法理上，在内地如果已经就香港特区的生效判决申请过认可和执行并已执行终结，原判决被改判的，应当可以申请认可和执行新的判决，并依据《民事诉讼法》第240条的规定执行，法院责令按照原判决取得财产的人返还。

2. 判决的定义

《最高人民法院关于内地与香港特别行政区法院相互认可和执行婚姻家庭民事案件判决的安排》中的“判决”含义比我们常说的判决的含义略宽，在内地包括判决、裁定、调解书。以往为了方便调解书在域外的认可和执行，涉外案件即使当事人选择调解的，法院也可以以判决书的形式固定调解内容。在《最高人民法院关于内地与香港特别行政区法院相互认可和执行婚姻家庭民事案件判决的安排》生效之后涉港案件的离婚调解书在我国香港特区申请认可和执行就没有障碍了。

“判决”在我国香港特别行政区包括判决、命令、判令、讼费评定证明书、定额讼费证明书。

但无论是香港特区和内地，“判决”都不包括双方依据其法律承认的其他国家和地区法院作出的判决，也就是说认可和执行不能“套娃”，假设香港特区依据其法律认可了英国法院的婚姻家庭民事案件判决，该承认的判决不能依据《最高人民法院关于内地与香港特别行政区法院相互认可和执行婚姻家庭民事案件判决的安排》在内地申请认可和执行。

3. 婚姻家庭民事案件的范围

《最高人民法院关于内地与香港特别行政区法院相互认可和执行婚姻家庭民事案件判决的安排》所称的婚姻家事民事案件的范围很广，在内地包括共计14个案由，大部分是第一级案由婚姻家庭纠纷中的案由，在此之外只有申请人身安全保护令，属于“非讼程序案件案由”。继承纠纷并不在《最高人民法院关于内地与香港特别行政区法院相互认可和执行婚姻家庭民事案件判决的安排》的范围之内。

但是并非第一级案由婚姻家庭纠纷的所有下级案由都在《最高人民法院关于内地与香港特别行政区法院相互认可和执行婚姻家庭民事案件判决的安排》所定义的婚姻家庭民事案件之内。在该案由下有婚约财产纠纷、离婚后损害责任纠纷、同居关系析产纠纷、否认亲子关系纠纷、赡养纠纷（包括下级两个案由）、解除收养关系纠纷、分家析产纠纷未被该安排覆盖，另外抚养纠纷案件仅限于夫妻之间的扶养纠纷，监护权纠纷仅限于未成年子女监护权纠纷。

需要注意的是，虽然否认亲子关系纠纷和解除收养关系纠纷不在《最高人民法院关于内地与香港特别行政区法院相互认可和执行婚姻家庭民事案件判决的安排》之内，但亲子关系确认纠纷和收养关系确认纠纷属于其定义的婚姻家庭民事案件，同居关系析产纠纷不在，但是同居关系子女抚养纠纷在范围内。

在该安排中，内地涵盖的案由包括：

（1）婚内夫妻财产分割纠纷案件；

（2）离婚纠纷案件；

（3）离婚后财产纠纷案件；

（4）婚姻无效纠纷案件；

（5）撤销婚姻纠纷案件；

（6）夫妻财产约定纠纷案件；

（7）同居关系子女抚养纠纷案件；

（8）亲子关系确认纠纷案件；

（9）抚养纠纷案件；

（10）扶养纠纷案件（限于夫妻之间扶养纠纷）；

（11）确认收养关系纠纷案件；

（12）监护权纠纷案件（限于未成年子女监护权纠纷）；

（13）探望权纠纷案件；

（14）申请人身安全保护令案件。

《最高人民法院关于内地与香港特别行政区法院相互认可和执行婚姻家

庭民事案件判决的安排》列举了 12 条所涵盖的香港特区的婚姻家事民事案件，涵盖了离婚、未成年人保护、父母身份确认、家庭暴力等方面的案件。从该清单中可以看到一些内地法律规定中没有的内容，比如，依据香港特区法例第 192 章《婚姻法律程序与财产条例》作出的在讼案待决期间提供赡养费令，是指在离婚、婚姻无效等诉讼进行期间，如果子女或申请人一方没有足够的经济来源，可以向法庭申请诉讼待决期间由婚姻的另一方定期支付临时的赡养费。

在该安排中，我国香港特别行政区涵盖的案件包括：

（1）依据香港特区法例第 179 章《婚姻诉讼条例》第Ⅲ部作出的离婚绝对判令；

（2）依据香港特区法例第 179 章《婚姻诉讼条例》第Ⅳ部作出的婚姻无效绝对判令；

（3）依据香港特区法例第 192 章《婚姻法律程序与财产条例》作出的在讼案待决期间提供赡养费令；

（4）依据香港特区法例第 13 章《未成年人监护条例》，第 16 章《分居令及赡养令条例》，第 192 章《婚姻法律程序与财产条例》第Ⅱ部、第ⅡA 部作出的赡养令；

（5）依据香港特区法例第 13 章《未成年人监护条例》，第 192 章《婚姻法律程序与财产条例》第Ⅱ部、第ⅡA 部作出的财产转让及出售财产令；

（6）依据香港特区法例第 182 章《已婚者地位条例》作出的有关财产的命令；

（7）依据香港特区法例第 192 章《婚姻法律程序与财产条例》在双方在生时作出的修改赡养协议的命令；

（8）依据香港特区法例第 290 章《领养条例》作出的领养令；

（9）依据香港特区法例第 179 章《婚姻诉讼条例》、第 429 章《父母与子女条例》作出的父母身份、婚生地位或者确立婚生地位的宣告；

（10）依据香港特区法例第 13 章《未成年人监护条例》、第 16 章《分居令及赡养令条例》、第 192 章《婚姻法律程序与财产条例》作出的管养令；

（11）就受香港特区法院监护的未成年子女作出的管养令；

（12）依据香港特区法例第 189 章《家庭及同居关系暴力条例》作出的禁制骚扰令、驱逐令、重返令或者更改、暂停执行就未成年子女的管养令、探视令。

预计在将来的实务中，当事人可以利用申请认可和执行的范围与两地法律规定的不同之处，选择对自己有利的地区起诉。

二、管辖与受理

1. 管辖法院

《最高人民法院关于内地与香港特别行政区法院相互认可和执行婚姻家庭民事案件判决的安排》第 4 条规定了申请认可和执行的管辖法院，在内地由申请人住所地、经常居住地或者被申请人住所地、经常居住地、财产所在地的中级人民法院管辖。与在内地进行离婚诉讼一般在被告住所地、经常居住地相比，多了在申请人的住所地、经常居住地，还多了财产所在地。在香港特区由区域法院管辖。申请人向两个以上有管辖权的人民法院提出申请的，由先立案的法院管辖。

该安排的第 15 条规定，对法院就认可和执行的申请作出的裁定或者命令不服的，在内地可以于裁定送达之日起 10 日内向上一级法院申请复议，在香港特区可依据其法律规定提出上诉。

2. 受理

《最高人民法院关于内地与香港特别行政区法院相互认可和执行婚姻家庭民事案件判决的安排》第 10 条规定被请求方法院不能对判决的全部判项予以认可和执行时，可以认可和执行部分判项，也就是说认可和执行的最小力度是判项，不是一定要对整个判决予以认可和执行。

并且在执行方面其实还可以细分，该安排第 13 条规定如果被申请人在内地和香港特区均有可供执行的财产，申请人可以分别向两地法院申请执行。执行财产的总额不得超过判决确定的数额，并规定了应对方法院要求，两地法院应当相互提供本院执行判决的情况，也就是说可以执行一个判项中部分未执行的数额，具有很大的灵活性。但是根据该安排第 13 条的表述，对于判项中的部分金额只是申请执行，在申请认可判决时还是应当针对整个判项或者整个判决。对于判决中的财产给付范围，并不是所有的类目都可以申请认可和执行，该安排第 14 条规定了财产给付范围包括判决确定的给付财产和相应的利息、迟延履行金、诉讼费，但是不包括税收、罚款。

在《最高人民法院关于中国公民申请承认外国法院离婚判决程序问题的规定》（2020 年修正）中规定当事人之间的离婚案件，我国法院正在审理或已作出判决的，对外国法院的离婚判决不予承认。以往涉港案件一般参照涉外案件的规定，在上述司法解释中我国法院受理的优先级是高于承认外国判决的。但在《最高人民法院关于内地与香港特别行政区法院相互认可和执行婚姻家庭民事案件判决的安排》中，申请认可和执行的优先级高于内地对同一争议的审理。《最高人民法院关于内地与香港特别行政区法院相互认可和执行婚姻家庭民事案件判决的安排》第 16 条规定："在审理婚姻家庭民事案件期间，当事人申请认可和执行另一地法院就同一争议作出的判决的，应当受理。受理后，有关诉讼应当中止，待就认可和执行的申请作出裁定或者命令后，再视情终止或者恢复诉讼。"并且《最高人民法院关于内地与香港特别行政区法院相互认可和执行婚姻家庭民事案件判决的安排》第 17 条规定了审查认可和执行判决申请期间，当事人就同一争议提起诉讼的不予受理；已经受理的驳回起诉。判决获认可和执行后，当事人就同一争议提起诉讼的，也不予受理。

另外，根据《最高人民法院关于内地与香港特别行政区法院相互认可和执行婚姻家庭民事案件判决的安排》第 9 条的规定，如果被请求方法院已经就同一争议作出判决，或者已经认可和执行其他国家和地区法院就同一争议作出的判决的，不予认可和执行。

如果判决未获认可和执行，虽然当事人不得再次申请认可和执行，但当事人可以就同一争议向被请求方法院提起诉讼。当然，如果未获认可和执行的原因是内地已经就同一争议作出判决，根据"一事不再理"的原则，当事人提起的诉讼也不会被受理。

三、申请手续、程序、期间

《最高人民法院关于内地与香港特别行政区法院相互认可和执行婚姻家庭民事案件判决的安排》第5条规定了按照该安排申请认可和执行判决的，应当提交下列材料：

（1）申请书；

（2）经作出生效判决的法院盖章的判决副本；

（3）作出生效判决的法院出具的证明书，证明该判决属于本安排规定的婚姻家庭民事案件生效判决；

（4）判决为缺席判决的，应当提交法院已经合法传唤当事人的证明文件，但判决已经对此予以明确说明或者缺席方提出申请的除外；

（5）经公证的身份证件复印件。

申请认可《最高人民法院关于内地与香港特别行政区法院相互认可和执行婚姻家庭民事案件判决的安排》第1条第2款规定的离婚证或者协议书、备忘录的，应当提交下列材料：

（1）申请书；

（2）经公证的离婚证复印件，或者经公证的协议书、备忘录复印件；

（3）经公证的身份证件复印件。

向内地人民法院提交的文件没有中文文本的，应当提交准确的中文译本。

该安排第6条规定了申请书中应当载明的事项：

（1）当事人的基本情况，包括姓名、住所、身份证件信息、通信方式等；

（2）请求事项和理由，申请执行的，还需提供被申请人的财产状况和财产所在地；

（3）判决是否已在其他法院申请执行和执行情况。

申请认可和执行后的执行程序理论上应当和内地判决的执行程序相同，在内地判决的执行程序中被申请人的财产状况和财产所在地并不是必须的，法院可以查询被执行人的财产。依据《最高人民法院关于内地与香港特别行政区法院相互认可和执行婚姻家庭民事案件判决的安排》申请执行的，是否必须要提供被申请人的财产状况和财产所在地，有待实务中的反馈。

《最高人民法院关于内地与香港特别行政区法院相互认可和执行婚姻家庭民事案件判决的安排》中对申请认可和执行判决的期间、程序和方式没有作详细的规定，只规定了依据被请求方法律的规定，且规定了法院应当尽快审查认可和执行的请求并作出裁定或者命令，没有规定应当在多少天内作出裁定或者命令。

另外，《最高人民法院关于内地与香港特别行政区法院相互认可和执行婚姻家庭民事案件判决的安排》第 18 条还规定了在申请认可和执行之前或者之后可以依据法律规定采取保全或者强制措施，应当是参照诉前、诉中保全的相关规定。

四、不予认可和执行的情形

《最高人民法院关于内地与香港特别行政区法院相互认可和执行婚姻家庭民事案件判决的安排》第 9 条规定了不予认可和执行的情形：“申请认可和执行的判决，被申请人提供证据证明有下列情形之一的，法院审查核实后，不予认可和执行：

（一）根据原审法院地法律，被申请人未经合法传唤，或者虽经合法传唤但未获得合理的陈述、辩论机会的；

（二）判决是以欺诈方法取得的；

（三）被请求方法院受理相关诉讼后，请求方法院又受理就同一争议提起的诉讼并作出判决的；

（四）被请求方法院已经就同一争议作出判决，或者已经认可和执行其他国家和地区法院就同一争议所作出的判决的。

内地人民法院认为认可和执行香港特别行政区法院判决明显违反内地法律的基本原则或者社会公共利益，香港特别行政区法院认为认可和执行内地人民法院判决明显违反香港特别行政区法律的基本原则或者公共政策的，不予认可和执行。

申请认可和执行的判决涉及未成年子女的，在根据前款规定审查决定是否认可和执行时，应当充分考虑未成年子女的最佳利益。”

该条规定第1款中的四种情形的举证责任在被申请人，法院只是审查核实，第1项针对的是被告缺席情况下所出具的判决，被申请人需要证明自己没有获得合理的陈述、辩论机会。

第2项“以欺诈方法取得”判决，被申请人要证明“欺诈”应当具有相当大的难度，如果在内地法院申请认可和执行香港特区法院的判决，由于申请认可和执行的判决是在香港特区取得的，如何向内地法院证明在香港特区进行的诉讼具有欺诈行为，应当是一个很有挑战的问题，内地法院并不熟悉香港特区的诉讼流程，反之亦然；所以可能被申请人在出具判决的当地循其他途径认定判决是通过欺诈取得的可能更容易一些。

第4项在前文已经提到，如果内地法院已经就同一争议作出判决，或者认可了其他国家地区法院就同一争议所作出的判决，那么将不予认可和执行香港特区法院的判决。不过《最高人民法院关于中国公民申请承认外国法院离婚判决程序问题的规定》（2020年修正）第2条规定：“外国法院离婚判决中的夫妻财产分割、生活费负担、子女抚养方面判决的承认执行，不适用本规定。”

第3项针对的是如果被请求方法院受理在前，但判决在后的情形。由于内地和香港特区两地诉讼的期间规定不同，可能均受理针对同一争议的案件，根据这一条的规定，即使后受理的先判决，该判决也无法在先受理一方得到认可和执行。但是如果先受理的一方先判决，根据《最高人民法院关于内地与香港特别行政区法院相互认可和执行婚姻家庭民事案件判决的安排》第16条的规定，当事人此时可申请认可和执行，在后受理一方进行的诉讼应当中止，认可和执行裁定或命令作出后再恢复或终止诉讼。

由于香港特区与内地为不同的法系，有很多法律规定和裁判规则不相同，而两地受理婚姻家事案件的情形又有所重叠，导致一些案件两地均可管辖。因此一些典型的深港双城活动的高净值人群如果要进行婚姻家事诉讼，有必要结合两地的法律规定、诉讼程序以及《最高人民法院关于内地与香港特别行政区法院相互认可和执行婚姻家庭民事案件判决的安排》的规定，好好权衡一下在哪边起诉对自己更有利。

第八节 实务分享

◇ 离婚诉讼中，一方在香港特区法庭上作出的承诺在内地是否有效?

一、案情简介

甲某（男方）与乙某（女方）原系夫妻，双方均为香港居民，之后双方因夫妻感情破裂而在我国香港特区法院诉讼离婚，甲某在我国香港特区法院的法庭上明确承诺容许乙某享用、居住及租出在深圳的某房产（多套小产权房），且表示当乙某要求转让上述房产给自己时，甲某会办理有关手续。之后，我国香港特区法院作出了解除婚姻关系的判令。几年后，由于深圳房价大涨，甲某心有不服，认为上述承诺并不是我国香港特区法院的判决事项，我国香港特区法院未对涉案房产作出处理，且该承诺在我国内地没有法律效力，此外，其在承诺中没有放弃涉案房产的所有权等，总而言之，甲某以诸多理由欲重新分割房产。

二、本案结果

甲某在深圳起诉后，经过一审、二审、重审一审、重审二审，最终驳回了甲某的全部诉讼请求。

三、法院观点

法院认为，本案的争议焦点为甲某在离婚时作出的承诺的效力认定及该承诺是否有放弃对涉案房屋权利的意思表示。甲某在我国香港特区法院离婚时对法庭的承诺为其真实意思表示，甲某应按照承诺履行，对于该承诺的内容，虽然该承诺未直接表述为将所有权过户给乙某，但鉴于涉案的房产均未办理房产证，故乙某所述只能表述为“容许呈请人（乙某）享用、居住及租出……当呈请人要求答辩人（甲某）转让涉案物业给呈请人时，答辩人（甲某）会办理有关手续”。对于甲某所述承诺的条款表述的真意为甲某可随时收回涉案房屋，法院认为，关于甲某同意由乙某获得涉案房屋的意思表示，该承诺的文义表述清晰、明确，亦未附“甲某可随时收回房屋、市价转让”等表述内容，故甲某已对涉案房产权利作出处分，之后乙某亦一直占有使用涉案房屋，现甲某无视曾作出的承诺，要求再行分割涉案房屋，有违诚实信用原则。

四、律师观点

本案发生在《最高人民法院关于内地与香港特别行政区法院相互认可和执行婚姻家庭民事案件判决的安排》实施之前，在内地并不能直接申请认可该判决。在代理该案件中，除表达了上述观点外，还说明了以下几点。

1. 香港特区法院的判决虽不能在内地直接适用，但是该判决已经经过我国司法部确认的有资质的香港特区律师的公证，因此，该判决可作为证据使用，只要不违反我国法律规定，便有极强的证明力。

2. 乙某与甲某已离婚多年，甲某之前从未对香港特区法院的判决提出过任何异议，更从未对由乙某管理、使用的房产提出过任何主张。

3. 本案真正的弱者是乙某，婚内，乙某为了照顾甲某，付出了巨大的时间和精力，不仅如此，精神还饱受折磨，稍有照顾不周，便受到甲某的辱骂和殴打，正因为如此，乙某忍无可忍，通过香港特区法律援助中心的帮助，才最终得以解除婚姻，从香港特区法院的下述判令内容，即“答辩人（甲某）须支付呈请人（乙某）的所有附属济助的讼费，包括所有之前的保留讼费；如未能协议，留待法庭评定；而呈请人（乙某）的讼费则按《法律援助规例》予以评定”，也可得知本案的真正弱者并非甲某，而是被告乙某。

第四章

离与不离，谁说了算

第一节 离与不离的争论

2020年发生了一件广受人们关注的离婚案件：当当网两位创始人的离婚案。在一段视频中李某庆称俞某提交的感情没有破裂的证据包括一起旅游、送花、分朋友送的土特产等，李某庆认为这是朋友感情没有破裂，夫妻感情早已破裂。这个视频在网上引起了很热烈的讨论，很多网友还吐槽了自己或者朋友艰难离婚的经历。

我也讲一下我办理的两起十分波折的离婚案件。一起发生在数年前，男女双方感情破裂最大的原因是三观不一致、性格不合，双方都不存在家暴、出轨等情形，按照通常的审判规则，如果男方坚决不同意离婚，女方第一次起诉的确是很可能不会被判处离婚。此案件中，我代理原告（女方），至今我仍清晰记得当法官询问被告（男方）是否同意离婚时，女方当庭情绪崩溃，哭出了声，边哭边数落男方种种令自己无法忍受的言行（例如，与岳父岳母一起吃饭时不主动买单，常常很晚回家、不管子女等）。该起案件中的法官一直耐心倾听我方当事人的述说，然后又询问了男方的意见，最终那起案件一次判离。

另一起案件我方当事人是男方，诉讼中我们提交了大量证据证明夫妻感情确已破裂（如双方之间争吵的录音、对方对我方实施家暴的视频、报警回执等）。但开庭时，女方突然当庭提交一份靠在男方身上的照片，并同时出示手机原件，我当即指出对方当庭提交证据，不符合举证规则，不予质证不应采纳。法官又询问我方当事人是否认可该照片真实性，于是男方本人声称这些照片都是女方趁男方全身心投入陪孩子的时候，故意在一旁摆出相应姿势偷拍的。我补充声称双方感情早已破裂，开庭前一天还做出亲热动作是不合常理的，故男方的说法更具有可信性。最后判决不准予离婚。

从这两起案子我们可以看到如果对方不同意离婚，又没有法定地应当判决准予离婚的情形时，是否判决离婚取决于法官的自由心证。很多时候当事人和网民义愤填膺地认为应当判离时，或是认为法官判决不公时，在我们专业人士看来，法官是在内心进行价值判断，我们要知道法官并不是事件的亲历者，不可能深入双方当事人的大脑之中探究其感情是否破裂，更何况有时当事人都说不清自己对配偶是完全没有感情了，还是因为日常琐事的分歧导致双方已经忽视了感情。所以与其抱怨法律不公，不如对现行法律制度多一些理解，如果第一次判决不离后，或者想办法修复感情；或者继续保持分居状态（如果已坚定了离婚的决心），为第二次起诉顺利判决离婚打下基础。

离婚案件中对夫妻感情是否已破裂作出判断并不是一件容易的事情。我常常认为，对于家事律师来讲，除了专业知识要扎实外，还应当具备一些其他的品质方能在这一领域做得更从容。比如，家事律师既要具备同理心，也须具备理性的态度，不要受当事人的情绪影响，在大部分离婚案件中，当事人的情绪往往是低落、沮丧、焦虑的，有时甚至是急躁、愤怒的，这种情况下，律师不能跟着表现出低落、沮丧、焦虑和急躁或愤怒。保持良好的心态来办理案件是前提。

此外应当学会通过现象看本质，有经验的律师通常和当事人详谈一两个小时并看过证据后便能判断感情究竟是否还可挽回，财产大概会怎么分等。对于律师来讲，既不要怂恿当事人离婚，更不要为了阻止法院判离而教唆当事人去搞小动作，这样做看似在帮自己的当事人，实则是把当事人双方推向更痛苦的深渊。对于明明两个感情已经破裂的当事人，非要生拉硬拽硬扯到一起，如果一方不堪忍受跳了楼怎么办？或者被家暴致死怎么办？

同时应知道，法官并不是像一些网友理解的那样凭个人喜好随意判决是否准予离婚的。《民法典》第1079条明确规定了哪些情形应当准予离婚：

（1）重婚或者与他人同居；

（2）实施家庭暴力或者虐待、遗弃家庭成员；

（3）有赌博、吸毒等恶习屡教不改；

（4）因感情不和分居满二年；

（5）其他导致夫妻感情破裂的情形。

一方被宣告失踪，另一方提起离婚诉讼的，应当准予离婚。

经人民法院判决不准离婚后，双方又分居满一年，一方再次提起离婚诉讼的，应当准予离婚。

另外，对军人的配偶作出了特别的规定，现役军人的配偶要求离婚，应当征得军人同意，但是军人一方有重大过错的除外。根据《最高人民法院关于适用〈中华人民共和国民法典〉婚姻家庭编的解释（一）》的规定其中军人一方有重大过错是指上述准予离婚的情形中的前三条。

并且并不是任何一方任何时候都可以起诉离婚，根据《民法典》第1082条的规定，女方在怀孕期间、分娩后1年内或者终止妊娠后6个月内，男方不得提出离婚；但是，女方可以提出离婚，或者法院认为确有必要受理男方离婚请求的除外。

以上各种情形中实施家庭暴力，虐待、遗弃家庭成员，赌博吸毒等恶习都比较好理解，主要需要注意的就是事情发生的程度不同可能导致定性的不同。比如，偶尔的争吵、动手，不一定能算是家暴；偶尔打牌不能算是赌博。

第二节 如何认定和理解重婚和有配偶者与他人同居

在《刑法》中规定了重婚罪："有配偶而重婚的，或者明知他人有配偶而与之结婚的，处两年以下有期徒刑或者拘役。"重婚罪可以由检察院提起公诉，也可以由被害人直接向法院提起刑事自诉。

在实务中，如果某人与其他两个人都办理了结婚登记，毫无疑问构成重婚。由于以前各地的结婚登记信息没有联网，这种事情时有发生。有的当事人与配偶感情不好，多年没有在一起居住便以为已经自动离婚了，于是又和其他人办理了结婚登记手续，构成了重婚罪。现在结婚登记信息联网后这种情况不太可能发生了。但是在涉外的婚姻中又很容易发生这种办理了两次结婚登记的情况，当事人在国内办理了结婚登记以后，在国外生活期间又和其他人在其他国家办理了结婚登记手续，构成了重婚。

除了办理了两次或多次结婚登记手续会构成重婚以外，如果有配偶者与他人长期对外以夫妻名义共同生活，也有可能构成重婚罪。比如，（2021）鄂0683刑初9号案件中，被告人在已有配偶的情况下，与他人一起居住生活并生育小孩，被告人在所购房产的交房手续中，生产时的医院陪护等手续中均以夫妻相称，法院判决认定其构成重婚罪。又如，（2014）大刑初字第60号案件中，被告人在有配偶的情况下，又与他人举办结婚酒席，虽然没有办理结婚登记，法院仍判决认定构成重婚。但并不是任何以夫妻相称的情况都足以构成重婚罪，比如，（2022）豫16刑终98号案件中，法院认为虽然自诉人提交的视频证明被告人与另一女子以“老公”“老婆”相称，但尚不足以证明被告人与另一女子公开以夫妻名义长期生活在一起，以及被周围民众认知等据以成立控罪的关键事实。可见有配偶者与他人同居是否达到“重婚”的标准，除了长期生活在一起外，更重要的是是否公开地以夫妻相称，是否让周围的人认为他们是夫妻。

“有配偶者与他人同居”是判决离婚的法定情形之一，对于如何定义“有配偶者与他人同居”，曾在互联网上引起很大争议。某法院发布过一篇公众号文章《不能仅以“出轨”为理由，请求离婚》，引起了很多争论。这篇公众号文章的最大问题其实在标题上，“同居”是指不以夫妻之名，持续、稳定地共同居住，这确实不能等同于出轨；而有配偶者与他人同居才是法律规定的应当准予离婚的情形之一。所以出轨但未与他人同居的，确实不是法定的离婚条件。但是这并不表示当事人不能请求离婚，请求离婚、提起离婚诉讼是当事人的权利，法院是否会判决离婚则是另一回事。而且在实务中，如果结合出轨和其他证据能证明双方的感情已经破裂，也是有可能判决准予离婚的。所以这篇文章虽然内容没问题，但标题并不恰当，网友们对此有意见也是可以理解的。

和重婚相比，“有配偶者与他人同居”中的同居不是以夫妻名义，可能是以男女朋友、情人等各种名义，所以这种同居没有触犯重婚罪。而同居和偶尔的出轨的区别在于同居是持续、稳定地共同居住生活，不是临时短暂性地在一处居住。出轨并不一定构成同居，在离婚案件中一方有出轨的行为是非常常见的，但是只有少数人有与他人同居的情形。在离婚的法定条件中最具争议的应当就是这一条了，很多人认为对方都出轨了，还不算感情破裂吗？但现实中一方出轨的原因很多，并不一定是感情破裂导致的，也有很多家庭中一方犯过出轨的错，但最终双方能和好如初；而与他人同居往往意味着夫妻关系本身已经名存实亡了，所以能作为感情破裂的一种情形。

第三节　分　居

“因感情不和分居满两年”是法定判决准予离婚的情形之一，但在实务中，当事人对这一条的理解有很大的偏差。

首先，这是判决离婚的情形之一，并不是分居满两年就自动离婚了；在法院起诉离婚后充分地举证证明分居满两年的，法院应当判决离婚。但是很多人竟然以为分居满两年就直接离婚了，这是我们在回答当事人的咨询时所遇见的比较常见的误解了。这个误解也是一些人犯重婚罪的原因之一。

其次，分居满两年的原因是感情不和，如果是因为其他原因分居，如两人在不同的城市工作，或者一方在另一个城市就医等，这些基于客观原因造成的分居是不符合这一条件的。

举证证明分居满两年是比较困难的，因为这需要证明某一方不在某处居住。在举证时要证明做了什么比较容易，但是要证明没有做什么是十分困难的，所以可以说无法从逻辑上完备地证明分居。但也不能因此放弃举证，常见的能证明分居的证据有房屋租赁合同、在社区工作站的居住登记信息，不过这些都需要提前具备证据意识，提前进行规划和安排。现实中有人在谈到分居的证据时总是说这也没法证明分居，那个证据也没法证明分居，所以这些证据都没有用，其实不是这样的。如前所述，分居是无法完备地证明的，但是法官结合各种证据可以作出合理的推断。比如，单独一份租房合同只能证明在外面租了房子，当然不能证明没有在家居住，但是结合出租屋所在小区的车辆出入记录（如每天朝九晚六的都是从这个小区出入），就能很大程度地让法官相信对方是在外租房居住。若两人在一个城市，一方却在外另行租房居住，显然就是分居了。

另外，人都是感性的，很多案件中一方提交了多份直接和间接证明分居的证据后，另一方就承认分居了，在审判中当事人作不实的陈述时是有一定心理压力的。特别是如果多份证据能形成证据链达到法官已经比较相信分居的事实时，很少当事人能坚持否认分居的事实。

除了因感情不和分居满两年外，《民法典》中还规定了判决不准离婚后，双方又分居满 1 年的，一方再次起诉，应当准予离婚。法院判决不准离婚是认为双方的感情并未完全破裂，还可以修复，但是如果判决离婚后又分居满 1 年，说明双方在判决后并未成功地修复感情，因此应当准许离婚。在《民法典》生效之前并没有这一条规定，大部分法院在第二次起诉离婚时都会判决离婚，但还是有不少的案件第二次也没有判决准予离婚。由于判决不准离婚后 6 个月之后才能再次提起离婚诉讼，所以如果一方坚持离婚而另一方坚持不同意离婚，导致第一次判决不准离婚，稳妥起见，可以在第一次判决之后保持分居 1 年后再次起诉，此时法院应当判决离婚。

另外，很多当事人对分居一词的理解也有些偏差。当询问当事人是否分居时，很多当事人回答分居了，但细问之后发现两人只是分房而居，但还在一个屋檐下生活。分房而居其实并不是法律意义上的分居，在离婚案件的审理中也并不能被认定为分居。就当事人而言，如果同住一个屋檐下，就积极地修复感情，如果实在无法修复，打算离婚，就不要共同居住在一个房子里。

第四节 家庭暴力

家庭暴力是判决离婚的法定情形之一，在很多案件中当事人都会以此为理由主张离婚。但一方如果主张对方存在家庭暴力，需要对对方的暴力行为和损害后果进行充分地举证。如果举证不利，将影响法院对是否存在家庭暴力的事实的认定。《反家庭暴力法》第 2 条规定："本法所称家庭暴力，是指家庭成员之间以殴打、捆绑、残害、限制人身自由以及经常性谩骂、恐吓等方式实施的身体、精神等侵害行为。"暴力行为是否具有严重性、长期性、持续性以及反复性是法院在认定构成家庭暴力时的主要参考因素，可作为认定构成家庭暴力的证据形式包括但不限于居委会或村委会出具的有关证明、当地妇联的调解笔录、公安机关的出警记录及告诫书、医院的诊断证明、伤情鉴定书、照片等。

在很多涉及家庭暴力的案件中，被主张家暴的一方的抗辩理由一般是一般家庭矛盾发生争执、口角、有互相推搡等肢体接触行为，并不构成家庭暴力。但是如果损害结果较为严重，伤情明显超出了通常所认为的夫妻吵架推搡的正常限度，应当认定为家庭暴力。就受害人而言，举证证明伤情的严重程度是十分重要的。

除了身体伤害外，家庭暴力还可能给受害者带来精神伤害，施暴者通过经常性的谩骂、恐吓等，使受害人处于长期的精神压力、紧张状态或者恐惧的情绪之中。对这种类型的家庭暴力，受害人在举证时应提交施暴者的行为、发生的频率、精神损害方面的证据。

第五节　赌博、吸毒等恶习

如果一方有吸毒的恶习，另一方起诉离婚，判决离婚应无争议，公安机关行政拘留、强制戒毒相关的证据都可以用来证明对方吸毒。

如何认定赌博存在一定的争议，被主张赌博的一方的抗辩往往是偶尔打打牌，并不是赌博。主张赌博的一方应当从对方赌博对生活造成的影响，特别是对家庭财产造成的影响，比如，因为网络赌博欠下了巨额债务，因为赌博荒废了工作等，以及从屡教不改的角度出发进行充分的举证。如果被主张赌博方真的只是偶尔参加打麻将之类的活动，并未因此导致大量的金钱方面的损失，也未荒废工作、生活，则不应因此认定为赌博。

第六节　双方的意愿

意思自治是民法中的重要原则，只要不违反法律的硬性规定，双方达成一致意见时，法院不会干涉，所以一般来讲双方都同意离婚时法官会判决准予离婚。但是在《民法典》上没有规定如果双方都同意离婚，法院应当判决准予离婚。所以现实中双方都同意离婚，法院却判决不准予离婚的案子也有发生。

有人会认为双方都同意离婚了为什么还要去法院呢？去民政局办理离婚手续不就好了吗？这是因为很多时候双方虽然都同意离婚，但是对子女抚养和财产分割有很大分歧，无法达成双方都同意的离婚协议，所以只能去法院起诉以解决争议。所以在离婚案件的审理中，法官询问双方是否同意离婚时，双方都回答同意离婚是比较常见的，一般法官也会依照双方的意思判决准予离婚。但是在有些案件中，由于双方在子女抚养或财产分割上存在较大争议，加之又没有法定的判决准予离婚的条件，所以偶尔也有可能会被判决不准予离婚。比如，在个别案件中，双方都不要子女的抚养权，法官考虑到子女的权益，会判决不准许离婚，或者在有些案件中双方可能都是在赌气的状态下同意离婚，法官认为双方并没有走到离婚那一步，也可能直接判决不准予离婚。

但是我们认为意思自治是民法中十分重要的原则，如果双方都同意离婚，除非法院审理中发现双方有串通逃避债务的可能，或者有其他可能侵害第三方利益的情形，否则应当尊重当事人的意思，判决离婚并对子女抚养、财产分割等一并判决。虽说一段美好的婚姻来之不易，家庭和睦十分可贵，但是一段不合适的婚姻对双方、对子女也都是一种消磨，无法修复感情的情况下强扭在一起只会让每个人都备受煎熬。

如果不满足法定的离婚条件，一方起诉后另一方不同意离婚的，是不是一定判决不准予离婚呢？其实也未必，在办理的案子中就有对方当庭表示不同意离婚，我们随后询问对方的诉求意见时，对方表示房子分归他就同意离婚。通过这一提问，法官发现双方其实已经没有感情了，对方不同意离婚只是单纯地从利益出发，希望最终耗到我方当事人同意他的利益诉求。所以这个案子即使不符合法定的离婚条件，且对方口头上不同意离婚，法官仍然结合其他证据作出了双方感情已经破裂的判断，判决准予双方离婚。

综上所述，法院判决离婚还是不离婚，最核心的出发点是双方的感情是否已经破裂，法定的应当判决离婚的情形也是从这个角度出发来规定的。如果不符合法定的情形，法官仍然会从各种证据、陈述、庭审表现等来判断双方的感情是否已经破裂，从而作出准予或不准离婚的判决。其中，举证和庭审表现是十分重要的。

第七节　人身安全保护令

2022 年 7 月 14 日，《最高人民法院关于办理人身安全保护令案件适用法律若干问题的规定》对人身安全保护令案件的受理、家庭暴力的定义、据以裁定的证据、违反人身安全保护令的后果等作出了明确的规定，对人身安全保护令的实施有十分重要的作用。

一、什么是人身安全保护令

《反家庭暴力法》第四章对人身安全保护令作了初步的规定，根据该法第 29 条规定，人身安全保护令可以包括以下措施：（1）禁止被申请人实施家庭暴力；（2）禁止被申请人骚扰、跟踪、接触申请人及相关近亲属；（3）责令被申请人迁出申请人住所；（4）保护申请人人身安全的其他措施。《最高人民法院关于办理人身安全保护令案件适用法律若干问题的规定》中还规定，“保护申请人人身安全的其他措施”可以包括：（1）禁止被申请人以电话、短信、即时通信工具、电子邮件等方式侮辱、诽谤、威胁申请人及其相关近亲属；（2）禁止被申请人在申请人及其相关近亲属的住所、学校、工作单位等经常出入场所的一定范围内从事可能影响申请人及其相关近亲属正常生活、学习、工作的活动。该规定对可能的措施列举得已经相当完备了。

以法院的裁定书为例阐释在实务中人身安全保护令的内容是什么。例如，（2022）京 0108 民保令 20 号民事裁定书中，法院审查认为被申请人的家暴情况属实，出具了人身安全保护令，裁定如下：第一，禁止被申请人宋某对申请人徐某实施家庭暴力（包括但不限于殴打、威胁）；第二，禁止被申请人宋某骚扰、跟踪申请人徐某。大部分的人身保护令都与该裁定类似，主要是禁止被申请人殴打、骚扰、跟踪、威胁申请人。但也有裁定书禁止了更具体的行为，例如，（2022）京 0108 民保令 6 号民事裁定书中，裁定：第一，禁止被申请人王某对申请人田某实施家庭暴力行为；第二，禁止被申请人王某对申请人田某及其近亲属辱骂、骚扰和砸门等行为。该案中被申请人多次在半夜踢申请人家门，对申请人的生活构成侵扰，所以裁定书中将“砸门”专门列入了被禁止的行为之中。当事人如果受到某些具体行为的侵害，在申请人身安全保护令时可以列出这些需要禁止的行为。在代理的一起离婚纠纷诉讼中，关于人身保护令的民事裁定书，法院裁定如下：第一，禁止被申请人×××对申请人××实施家庭暴力；第二，禁止被申请人×××骚扰、跟踪、接触申请人××及其近亲属；第三，责令被申请人×××迁出深圳市某某房屋居所，禁止在申请人××距离 200 米内活动。本裁定书自作出之日起 6 个月内有效。人身安全保护令失效之前，人民法院可以根据申请人的申请撤销、变更或者延长。被申请人对本裁定书不服的，可以自裁定生效之日起 5 日内向法院申请复议一次，复议期间不停止本裁定的执行。

有人可能会问，如果被申请人收到人身安全保护令以后仍然骚扰、殴打申请人会怎么样呢？《反家庭暴力法》第 34 条规定：“被申请人违反人身安全保护令，构成犯罪的，依法追究刑事责任；尚不构成犯罪的，人民法院应当给予训诫，可以根据情节轻重处以一千元以下罚款、十五日以下拘留。”

二、谁能申请人身安全保护令

任何人遭受家庭暴力或者面临家庭暴力的现实危险时，都可以向人民法院申请人身安全保护令。如果当事人因年老、残疾、重病，或者因受到强制、威吓等原因无法申请人身安全保护令，其近亲属、公安机关、民政部门、妇女联合会、居民委员会、村民委员会、残疾人联合会、依法设立的老年人组织、救助管理机构等可以代为申请。

关于什么是家庭暴力，法律和司法解释里面也有明文规定。根据《反家庭暴力法》第 2 条的规定，本法所称家庭暴力，是指家庭成员之间以殴打、捆绑、残害、限制人身自由以及经常性谩骂、恐吓等方式实施的身体、精神等侵害行为。根据《最高人民法院关于办理人身安全保护令案件适用法律若干问题的规定》第 3 条的规定，家庭成员之间以冻饿或者经常性侮辱、诽谤、威胁、跟踪、骚扰等方式实施的身体或者精神侵害行为，应当认定为《反家庭暴力法》第 2 条规定的“家庭暴力”。

殴打等暴力行为构成家庭暴力应当几乎所有人都有概念，但家庭暴力的范围并不限于此类侵害身体的行为，上述给当事人造成精神侵害的行为也构成家庭暴力。在办理婚姻类的案件中，有时候发现当事人对对方有一种莫名的恐惧，在我们看来对方所提的要求完全没有任何筹码，但当事人还是频频妥协，其实当事人就是在被侮辱、威胁的环境中生活了太久，在心理上已经对对方产生了恐惧。所以当事人如果遭受了对方的威胁、辱骂等精神侵害，应当尽早申请人身安全保护令以阻止对方的该种行为，否则日积月累之后精神会遭受严重的侵害。

除了家庭成员以外，《反家庭暴力法》还规定，家庭成员以外共同生活的人之间实施的暴力行为，也可以参照该规定执行。《最高人民法院关于办理人身安全保护令案件适用法律若干问题的规定》中则规定了“家庭成员以外共同生活的人”一般包括共同生活的儿媳、女婿、公婆、岳父母以及其他有监护、扶养、寄养等关系的人。

另外，《最高人民法院关于办理人身安全保护令案件适用法律若干问题的规定》还规定，向人民法院申请人身安全保护令，不以提起离婚等民事诉讼为条件，即当事人遭受威胁时可以直接提出申请，不需要先提起离婚或者其他诉讼。

三、申请的程序

申请人身安全保护令应当以书面方式提出；但书面申请确有困难的，可以口头申请，由人民法院记入笔录。根据《反家庭暴力法》的规定，人身安全保护令案件由申请人或者被申请人居住地、家庭暴力发生地的基层人民法院管辖。人民法院以裁定的形式作出人身权保护令。

《最高人民法院关于办理人身安全保护令案件适用法律若干问题的规定》第7条规定，当事人提出人身安全保护令申请后，人民法院可以通过在线诉讼平台、电话、短信、即时通信工具、电子邮件等简便方式询问被申请人。被申请人未发表意见的，不影响人民法院依法作出人身安全保护令。根据《反家庭暴力法》第28条的规定，人民法院受理申请后，应当在72小时内作出人身安全保护令或者驳回申请；情况紧急的，应当在24小时内作出。《最高人民法院关于办理人身安全保护令案件适用法律若干问题的规定》之所以规定了简便的询问方式，目的就在于方便法官在法定的期限内快速了解案情，快速地出具人身安全保护令以保护申请人。相较于其他类型的民事案件，人身安全保护令的审理应当是相当迅捷的，这和人身安全保护令制止现实侵害的目的有关，因为时限越长，当事人所遭受的侵害或者遭受侵害的可能性就越大。

裁定作出后，对于驳回申请的裁定，申请人可以在裁定生效之日起5日内向作出裁定的法院申请复议；而对于人身安全保护令不服的，被申请人也可以在上述期限内申请复议，但是复议期间不停止人身安全保护令的执行。人身安全保护令的有效期不超过6个月，但失效前人民法院可以根据申请人的申请撤销、变更或者延长。

和其他民事裁定不同，人身安全保护令除了应当送达给申请人、被申请人外，还应当送达给公安机关及居民委员会、村民委员会等组织。因为人身保护令虽然由人民法院执行，但公安机关以及居民委员会、村民委员会等应当协助执行。

四、如何认定遭受家庭暴力或者面临家庭暴力的现实危险

根据《最高人民法院关于办理人身安全保护令案件适用法律若干问题的规定》的规定，人民法院根据相关证据，认为申请人遭受家庭暴力或者面临家庭暴力现实危险的事实存在较大可能性的，可以依法作出人身安全保护令。并且对“相关证据”也作了详尽列举：

（1）当事人的陈述；

（2）公安机关出具的家庭暴力告诫书、行政处罚决定书；

（3）公安机关的出警记录、讯问笔录、询问笔录、接警记录、报警回执等；

（4）被申请人曾出具的悔过书或者保证书等；

（5）记录家庭暴力发生或者解决过程等的视听资料；

（6）被申请人与申请人或者其近亲属之间的电话录音、短信、即时通讯信息、电子邮件等；

（7）医疗机构的诊疗记录；

（8）申请人或者被申请人所在单位、民政部门、居民委员会、村民委员会、妇女联合会、残疾人联合会、未成年人保护组织、依法设立的老年人组织、救助管理机构、反家暴社会公益机构等单位收到投诉、反映或者求助的记录；

（9）未成年子女提供的与其年龄、智力相适应的证言或者亲友、邻居等其他证人证言；

（10）伤情鉴定意见；

（11）其他能够证明申请人遭受家庭暴力或者面临家庭暴力现实危险的证据。

上述规定列举得已经十分完善了，在办理的案件中当事人能搜集的证据已经基本覆盖了，但是现实生活永远比法律规定更复杂，所以上述条款中预留了第 11 项兜底。

在实务中我们经常碰到一种情形，那就是一方当事人先有对婚姻不忠的

过错，另一方开始采用一些过激的手段报复过错方。典型的如跟踪、持续辱骂、威胁等。《最高人民法院关于办理人身安全保护令案件适用法律若干问题的规定》第8条针对这种情况进行规定："被申请人认可存在家庭暴力行为，但辩称申请人有过错的，不影响人民法院依法作出人身安全保护令。"所以即使在婚姻中遭受了不幸，也应当理性地维护自己的权益，不要采取过激的行为。

五、违反人身安全保护令的后果

《反家庭暴力法》第34条规定："被申请人违反人身安全保护令，构成犯罪的，依法追究刑事责任；尚不构成犯罪的，人民法院应当给予训诫，可以根据情节轻重处以一千元以下罚款、十五日以下拘留。"而前述《最高人民法院关于办理人身安全保护令案件适用法律若干问题的规定》第11条又强调："被申请人违反人身安全保护令，符合《中华人民共和国刑法》第三百一十三条规定的，以拒不执行判决、裁定罪定罪处罚；同时构成其他犯罪的，依照刑法有关规定处理。"《刑法》第313条第1款规定："对人民法院的判决、裁定有能力执行而拒不执行，情节严重的，处三年以下有期徒刑、拘役或者罚金；情节特别严重的，处三年以上七年以下有期徒刑，并处罚金。"

从该规定来看，拒绝执行人身安全保护令，触犯刑法的可能性相当大，当事人务必重视，严格遵守人身安全保护令。

除了刑事责任、行政处罚以外，违反人身安全保护令对离婚的进程也有影响。《民事诉讼法》中规定，判决不准离婚和调解和好的离婚案件，判决、调解维持收养关系的案件，没有新情况、新理由，原告在6个月内又起诉的，不予受理。以往并没有法律或司法解释规定什么是该条规定中的"新情况、新理由"，在《最高人民法院关于办理人身安全保护令案件适用法律若干问题的规定》中明确规定了"被申请人违反人身安全保护令实施家庭暴力的"可以认定为上述规定中的"新情况、新理由"。该规定的意图即是保护婚姻当中的弱势方，如果存在上述情况，要尽快给受害的当事人再次起诉离婚的机会以逃离困境。

人身安全保护令是对家庭中的弱势方十分有利的制度，当事人在遭受侵害后应当勇敢地及时提出申请，积极维护自己的权利，不要让长期的家庭暴力侵蚀自己的精神。

第五章

子女抚养问题

第一节　该不该争抚养权

子女的抚养问题往往是双方最核心的争议点之一，大多数情况下离婚的夫妻双方都希望自己获得子女的抚养权，但是并不是所有人都能理解抚养权是什么。很多人认为抚养权是一项权利，在离婚时对属于自己的权利都极力争取。争取到之后却不好好地抚养子女，有的把老人接过来同住照顾子女，自己天天不回家；有的把子女直接送回老家；甚至有更离谱的，争取抚养权后将子女送到寄宿学校，连周末都不接回家。

根据《民法典》第 1058 条，夫妻双方平等享有对未成年子女抚养、教育和保护的权利，共同承担对未成年子女抚养、教育和保护的义务。由此可见，抚养权并非只是抚养子女的权利，更是抚养子女的义务。夫妻双方争取子女的抚养权时更多地以争取履行义务的机会这种角度来思考。获得了子女的抚养权相当于作出了一个承诺，承诺在法院判决直接抚养子女之后，其会尽职尽责地履行抚养、教育和保护的义务。如果仔细阅读《民法典》可以发现，在《民法典》中并没有使用“抚养权”一词，而是使用的“抚养关系”“直接抚养”等表述，立法者应当是在刻意地引导社会，不要把抚养作为一种权利来对待。

还有些人在争取抚养权时有面子或者感情上过不去的想法，明明自己知道自己工作特别繁忙，无法照顾子女，但是担心自己不争取抚养权会显得自己不爱子女；不争取抚养权显得自己冷血无情；或者子女以后知道了会对自己没有感情。但是如果争取了抚养权自己不尽责难道就能体现自己的爱意吗？让子女有个不幸福的童年子女会感激吗？我们建议离婚时夫妻双方应当将眼光放长远一点，既不要把抚养权当作一项权利来争取，也不要为了面子或表面上的感情需求不放手。应当从子女的角度出发，分析双方谁能更多地陪伴子女，给子女更好的成长环境。不直接抚养子女的一方是有权探望的，如果原本工作就十分繁忙，每天早出晚归，就算子女在家里每天也见不到，不如由对方直接抚养，自己每到休息日可以探望子女，给子女多带来一些快乐。

即使没有直接抚养子女，和子女之间的关系也不因离婚而发生变化，父母仍然是子女的父母，仍然对子女有抚养、教育、保护的权利和义务。这一点在《民法典》第 1084 条第 1 款、第 2 款有明确的规定："父母与子女间的关系，不因父母离婚而消除。离婚后，子女无论由父或者母直接抚养，仍是父母双方的子女。离婚后，父母对于子女仍有抚养、教育、保护的权利和义务。"千万不要认为没有直接抚养子女就表示和子女的关系完全断掉了。不过实践中，也有夫妻一方担心如果未争取到抚养权，未来对方会阻挠自己探望子女，其实这个问题不必太担心，如果真发生阻挠事件，应当及时收集相关证据，如报警记录、证人证言、聊天记录、谈话录音等，并可以向法院申请变更抚养权。当然，两个人离婚后，其实在子女抚养问题的沟通上，可以注意方式方法，比如，仍然称呼协助照顾孩子的奶奶或外婆为妈妈，并向老人表达周末希望能分担一下老人照顾孩子的压力，让老人好好休息一下，有时适当给老人买点礼物。

第二节　抚养权的裁判规则

《民法典》第 1084 条第 3 款对子女抚养的裁判规则进行了规定："离婚后，不满两周岁的子女，以由母亲直接抚养为原则。已满两周岁的子女，父母双方对抚养问题协议不成的，由人民法院根据双方的具体情况，按照最有利于未成年子女的原则判决。子女已满八周岁的，应当尊重其真实意愿。"

根据该规定，子女不满两周岁的原则上应当判归母亲直接抚养，但是也有例外。根据《最高人民法院关于适用〈中华人民共和国民法典〉婚姻家庭编的解释（一）》第 44 条的规定，"……对不满两周岁的子女，……母亲有下列情形之一，父亲请求直接抚养的，人民法院应予支持：（一）患有久治不愈的传染性疾病或者其他严重疾病，子女不宜与其共同生活；（二）有抚养条件不尽抚养义务，而父亲要求子女随其生活；（三）因其他原因，子女确不宜随母亲生活”。该解释第 45 条还规定了，父母双方协议约定不满两周岁的子女由父亲直接抚养，并对子女健康成长无不利影响的，法院应予支持。可见对于不满两周岁的子女，法院是以母亲直接抚养为原则，并尊重双方的意愿，同时也兼顾了在一些特殊情形下可以判决归父亲抚养。

如果子女已满 8 周岁，应当尊重子女的真实意愿，由子女表达自己希望由哪一方直接抚养。很多人担心将子女带到法庭上会对子女不好，所以对征询子女的意见有些顾虑，根据办案的实务，法官一般不会要求当事人将子女带去开庭。有些案件中，法院还很人性化地安排了心理辅导老师，安排在法庭以外的地方由心理辅导老师对子女的意愿作出评估，尽可能地保障在不影响子女的情况下了解子女的实际想法。当然各地法院的条件和流程安排可能会不一样，但是一般都不会直接把子女带上法庭生硬地询问。

如果子女已满两周岁、未满 8 周岁，法院会按照最有利于未成年子女的原则判决由哪方直接抚养。《最高人民法院关于适用〈中华人民共和国民法典〉婚姻家庭编的解释（一）》第 46 条规定了优先考虑由其抚养的几种情形：“（一）已做绝育手术或者因其他原因丧失生育能力；（二）子女随其生活时间较长，改变生活环境对子女健康成长明显不利；（三）无其他子女，而另一方有其他子女；（四）子女随其生活，对子女成长有利，而另一方患有久治不愈的传染性疾病或者其他严重疾病，或者有其他不利于子女身心健康的情形，不宜与子女共同生活。”

另外，该解释在第 47 条又规定了“子女单独随祖父母或者外祖父母共同生活多年，且祖父母或者外祖父母要求并且有能力帮助子女照顾孙子女或者外孙子女的，可以作为父或者母直接抚养子女的优先条件予以考虑”。

需要注意的是，以上这些条件是“优先考虑”的条件，并不是一定根据这些条件判决由哪一方抚养。法院判决时要考虑双方的情况，在同等情况下，如果某一方符合上面其中任何一种情形，优先判决由其直接抚养。

《最高人民法院关于适用〈中华人民共和国民法典〉婚姻家庭编的解释（一）》第 46 条中的第 1 项和第 3 项是从父母的角度出发的，其他其实都是从有利于子女成长的角度出发的；而第 47 条十分贴合现实生活的规定，在实际生活中有祖父母或外祖父母帮助子女照顾孩子的情形非常多，如果孩子长期由祖父母或外祖父母照顾，并且离婚后祖父母或外祖父母仍然愿意照顾，那么维持现状显然对孩子的生活影响最小，离婚之后孩子也更能适应。

除了直接由一方抚养以外，《最高人民法院关于适用〈中华人民共和国民法典〉婚姻家庭编的解释（一）》中第 48 条也对轮流抚养作出了规定："在有利于保护子女利益的前提下，父母双方协议轮流直接抚养子女的，人民法院应予支持。"但对学龄儿童而言，由于孩子上学的地点是固定的，轮流抚养可能会导致上学距离太远，如果父母协商轮流抚养，离婚后双方应尽可能在同一个小区或者相邻的小区居住以便接送孩子上学。

一般在离婚时确定了由谁抚养子女之后，除非双方协商一致，否则后续想变更并不容易，但是确有需要的可以起诉要求变更抚养关系。《最高人民法院关于适用〈中华人民共和国民法典〉婚姻家庭编的解释（一）》第 56 条规定："具有下列情形之一，父母一方要求变更子女抚养关系的，人民法院应予支持：（一）与子女共同生活的一方因患严重疾病或者因伤残无力继续抚养子女；（二）与子女共同生活的一方不尽抚养义务或有虐待子女行为，或者其与子女共同生活对子女身心健康确有不利影响；（三）已满八周岁的子女，愿随另一方生活，该方又有抚养能力；（四）有其他正当理由需要变更。"

该条规定对可以变更抚养关系的情形并没有作彻底的限制，而是预留了法官自由裁量的空间，如果法官认为"有其他正当理由需要变更"，也可以判决变更抚养关系。比如，实务中有一个案件，直接抚养方在抚养孩子期间每个月要带孩子去十几次医院，并且孩子并没有什么重大疾病或慢性病，就医的原因中经常有各种意外受伤，该案中法院就认为直接抚养孩子的一方并不能为孩子的成长提供健康的环境，所以判决变更抚养权。再如，前面提到的如果直接抚养小孩的一方经常拒绝或恶意阻挠对方正常探望孩子，则也有可能被法院判令变更抚养关系。

第三节　抚养费的裁判规则

《民法典》第1085条规定：“离婚后，子女由一方直接抚养的，另一方应当负担部分或者全部抚养费。负担费用的多少和期限的长短，由双方协议；协议不成的，由人民法院判决。前款规定的协议或者判决，不妨碍子女在必要时向父母任何一方提出超过协议或者判决原定数额的合理要求。”

从这一条规定中的表述“不妨碍子女在必要时向父母任何一方提出超过协议或者判决原定数额的合理要求”可以看出，要求支付抚养费是子女的权利，不是父母中任何一方的权利，抚养费纠纷案件的原告是子女，而不是直接抚养的父或母。子女判归一方直接抚养的，另一方应当负担部分或全部抚养费。另外，即使没有离婚，父母不履行抚养义务的，未成年子女或者不能独立生活的成年子女，都有要求父母给付抚养费的权利。其中，“不能独立生活的成年子女”指尚在校接受高中及其以下学历教育，或者丧失、部分丧失劳动能力等非因主观原因而无法维持正常生活的成年子女。

《最高人民法院关于适用〈中华人民共和国民法典〉婚姻家庭编的解释（一）》第42条列举了抚养费的范围，包括“子女生活费、教育费、医疗费等费用”。该解释第49条大致规定了抚养费数额的确定标准：“抚养费的数额，可以根据子女的实际需要、父母双方的负担能力和当地的实际生活水平确定。有固定收入的，抚养费一般可以按其月总收入的百分之二十至三十的比例给付。负担两个以上子女抚养费的，比例可以适当提高，但一般不得超过月总收入的百分之五十。无固定收入的，抚养费的数额可以依据当年总收入或者同行业平均收入，参照上述比例确定。有特殊情况的，可以适当提高或者降低上述比例。”

在实务中，法院基本上按照该标准和当地的实际生活水平来确定抚养费，有的案件中当事人收入很高，抚养费也会相应地提高。在离婚判决之后，如果因物价上涨，生活成本提高，或者基于医疗等导致抚养费用增加的，子女可以请求增加抚养费。

抚养费之中的医疗费，其金额往往是不确定的，如果在判决时小孩就患有某种疾病需要长期治疗，那么法院可以根据日常的治疗费用按照父母双方各分担50%的原则判决。但如果在离婚之后因为突发状况导致了新的医疗费，子女可以请求父或母支付医疗费，法院也会按照父母各50%的原则判决。比如，在（2021）京0114民初2641号案件中，子女曹某1在球场打篮球过程中意外受伤，经诊断为膝关节前十字韧带损伤，为此花费了数万余元的医疗费，扣除意外险赔付的金额后自费支付1万余元。曹某1起诉要求父亲支付该医疗费中自费部分的一半，得到了法院的支持。在有的案件中当事人可能会质疑医疗费的必要性，比如，（2020）沪0109民初24833号案件中，涉案孩子进行龋齿手术花费1万余元，被告人认为在换牙之后自然就好了，不同意手术，手术后不同意支付费用。但法院认为根据出院小结来看，虽然是乳牙有蛀牙，但也会给孩子带来疼痛、不适的感受，而且这种疼痛、不适的感受可能会在乳牙未全部更换之前持续几年，因此本院认为在经济条件允许的范围内，为孩子进行龋齿手术以减轻痛苦是可行的，也更利于孩子的学习和生活，于是支持了该笔手术费的相关诉求。可见法院主要是从未成年人的身心健康、学习生活的角度出发来判断手术费的必要性的。有一些确属不必要的医疗花费法院也会根据实际情况予以认定，比如，（2015）深中法民终字第1228号案件中，法院认为，杨某甲提交深圳××医疗美容医院出具的证明，证明杨某甲接受美容治疗的总费用为10,600元，因杨某甲未提交正规发票或者收据等证据予以佐证，即使确有发生医疗美容费用，该费用也不属于生活必要支出，故杨某甲的诉讼请求，法院不予支持。

抚养费中的教育费一般是指符合双方收入状况的必要的教育费用。现在除了公立学校、普惠学校之外，还有很多私立学校、高价辅导班等，如果父母双方没有达成一致，一方为子女花费非必要的教育费用，法院不会支持其诉求。比如，（2020）鲁0112民初1383号案件中，原告提交了私立幼儿园的单据主张被告支付教育费，但是被告提交证据证明根据政策和房产情况，原告没有必要花费高额学费进入私立幼儿园就读。法院经审理后认为，“子女的抚养费应根据父母双方的收入状况、抚养能力，以能够满足子女的基本生活教育费用为原则”，驳回了原告的相关诉讼请求。

但是教育费的裁判规则并不是僵化的、不变的，各地法院会根据当地的生活水准，离婚之前子女的受教育情况来认定教育费的必要性。比如，在（2018）沪0118民初4521号案件中，原告举证证明参加了幼儿园兴趣班的培训、英孚青少儿英语、小荧星声乐歌舞培训、亲子滑板课、乐高美术课等各种培训，共花费培训费7万余元，幼儿园学费近两万元。被告对幼儿园学费和部分培训费予以认可，其他的认为没有必要参加，不予认可。但原告提交的证据显示，父母的收入水平较高，并且在父母离婚前子女就已经进行了与离婚后相当的培训。法院判决认为，“原告的父母均有较高的收入水平，可以为原告提供较好的教育条件，原告在父母离婚前已接受了英语、舞蹈、数学、体育等校内校外的培训，不能因父母的离婚而降低原告受教育的水平”，所以支持了原告的相关诉讼请求。由此可见，抚养费中教育费的多少在不同地区，同一地区的不同家庭中都是不同的，法院主要从父母的收入水平，离婚前的教育花费角度来判断离婚后所花费的教育费是否是合理的。当事人在案件中也应当实事求是，根据自己子女的合理花费来支付教育费用。

抚养费一般按月支付至子女年满18周岁，除非父母双方协商一致，否则法院极少判决一次性或者按年支付。很多当事人觉得对对方没有信任可言，或者以后再也不想见到对方，所以希望能一次性支付。但只要有子女在，父母双方的联系是无法真正断绝的。抚养费按月支付不仅是从支付方的角度出发，保障支付方的支付能力，其实也是从小孩的角度出发，尽可能地确保小孩的抚养费专款专用，未来如果生活水平发生变化，也方便子女调整抚养费。在（2018）粤04民申23号案件中，法官详细地阐述了为什么不支持原告要求一次性支付抚养费的诉求，根据抚育费应定期给付，有条件的可一次性给付的规定，抚养费的支付是以分期给付为原则，一次性支付为例外。原审判决既保障了陈某1、陈某2合法权益，又防止了陈某3不能如期支付抚养费的情形发生。理由如下：首先，抚养费是未成年人学习、生活、医疗等基本生活需要的保障，对被抚养人而言，生活条件变化、物价上涨以及突发事件等因素都会对抚养费的给付产生影响。本案中，陈某1、陈某2未提交证据证明其学习、生活、医疗等基本生活发生重大改变，不存在改变抚养费支付方式的前提条件。其次，在未成年人的成长过程中，生活水平的变化、父母收入增长或减少、突发事件的发生等许多因素都会对子女实际生活费用产生影响，抚养费的支付金额也可能发生调整，若已一次性支付抚养费，而子女确有必要调整抚养费时，就会遇到很大的阻碍。最后，抚养费一次性支付主要是考虑支付方的支付能力，防范义务人拒不支付抚养费的情况，本案中，陈某3用于支付的抚养费已由执行法院控制，能够保障陈某1、陈某2的抚养费如期支付，不会出现执行困难的情形。综上，原审判决对陈某1、陈某2关于一次性支付抚养费的诉讼请求不予支持，并无不当。

抚养费金额、支付时间、支付期限等都是可以由各方协议确定的，自行约定抚养费不受以上限制。

第四节 探望权

离婚后，不直接抚养子女的父或者母，有探望子女的权利，另一方有协助的义务。具体的探望方式可以由双方协议确定，协议不成的也可以由法院判决。为了避免日后的争议，建议双方应尽可能地将探望方式约定清楚，比如，约定周末非直接抚养的一方可以将子女带到自己的居所居住；寒暑假可以与子女共同生活一段时间等。如果没有对探望的方式作出清楚的约定或者判决，在离婚之后父母之间极有可能因为探望的方式发生争议，如一方周六有空探望，但另一方周六却在小区里安排了兴趣班。如果双方信任十分缺乏，为了探望的问题发生了很大的争议，法院也可能会作出更细致的判决，比如，在（2020）京0105民初20511号判决中，判项是这样的：原告岳某1自本判决生效之日开始，每月第二周的周末探望岳某2，探望方式为周六上午9时将岳某2接走，并于次日下午5时将岳某2送回，被告李某应予以配合。

离婚后双方都还是子女的父母，缺少父母任何一方的爱都会给子女带来很大的心理影响。从子女的角度出发，在离婚之后父母双方应当放下以往的恩怨，直接抚养一方应当履行协助义务，为另一方探望子女提供必要的便利。同时不直接抚养子女一方在探望时也应注意探望的方式，比如，探望子女之后应按照承诺的时间将子女送回直接抚养一方处，不能因为探望影响子女上学。如果探望子女不利于子女身心健康，直接抚养一方可以起诉请求中止探望。根据实务经验，因探望权起纠纷的，除了一方顽固地拒绝另一方探望以外，还有一种情况是父母双方的教育理念不同，比如，一方认为周末应当带小孩出去玩，多接触大自然，让小孩有一个快乐童年，但是另一方认为小孩周末应当去上补习班，多学习才能在社会上有竞争力；直接抚养的一方在周末给小孩排满了各种补习班，不直接抚养的一方周末根本无法探望，于是产生了纠纷。对此我们建议，探望权的内涵并不只是看看，离婚以后父母仍然有教育小孩的义务，也有教育小孩的权利，探望的一方也有教育小孩的权利，互相都应当给对方留出一定的空间。

第五节　家庭教育令

2021 年 10 月 23 日全国人民代表大会常务委员会通过了《家庭教育促进法》，自 2022 年 1 月 1 日起施行。该法规定未成年人的父母或者其他监护人负责实施家庭教育。国家和社会为家庭教育提供指导、支持和服务。国家工作人员应当带头树立良好家风，履行家庭教育责任。这意味着家庭教育正式纳入政府和全社会的监督和指导之下，家庭教育不再仅仅是家庭的私事。

《家庭教育促进法》第 49 条规定："公安机关、人民检察院、人民法院在办理案件过程中，发现未成年人存在严重不良行为或者实施犯罪行为，或者未成年人的父母或者其他监护人不正确实施家庭教育侵害未成年人合法权益的，根据情况对父母或者其他监护人予以训诫，并可以责令其接受家庭教育指导。”依据该规定，自2022年1月1日以来多地法院发出了当地的首份家庭教育令，以这种形式责令监护人按照家庭教育令的指导履行家庭教育职责。

2022年1月6日，湖南省长沙市天心区人民法院发出了首份家庭教育令，法院在审理一起父亲起诉母亲抚养权变更纠纷案件中发现母亲怠于履行抚养义务和承担监护职责，让子女和保姆单独居住。但经过庭审后，未成年人仍表达了希望和母亲居住的意愿，母亲也表示将改正错误，所以法院认为不适合变更抚养权。但对监护人怠于履行监护职责的行为应当予以纠正，所以以家庭教育令的形式责令监护人履行职责。该家庭教育令的裁定内容如下：

第一，要求陈××（母亲）多关注胡××（女儿）的生理、心理状况和情感需求，具体做法为与学校老师多联系、多沟通，保持与老师至少每周一次的联系频次，了解胡××的详细状况；并应详细了解保姆保护照顾胡××的具体情况。

第二，要求陈××与胡××同住，切实履行监护职责，承担起家庭教育的主体责任，不得让胡××单独与保姆居住生活，应该与胡××同住，由自己或近亲属亲自养育与陪伴胡××。

第三，本裁定自作出之日起1年内有效，本裁定失效前，胡××本人或密切接触胡××的单位，可以根据实际情况向人民法院提出申请撤销、变更或者延长该家庭教育令，义务履行人陈××对本裁定不服的，可以自裁定生效之日起5日内向法院申请复议一次，复议期间不停止本裁定的执行。

第四，如义务履行人陈××违反本裁定，法院将依据《未成年人保护法》第118条、第129条，《家庭教育促进法》第54条之规定，视情节轻重，予以训诫、罚款、拘留；构成犯罪的，依法追究刑事责任。

2022年1月17日，深圳市宝安区人民法院家事少年审判庭在审理一起涉嫌猥亵儿童刑事案件中，针对被害人单独居住、无人照料，监护人怠于行使监护职责等情形，承办法官发出了家庭教育令。该家庭教育令的主要内容是责令监护人与未成年人同住，切实履行监护职责，承担家庭教育的主体责任。法官向监护人宣布了家庭教育令，并据此对其进行严正告诫，若不依令履行将承担严重的法律后果。案涉监护人当场表示悔悟并签署了《家庭教育家长责任承诺书》，承诺将认真严格履行监护、管教的责任，帮助子女回归生活和学习的正轨。

除了上述两个法院外，新疆克拉玛依市克拉玛依区人民法院，广西来宾市兴宾区人民法院等多地法院依据《家庭教育促进法》发出了家庭教育令或者其他同类法律文书，责令监护人履行监护义务。无锡市新吴区检察院也在对未成年人作出不予起诉决定后，联合区妇联、区关工委、专业家庭教育指导老师对其父母进行了家庭教育指导，并向其父母送达了家庭教育令。

根据法律规定，一般在两种情形下法院、检察院可以发出家庭教育令，一种情况是未成年人存在严重不良行为或者实施犯罪行为；另一种情况是父母或者其他监护人不正确实施家庭教育侵害未成年人合法权益的，比如，对子女不闻不问、家暴子女，或其他胁迫、引诱、教唆、纵容、利用子女从事违反法律法规和社会公德的活动等。现如今放任子女犯罪、对子女不管不顾的父母毕竟是极少数，但是有一种伤害子女身心健康的同样不容忽视，例如，强迫子女超出自己的身心承受范围进行高强度高密度学习，也是不正确实施家庭教育的行为，如果性质严重，也符合发出家庭教育令的条件。网上看到江苏一个博士爸爸逼幼子学习高数，被法院认定为精神侵害，同样属于家庭暴力，为此，南京法院作出人身保护令，我们认为此种情况也十分符合发出家庭教育令的条件。

在家庭教育令发出后，未成年人住所地的居民委员会、村民委员会、妇女联合会，未成年人的父母或者其他监护人所在单位，以及中小学校、幼儿园等有关密切接触未成年人的单位，都可以对未成年人的父母或者其他监护人进行监督，发现其拒绝、怠于履行家庭教育责任的，应当及时予以批评教育、劝诫制止。

另外，厦门海沧区法院也设立了儿童观护员制度，邀请如律师、心理咨询师、检察官作为儿童观护员，让失职父母每月向儿童观护员反馈抚养情况，共同保障子女健康成长，也保障了家庭教育令得到充分实施。其他地区也可以采用类似的机制，发布家庭教育令后，指定居委会、村委会、妇联或者子女的学校，对失职父母履行家庭教育令进行监督，或由法院定期回访，如发现其拒绝、怠于履行家庭教育责任的，由法院对失职父母予以训诫、罚款、拘留等处罚措施，构成犯罪的，依法追究刑事责任。

《教育促进法》在未成年人保护、教育方面的意义十分重大，自此之后，家庭教育不仅是家务事，也是全社会的事，父母应依法尽责履行义务。

第六节　实务分享

◇ 为了孩子不再被“留守”，变更抚养权！

每个孩子都是父母的心肝宝贝，对于有些离异家庭，孩子却又是父母最大的心痛。那么，如何尽量减少离异家庭对孩子的伤害？作为一名家事律师，有责任帮助当事人采取合法合理的法律手段，并从有利于孩子身心健康的角度来考虑，积极帮助一方当事人争取孩子抚养权，从而达到为孩子提供一个良好成长环境的目的。

一、案情简介

沈某与李某原系夫妻关系，并育有一女，双方于 2014 年登记离婚，离婚协议中，双方约定了孩子归男方李某抚养，同时约定必须在深圳抚养孩子，不得将孩子送回老家，否则，另一方有权变更抚养权。可离婚后没多久，李某便以工作繁忙为由将孩子送回了老家交给老人照顾。如此，孩子就成了留守儿童，且由于李某的老家离深圳有 1000 多公里，给沈某探望孩子带来了极大困难。为此，沈某多次与李某协商变更孩子抚养权，但李某置之不理，在此情况下，沈某委托本律师通过法律途径成功帮忙要回了孩子。

二、律师策略

本案焦点在于如何争取获得法院的支持以变更孩子的抚养权。

首先，了解下变更抚养权的法定条件《最高人民法院关于适用〈中华人民共和国民法典〉婚姻家庭编的解释（一）》第56条规定：“具有下列情形之一，父母一方要求变更子女抚养关系的，人民法院应予支持：

（一）与子女共同生活的一方因患严重疾病或者因伤残无力继续抚养子女；

（二）与子女共同生活的一方不尽抚养义务或有虐待子女行为，或者其与子女共同生活对子女身心健康确有不利影响；

（三）已满八周岁的子女，愿随另一方生活，该方又有抚养能力；

（四）有其他正当理由需要变更。”

其次，还需了解一下该向哪个法院提起诉讼。《最高人民法院关于适用〈中华人民共和国民事诉讼法〉的解释》第10条规定：“不服指定监护或者变更监护关系的案件，可以由被监护人住所地人民法院管辖。”因此，由子女住所地（户籍地）人民法院管辖，住所地与经常居住地不一致的，由经常居住地人民法院管辖。那么，何为经常居住地？经常居住地是指公民离开住所地至起诉时已连续居住1年以上的地方，但住医院治病的除外；公民由其户籍所在地迁出后至迁入另一地之前，无经常居住地的，仍以其原户籍所在地为住所。而本案中，孩子虽然离开了深圳，但在老家并未连续居住满一年，故仍应向孩子的户籍地法院提起诉讼。这一点同时提醒了我们维权一定要及时，否则如果孩子在外地连续居住满1年了，即便向户籍地的法院提起诉讼，对方若提出管辖权异议，该案也极有可能被移交到外地，增加当事人的维权成本和困难。

最后，要注意收集相关证据以证明孩子不宜由对方抚养以及己方抚养孩子的有利条件。在本案中，我们指导当事人前往老家拍照、视频录像以收集孩子在老家上学的证据（如孩子的接送卡、幼儿园的书包等）、沈某与孩子在一起的视频（证明孩子与妈妈的亲密关系），与孩子的爷爷奶奶通话的录音、爷爷奶奶的病历（以证明爷爷奶奶年龄较大、身体健康欠佳不宜抚养孩子）、李某在深圳工作的证明（以证明李某也不在孩子身边，导致孩子成为留守儿童）、沈某与李某的聊天记录（以证明沈某多次要求探望孩子，遭到李某拒绝）、离婚证及离婚协议（以证明协议中亦约定了必须在深圳抚养孩子）、孩子出生证等证据材料。

此外，尽管双方已离婚，但从法律上来讲，沈某仍然是孩子的法定监护人，由于此种情况下不利于孩子的成长，故即便对方提出异议，我们仍建议沈某尽快将孩子接到深圳抚养。同时，在提起变更抚养权诉讼时一并提出了请求对方给付抚养费的主张（从孩子被接到身边抚养开始起算抚养费）。

开庭时，在要求变更抚养权的同时，亦表示会保障李某的探望权，由于证据准备充分且诉求完全合情、合理、合法，故法院出具了判决，支持了我方的全部诉讼请求。

◇ 某公司高管称股票亏损欠债千万元，请求降低抚养费被法院驳回

在一起抚养费纠纷案件中，对方起诉我方（孩子直接抚养人一方）要求降低抚养费，主要原因是其股票亏损了1000多万元，负债累累。对方为某上市公司高管，我们从对方所在上市公司公告入手，查询对方的收入、分红情况，计算其所拥有股票的现金价值，同时证明对方债务在离婚前就已存在，且现在对方的经济状况完全足以负担抚养费。最终法院认可我方观点，驳回了对方请求。

一、案情简要

A先生与B女士在《离婚协议书》约定孩子由其母亲抚养，相关抚养费（含托养费、教育费、医疗费）由A先生全部负责，除此之外，每月A先生还需给付抚养费2万元人民币。但经过两年，A先生起诉孩子要求将抚养费从每月2万元降低至每月几千元。

A先生表示：孩子实际每个月并不需要花费2万元，A先生在离婚时给B女士一套价值数千万元的房产，而自己没有住房目前租房居住，且持有的股权亏了1000多万元，经济压力非常大。

二、答辩意见

第一，原告与被告母亲在离婚时已就抚养费的负担问题达成协议，为双方真实意思表示，对各方均具有约束力。原告应恪守协议约定，全面履行义务。上述抚养费的约定及开销，是原告在签订《离婚协议书》时应当预见到的必然发生的合理费用。

第二，原告无证据证明因其经济状况发生严重恶化等情形而导致无法按原定标准支付抚养费。原告所提及的债务问题，在原告与被告母亲签署《离婚协议书》时就已经存在，原告提交的证据显示，其在 2015 年认购 H 股时就已签订个人保证合同，并非离婚之后新发生的事件，更何况该笔债务并未实际发生。此外，股票的价格是上下波动的，股票目前也没有变现，不能以此证明其身负巨债，故不应成为降低抚养费的理由。原告为中国某股份有限公司的高级管理人员，原告 2019 年度及 2018 年度薪酬均超过 300 万元，其月均收入约 30 万元，并且还有数十万股××的股票期权没有兑现，原告并不存在经济状况急剧恶化的现象。

第三，原告承诺负责被告全部抚养费也并未兑现。原告在离婚协议中承诺“相关抚养费（含托养费、教育费、医疗费）由男方全部负责，除此之外，每月男方给付女方子女抚养费两万元人民币”，然而，原告除了每月支付 2 万元外，其他关于孩子的相关费用从未支付过。

除以上答辩意见外，我们还指出，A 先生与现任妻子结婚后又购入一套价值 2000 多万元的房产，登记在其现任妻子名下。A 先生现在所租住的房子每月租金逾 2 万元。由此可见，A 先生有足够能力支付孩子的抚养费，不符合法定的调低抚养费的情形。

三、法院观点

本案案由为抚养费纠纷，根据法律规定，父母均具有教育抚养未成年子女的义务，原告与被告母亲在离婚时候所签订的《离婚协议书》对双方具有法律效力。本案中，原告主张其投资持股亏损 1000 多万元及负有其他债务，原告没有能力按照离婚协议负担被告每月 2 万元的抚养费。法院认为，股票的涨跌受到市场行情影响而在不同时间段出现一定波动性，原告目前投资持股的账面亏损不代表将来的亏损，原告以目前所持有的股票账面价值计算其投资亏损而主张其负债情况，该主张并没有法律依据；另外，原告亦未举证证明其负有其他巨额债务，其应对此承担举证不能的法律后果，对于原告关于目前负有巨额债务的主张，法院不予采信。原告没有提供充分证据证明目前经济状况较之前急剧恶化，其目前每月收入高达 20 多万元，且持有股票及其他资产，故可以认定原告目前的经济状况良好，对于原告变更每月支付被告 2 万元抚养费降至几千元的诉请，法院对此不予支持。

从这个案件可以看出，如果当事人有能力负担，不能仅仅因为认为抚养费过高或者因为自己经济能力的一些波动就变更抚养费。

◇ 2021 年《未成年人保护法》于儿童节生效，父母需要注意哪些事项？

2021 年 6 月 1 日生效的《未成年人保护法》，进一步强化、细化了监护人及未成年人的监护制度，重大变化有以下几点。

一、完善了监护人职责

2021 年《未成年人保护法》完善了监护人的监护职责，规定了 10 项监护人要履行的具体职责和 11 项不得具有的行为，明确了监护人在未成年人的人身、财产、监护、抚养、教育、保护等方面要履行的职责。值得注意的是，监护人不得放任、唆使未成年人吸烟这一项中，特地表明了包含电子烟，以防止未成年人遭受电子烟侵害。

同时明确、具体地要求监护人为未成年人提供安全的生活环境，保障未成年人在家庭、出行、户外活动中的人身安全：及时排除引发触电、烫伤、跌落等伤害的安全隐患；采取配备儿童安全座椅、教育未成年人遵守交通规则等措施，防止未成年人受到交通事故的伤害；提高户外安全保护意识，避免未成年人发生溺水、动物伤害等事故。另外，明确规定了父母及其他监护人不能将未满 8 周岁的孩子处于无人照看的状态、不能使未满 16 周岁的孩子脱离监护单独生活。

二、其他共同生活的家庭成员有协助义务

2021 年《未成年人保护法》规定除父母要履行监护职责外，其他共同生活的家庭成员也要协助父母或其他监护人履行抚养教育和保护的义务。

三、委托他人代为照护有限制

父母及其他监护人没有正当理由，不得委托他人代为照护，如果因外出务工等原因在一定期限内无法完全履行监护职责，应当委托具有照护能力的完全民事行为能力人代为照护。

确定被委托人时，应当综合考虑其道德品质、家庭状况、身心健康状况、与未成年人生活情感上的联系等情况，具有下列情形之一的，不得作为被委托人：曾实施性侵害、虐待、遗弃、拐卖、暴力伤害等违法犯罪行为，有吸毒、酗酒、赌博等恶习，曾拒不履行或者长期怠于履行监护、照护职责以及其他不宜担任被委托人的情形。

同时，父母及其他监护人应当将委托监护的情况告知学校、居委会、村委会，并至少每周与被委托人和未成年人联系一次，了解孩子的情况，学校、居委会、村委会对此进行监督，一旦发现侵害未成年利益或懈怠履职等情况，要通知父母并向有关部门强制报告。

四、父母离婚不得以抢夺、藏匿方式争孩子抚养权

未成年人的父母离婚时，应当妥善处理未成年子女的抚养、教育、探望、财产等事宜，听取有表达意愿能力的未成年人的意见。不得以抢夺、藏匿未成年子女等方式争夺抚养权。

人民法院审理离婚案件，涉及未成年子女抚养问题的，应当尊重已满 8 周岁未成年子女的真实意愿，根据双方具体情况，按照最有利于未成年子女的原则依法处理。

另外，2021年《未成年人保护法》对监护人职责有了更加具体细致的规定，可以参照2021年《未成年人保护法》所列出的各项具体要求，如存在监护人不履行监护职责或者严重侵犯被监护的未成年人合法权益的，不直接抚养孩子的夫妻一方或相关单位可以向居委会、村委会或公安机关报告，居委会、村委会或公安机关有责任义务进行处理，并注意保留相应的证据，其他依法具有监护资格的人及居民委员会、村民委员会、学校、医疗机构、妇女联合会、残疾人联合会、未成年人保护组织、依法设立的老年人组织、民政部门等均可以向法院申请撤销其监护人资格，并按照最有利于被监护人的原则依法指定监护人。

2021年《未成年人保护法》也明确规定在离婚纠纷中，不得以抢夺、藏匿未成年子女等方式争夺抚养权，一方存在该行为的，也可以向居委会、村委会、公安机关报告，并保留相应的证据，另一方可以以该项理由要求直接抚养孩子，争取孩子的抚养权。

第六章

房屋保卫战

房屋是大多数家庭的主要资产，其往往也是离婚财产分割中最重点的问题。房屋的产权状态、权属登记情况、出资情况、居住情况等均会影响房屋的分割，所以在离婚时，如何分割房屋是十分复杂的问题。

第一节　离婚时商品房的分割思路

由于一套房屋是一个整体，无法分拆，所以在离婚时除非双方把房屋卖了分割售房款，不然只能将房屋分给一方，然后由该方给另一方补偿。由于多年来商品房的价格一直在上涨，所以在很多案件中当事人双方都想要房产，为此《最高人民法院关于适用〈中华人民共和国民法典〉婚姻家庭编的解释（一）》第76条规定：“双方对夫妻共同财产中的房屋价值及归属无法达成协议时，人民法院按以下情形分别处理：

（一）双方均主张房屋所有权并且同意竞价取得的，应当准许；

（二）一方主张房屋所有权的，由评估机构按市场价格对房屋作出评估，取得房屋所有权的一方应当给予另一方相应的补偿；

（三）双方均不主张房屋所有权的，根据当事人的申请拍卖、变卖房屋，就所得价款进行分割。”

根据以上规定，如果在庭审中双方均主张房屋所有权，法官会询问双方是否同意竞价，如果双方均同意，那么都应当给出自己认为的房屋的价格。房屋所有权由价高者得，得到所有权的一方应当按照自己给出的价格计算应当支付给对方的补偿金额。比如，如果按照各50%的比例分割一套没有按揭贷款的房屋，双方同意竞价，男方认为房屋值600万元，女方认为房屋值500万元，那么应当将房屋判归男方所有，男方向女方支付补偿款300万元。

如果双方都主张房屋的所有权，但是一方同意竞价，另一方不同意竞价，只是要求房屋所有权的，如果同意竞价方的出价合适，则有可能将房屋判归该方所有。例如，在广州市中级人民法院（2019）粤01民终18133号案件中，法院认为，对于该房屋的处理，陈某2、陈某1均要求该房屋归其所有，由其依据法庭认定的出资比例补偿给对方。庭审中，陈某2向法庭提出其竞价方案，其对房屋价值可以出价到560万元，支付方式其可以用现金补偿，按照法院判决的陈某1取得的份额比例，在判决生效后一个月内对陈某1进行现金补偿。陈某1不同意竞价。一审法院认为：对××房的处分，陈某2、陈某1均确认该房屋的现价值为人民币550万元，并按照出资比例确定权属份额及补偿金额。陈某2、陈某1的意见系双方的真实意思表示，予以认定……陈某2、陈某1均要求取得××房，就归属问题未能达成一致。对此，陈某2提出了竞价方案，且出价高于陈某2、陈某1确认的房屋现价值；而陈某1不同意竞价，但其认为应以照顾子女和女方权益为原则，将××房判归其所有的意见缺乏依据。最终，法院判决××房归陈某2所有，并以其竞价价格按出资比例补偿给陈某1为宜。当事人在诉讼中应当了解清楚所争取的房屋的市场价，以便在竞价时决策应当取得房屋还是取得补偿。有很多当事人既不同意以略高于市场价的价格取得房屋，也不同意对方以略高于市场价的价格来支付补偿，自己取得现金；原因往往是从经济上考虑不愿付出较高的代价，但是从情感上考虑希望留住自己居住了很久的房子。世事难两全，碰到这种情况当事人要好好地权衡，毕竟拿到钱也可以另外购置房产，而如果竞价取得了房产却无力支付补偿，房子可能还是会被对方在执行程序中拍卖。

虽然在法条中的表述为“一方主张房屋所有权”的，由评估机构评估房屋的市场价，在实务中，如果双方都主张所有权，但是又不同意竞价的，可以由一方提出申请由评估机构对房屋的市场价进行评估。在收到评估报告后，法官可以根据双方的情况判决确定房屋的所有权，得到所有权的一方应按照评估价计算向另一方支付补偿。

由于现在房屋价格高，很多人并没有那么多现金用来补偿给对方。于是分得房屋所有权的一方往往需要先融资赎楼并将房屋重新抵押贷款后再向另一方支付补偿款。以往，当事人相对比较容易按照市场价的一定成数获得贷款。不过2021年有的城市设置了房屋的指导价，银行只能按照指导价来放贷。于是产生了一个新的问题，分得房屋的一方即使重新抵押房屋获得的贷款也与向对方支付的补偿款存在较大的差距，在这种情况下，如果一方无能力支付，则房产可能面临被对方向法院申请执行拍卖的风险。所以如果房产登记在两人名下，双方都想要房但都没有能力向对方支付房屋补偿款的，不如暂时不分割房产，房产仍然保持共有状态，此时双方就剩余房屋贷款的分担、离婚后房屋的使用权等情况应尽量约定清楚，等将来有了经济能力再处理。

第二节　商品房分割时如何处理剩余的按揭贷款

如果在离婚时分割婚内以按揭贷款方式购买的商品房，并且分割时按揭贷款尚未还清，在确定市场价后法院通常会判决房屋归一方所有，该方按照房屋净值的一定比例向对方支付补偿，分得房屋的一方承担剩余的按揭贷款。不过房屋究竟分归哪一方以及按何比例分割则需要综合案件各项情况来分析。

在实务中，曾遇到对方要求按照（市场价-未来应偿还的所有按揭贷款本息）÷2 支付补偿。从表面上看似乎是合理的，因为对方未来是要支付所有的本息的，但这是错误的。因为在离婚的时间节点，双方拥有一个资产，即房屋；另外拥有一个债务，即与银行所签订的按揭贷款合同所确定的剩余按揭贷款本金。双方分割资产的同时分割债务，并由承担债务的一方承担未来的利息。

就房屋而言，未来的价值是不确定的，只能按照离婚时间点的价值来分割；同时就按揭贷款而言，未来是否偿还 20 年或者 30 年是不确定的，只能按照离婚时间节点的债务金额来分割，这是合理的。另外，如果按照（市场价-未来应偿还的所有按揭贷款本息）÷2 来计算补偿款，一般贷款 30 年的利息与本金接近；那么如果房屋支付了三成首付且新购置不久，则未来应偿还的所有按揭贷款利息大致相当于房屋价格的七成，本息则相当于房屋市场价的 1.4 倍，所以计算出来应支付给对方的补偿是负数（-0.2），也就是说没有分得房屋的一方还应向分得房屋的一方支付相当于房屋市场价 0.2 倍的补偿，这显然是荒谬的。

第三节　婚前按揭购房婚内共同还贷的房屋如何分割

实务中有很多人在婚前以按揭贷款的方式购买了房屋并登记在自己名下，结婚后仍然在偿还贷款，有很多人认为这时房子和配偶一方没有任何关系。其实不然，虽然房屋的所有权确实应当归婚前购房的一方，但是配偶是可以分享房屋在婚内的增值收益的。《最高人民法院关于适用〈中华人民共和国民法典〉婚姻家庭编的解释（一）》第 78 条规定："夫妻一方婚前签订不动产买卖合同，以个人财产支付首付款并在银行贷款，婚后用夫妻共同财产还贷，不动产登记于首付款支付方名下的，离婚时该不动产由双方协议处理。依前款规定不能达成协议的，人民法院可以判决该不动产归登记一方，尚未归还的贷款为不动产登记一方的个人债务。双方婚后共同还贷支付的款项及其相对应财产增值部分，离婚时应根据民法典第一千零八十七条第一款规定的原则，由不动产登记一方对另一方进行补偿。"上述条款中提到的《民法典》第 1087 条是关于离婚财产分割的原则性规定。

虽然上述法条规定了不动产登记一方向另一方补偿婚后共同还贷支付的款项及对应财产增值部分，但是并没有规定具体的计算方法。由该表述可知补偿包括两部分：一部分是共同还贷支付的款项，另一部分是共同还贷款项所对应的增值部分。共同还贷部分是确定的，只要打印出银行的还贷清单就很容易计算出来，但是增值部分如何计算则可能存在争议。

深圳市中级人民法院关于婚姻家庭纠纷案件的裁判指引中明确了"双方婚后共同还贷支付的款项及其相对应财产增值部分"一般可以按照如下公式计算：离婚时房屋市场价×夫妻婚后共同还贷部分（含婚后偿还的本金和利息）÷实际购房款（房屋购买价+离婚时已还全部利息）。和其他一些计算思路相比，这种计算思路是比较合理的；但是如果一方购买房屋后又过了比较长的一段时间才结婚，那么再使用公式中的房屋购买价，会导致购房后结婚前的房屋升值也计算进婚内增值了，所以公式中的房屋购买价变更为结婚时房屋的市场价更为合理。

最高人民法院民一庭吴晓芳法官曾撰文分析了如何计算上述还贷及增值部分。吴法官在文章中将公式分为两个步骤。第一步计算房屋的升值率为：诉争房产现价格÷（结婚时诉争房产价格+共同已还利息+其他费用）；第二步根据共同还贷本息×房屋升值率得出“共同还贷支付的款项及其相对应财产增值部分”的数额。该计算方法与深圳市中级人民法院指引中的计算方式是一致的，但考虑了结婚前房屋的增值，更细致一些。

在实务中，很多专业人士使用了其他的公式，有很多公式都将房屋未来二三十年应偿还的利息纳入计算，如果这样计算，相当于离婚时未登记产权一方没有享受未来二三十年的升值收益，却因为未来二三十年的利息摊薄了应分得的份额。基本上可以说所有将未来二三十年的贷款利息计入的分割方式都需要仔细审视，因为该方式大概率是有问题的。

除了按月还按揭之外，有人可能会在有了一定的积蓄之后一次性偿还部分或者全部贷款。婚前按揭购房，婚后一次性还贷，如果不能证明婚后还贷款项来自婚前财产，婚后一次性还贷及相应的增值部分也是夫妻共同财产。通过上述公式很容易得出：如果首付成数低，婚后一次性偿还贷款，双方婚后共同还贷支付的款项及其相对应财产增值部分在整个房产价值里所占的比例很高。假设首付三成购买一套 100 万元的住宅，贷款 30 年，年利率为 4.8%，假设首付后不久即结婚，分期全在婚内偿还，婚后 5 年偿还分期月供总计约 22 万元，剩余 64 万元本金。如果 5 年后一次性偿还所有剩余本金，那么婚后还贷及本金总计约 86 万元，首付 30 万元，由此可以计算出“夫妻婚后共同还贷部分（含婚后偿还的本金和利息）÷实际购房款（房屋购买价+离婚时已还全部利息）”约为 74%，所以该套婚前购买的房产约 74%的份额为夫妻共同财产。如果没有提前还贷，只有约 19%的份额为夫妻共同财产。由此可见，婚后是否提前还贷对夫妻共同财产所占份额的影响较大。

第四节 父母为子女出资购房

目前房价高企，加上年轻人与上一代相比更倾向于消费而非积蓄，所以靠年轻人自己积攒首付款越来越难，很多年轻夫妇的第一套房都是在一方或双方父母的资助下购买的。如果夫妻二人感情破裂，离婚时就需要对父母资助下购买的房产进行分割。《最高人民法院关于适用〈中华人民共和国民法典〉婚姻家庭编的解释（一）》第29条规定："当事人结婚前，父母为双方购置房屋出资的，该出资应当认定为对自己子女个人的赠与，但父母明确表示赠与双方的除外。当事人结婚后，父母为双方购置房屋出资的，依照约定处理；没有约定或者约定不明确的，按照民法典第一千零六十二条第一款第四项规定的原则处理。"《民法典》第1062条第1款第4项的内容为婚内一方获得的遗嘱或赠与的财产，除非遗嘱或赠与合同上约定归一方，否则应为夫妻共同财产。

上述司法解释的规定与《最高人民法院关于适用〈中华人民共和国婚姻法〉若干问题的解释（三）》（已失效）的规定并不一致，《最高人民法院关于适用〈中华人民共和国婚姻法〉若干问题的解释（三）》（已失效）第7条规定："婚后由一方父母出资为子女购买的不动产，产权登记在出资人子女名下的，可按照婚姻法第十八条第（三）项的规定，视为只对自己子女一方的赠与，该不动产应认定为夫妻一方的个人财产。由双方父母出资购买的不动产，产权登记在一方子女名下的，该不动产可认定为双方按照各自父母的出资份额按份共有，但当事人另有约定的除外。"《最高人民法院关于适用〈中华人民共和国婚姻法〉若干问题的解释（三）》（已失效）中将父母出资购房登记在自己子女名下这一行为直接解释为对子女一方的赠与。而无论是《民法典》还是《婚姻法》（已失效）中都只是规定"赠与合同中确定只归夫或妻一方的财产"为夫妻一方的财产。所以《最高人民法院关于适用〈中华人民共和国婚姻法〉若干问题的解释（三）》相当于将登记在一方名下的登记行为解释为赠与合同的约定了。这种解释有点牵强，因为实际上基于限购的原因，很多家庭都不会将房屋登记在俩人名下，所以影响登记行为的因素远不止赠与合同的约定，还有很多其他可能性。

但是关于父母为子女购房归谁所有的这个问题，社会上一直有较大的争议。在有些案例中，父母辛辛苦苦积攒了多年，子女结婚后将毕生积蓄拿来为子女购买了房产，而子女结婚后没过两年就离婚了，房子一下就折价分走一半甚至更多，等到子女再婚时，父母也没有能力再次资助子女。从这个角度出发，《最高人民法院关于适用〈中华人民共和国婚姻法〉若干问题的解释（三）》的规定似乎是合理的。但是在其他一些案例中，这个规定几乎绕过了夫妻共同财产制度，夫妻俩共同生活多年，可能唯一的资产就是房产，配偶在房屋的装修、布置上花费了很多心血，可在离婚时只能搬出房屋，几乎净身出户，这种事情让很多未婚人士无法理解和接受，所以当年《最高人民法院关于适用〈中华人民共和国婚姻法〉若干问题的解释（三）》出台时引起了很大的争议。对立法者来说这是一个两难的问题；无论站父母一边还是站未出资的配偶一边都会引起很大的争议。

如今《最高人民法院关于适用〈中华人民共和国民法典〉婚姻家庭编的解释（一）》中将《最高人民法院关于适用〈中华人民共和国婚姻法〉若干问题的解释（三）》中的规定去掉，回归了法律本身的逻辑。夫妻任何一方婚内接受的赠与默认为夫妻共同财产，如果出资一方主张是对子女单方的赠与，出资方需要自行举证证明在赠与合同中有明确的约定，而不能仅通过登记状况来推定。《最高人民法院关于适用〈中华人民共和国民法典〉婚姻家庭编的解释（一）》与《最高人民法院关于适用〈中华人民共和国婚姻法〉若干问题的解释（三）》相比，除了涵盖了父母为子女全额购房以外，还包括了父母为子女购房出资。《最高人民法院关于适用〈中华人民共和国民法典〉婚姻家庭编的解释（一）》覆盖面更广、更简单明了，与法律规定衔接得更好。

综上所述，根据《最高人民法院关于适用〈中华人民共和国民法典〉

婚姻家庭编的解释（一）》的规定，父母出资为子女购房的，结婚前若无其他约定，出资为对自己子女的赠与；结婚后若无其他约定，出资为对双方的赠与。

有些情形下父母并不是出资为子女购房，只是以出借一定资金的形式为子女提供资助。在此情形下应当将债务和购房分别考虑。如果是一方婚前单方的购房行为，房产归购房者单方所有，债务也是因其单方的债务；如果是婚后共同购房行为，房产归夫妻双方共同所有，债务也是共同债务。但是在实务中父母的出资是借贷还是赠与并不是一目了然的，可能在出资的当时父母与子女之间有口头的约定，在一些情形中甚至口头约定也是不清晰的，比如，可能是“现在拿给你们买房”之类的，分不清赠与还是借贷的表达方式。当因为离婚发生纠纷时，出资的父母及其子女往往更倾向于借贷；而未出资一方则往往倾向于赠与。在没有书面约定的情况下，很难判断当时出资的时候各方的合意是借贷还是赠与。

《最高人民法院关于适用〈中华人民共和国民事诉讼法〉的解释》（2022 年修正）第 109 条规定：“当事人对欺诈、胁迫、恶意串通事实的证明，以及对口头遗嘱或者赠与事实的证明，人民法院确信该待证事实存在的可能性能够排除合理怀疑的，应当认定该事实存在。”由此可见，主张赠与的一方应当承担举证责任，并且证据应当达到排除合理怀疑的程度。从法律规定来看似乎很简单，但是实务中对借贷还是赠与的认定标准比较模糊，比如，（2021）沪 02 民终 12593 号案件中，父母的出资被认定为赠与，但是主张赠与的被告并未就赠与进行举证。而（2021）沪 01 民终 16194 号案件中又因为被告虽主张是赠与但因证据不足而认定为借贷。推测这两个案件中两点导致了法院对出资的性质认定不同。第一点是出资金额，第一个案子中出资总计 180 万元，第二个案子出资总计 900 万元，法官在内心更难决定将 900 万元定性为赠与。第二点是第二个案子中原告的子女在原告出资后三年间陆续向原告转账 75 万元，原告的子女主张是还款（虽然在闹离婚之前的转账记录中并未备注还款），但第一个案子中出资后并没有资金转回的行为。依据这两点，法院在第二个案件中很难排除借款的合理怀疑。对于父母出资为子女购房，究竟应当认定为赠与还是借贷应当结合出资时的背景情况、出资金额、父母的经济能力等综合来看。通常来讲，如果数额较大，明显是父母拿出了半辈子的养老积蓄，这种情况下，应当保护老年人利益，至少本金是应当返还的。

在以上父母给子女购房的情形中，如果在离婚诉讼中一方不认可借贷关系，由于离婚案件不能申请加入第三人（出资的父母），所以在离婚诉讼中无法查清是否借贷还是赠与。因此无法在离婚诉讼中处理父母的债务，只能在离婚之后由父母另行对子女及原配偶二人提起民间借贷纠纷诉讼。但如果两人都认可债务，则可以在离婚纠纷诉讼中将该债务进行分割，判决双方承担债务的比例。

在日常生活中，特别是在家事中，大多数人往往不大愿意在事前对利益作出明确的约定，但在感情破裂之后往往又存在较大争议。俗话说谈钱伤感情，这一点是可以理解的，但同时证据意识还是不可少的，尤其是对于大笔的支出，要注意保存出资的证据，转款时可以备注一下资金的用途，一个家庭里，需要成员之间彼此关爱、互相体谅、互相扶助，但如果只是一方的付出，这样的家庭关系可能不会太长久。

第五节　婚前共同购房

实务中很多人喜欢先共同购房、再结婚，这种情形在离婚财产分割时不同于婚前一方自行购房。在 2021 年 1 月 1 日之前，根据《最高人民法院关于人民法院审理未办结婚登记而以夫妻名义同居生活案件的若干意见》第 10 条的规定，同居生活期间双方共同所得的收入和购置的财产，按一般共有财产处理。但该意见已经于 2021 年 1 月 1 日废止了。在该意见废止之后只能根据《民法典》第二编“物权”的第八章“共有”中的规定来认定这种共同购房的行为。

《民法典》第 308 条规定：“共有人对共有的不动产或者动产没有约定

为按份共有或者共同共有，或者约定不明确的，除共有人具有家庭关系等外，视为按份共有。”故同居期间共同购买的房产应当属于双方按份共有。《民法典》第309条规定：“按份共有人对共有的不动产或者动产享有的份额，没有约定或者约定不明确的，按照出资额确定；不能确定出资额的，视为等额享有。”所以对于同居期间共同购买的房产，一般应视作按份共有，有约定的按照约定确定份额，没有约定的按照出资额确定份额，如果出资额也无法确定，视作等额享有。

如果先不考虑登记份额是否等同于约定份额这一问题。两人共同购房后结婚，后来又离婚，在结婚之前共同购买的房产应当按照一般共有处理，如果从付款记录可以明确地分清出资比例，那么就按照出资比例确定两人之间的份额。但实务中我们发现一些同居时间较长后结婚的夫妻，婚前购房的出资比例很难确定。购房款往往都是打入一个人的账户后支付给卖家，由于购房之前两人已经有很多资金往来，很难区分支付购房款的那一笔资金是不是来自付款账户的自有资金。另外，大部分人在购房时都需要向其他人借款，如果购房后不久就结婚了，借款往往是在婚内偿还的，所以也不能认为这些借款就是借款人的出资。种种因素导致无法精确计算出两人的出资比例的情况下，只能按照上述法律规定视作等额享有。

有观点认为，结婚前两人共同购房登记在一方名下，是出资方对登记方的赠与。如果有其他证据显示购房时出资方的意愿确实是赠与房产给另一方，应当成立赠与关系。但是实务中一般认为这种赠与是以结婚为条件的，如果最后两人没有结婚，出资方可以要求对方返还出资款。

《深圳市中级人民法院关于审理婚姻家庭纠纷案件的裁判指引》（2014年修订）第17条规定：“双方同居或恋爱期间，一方以结婚为目的赠与另一方较大数额财物，分手后请求另一方返还赠与财物的，人民法院应予支持。”第18条规定：“双方恋爱期间一方个人出资买房，产权登记在出资一方名下，双方恋爱关系终止后另一方要求分割上述房产时，人民法院不予支持。”第19条规定：“双方恋爱期间共同出资买房，产权登记在一方或者双方名下的，双方恋爱关系终止后要求分割上述房产时，人民法院应当按照照顾女方、儿童权益的原则，考虑有关房屋的产权登记情况以及双方实际出资情况，妥善分割。”以上规定基本上概括了同居期间买房的各种情形，目前在司法实践中也具有重大参考意义。不过，还有人认为一方购买房产，登记在另一方名下实际也是为了共同享有房产，尤其是同居之后又登记结婚的。出资方未必想拿回出资款，因为往往房屋的升值远远大于出资款，此种情况下按共同共有房产比较合适，同时还要根据产权登记原因、同居或结婚时间长短、出资贡献、分手（离婚）原因等综合考虑，力求公平合理分割。

第六节　“假离婚”购房

前些年各地政府纷纷出台房屋限购政策，这些限购政策往往以家庭为单位限购，并且离婚后的购房指标、贷款政策、税收政策都比已婚状态要宽松。于是为了规避高昂的税费或者少支付几成首付，夫妻往往会共谋“假离婚”，可很多案例却剧情反转，假戏真做，导致原夫妻双方为了争夺房产对簿公堂。

其实在法律上并没有“假离婚”的说法，只要当事人满足了诉讼离婚或者协议离婚的条件，就能在法律上产生与“真离婚”一样的法律效果。一般而言，夫妻双方一旦签订离婚协议，并在民政局备案登记，离婚协议约定的内容便对双方具有约束力，关于解除婚姻关系的效力是没有任何疑问的。但关于房产分割的条款的效力，在各地法院有一些不同的裁量尺度。根据办案经验，深圳地区的法院一般认为离婚协议中的财产分割条款是有效的。如果“假离婚”后当事人一方后悔了，请求法院撤销《离婚协议书》，深圳地区的法院一般不予支持。《最高人民法院关于适用〈中华人民共和国民法典〉婚姻家庭编的解释（一）》第70条规定：“夫妻双方协议离婚后就财产分割问题反悔，请求撤销财产分割协议的，人民法院应当受理。人民法院审理后，未发现订立财产分割协议时存在欺诈、胁迫等情形的，应当依法驳回当事人的诉讼请求。”很多法院认为双方作为具有完全民事行为能力的个体，在明知离婚可能会导致财产被分割的情况下，为了谋取额外的利益办理了离婚登记手续，应当承担由此产生的后果，因此不支持撤销离婚协议中的约定。

比如，在北京市高级人民法院（2021）京民申743号案件中，黄某与高某于2014年10月30日协议离婚，《离婚协议书》中约定绿景苑房屋归高某所有，后该房屋转移登记至高某名下。同时约定左安漪园房屋归黄某所有。关于绿景苑房屋，黄某称其为规避房屋限购政策并取得再次购房资格，遂与高某虚假离婚，并主张《离婚协议书》中关于绿景苑房屋归属的约定因违反公序良俗而无效，高某应返还因此取得的绿景苑房屋所有权。该案经一审二审后黄某仍不服，故提起再审申请，北京市高级人民法院经审理后认为："案涉《离婚协议书》经双方签字并在婚姻登记机关存档备案，其内容不违反法律、行政法规的强制性规定，应属合法有效。黄某、高某亦均按照协议约定完成了对案涉房屋的变更登记，黄某主张《离婚协议书》关于绿景苑房屋分配的条款系双方虚假的意思表示，但其并未提供相应证据证明，亦未举证双方就案涉房屋分配另有其他约定。黄某主张其为规避限购政策的离婚动机，不属于因违反公序良俗而导致合同无效的情形，不影响案涉《离婚协议书》的效力，黄某主张《离婚协议书》第二条第二项无效并要求取得绿景苑房屋50%产权份额缺乏依据，一审、二审法院未予支持，并无不当。"

但是并不是所有法官都持同样的观点，也有法官在原、被告"假离婚"购房的意图很明显时，认为离婚协议并非双方的真实意思表示，判决离婚协议中财产分割部分无效。

比如，福建省高级人民法院（2016）闽民申2934号案件中，原被告双方在签订了离婚协议、办理离婚手续后，于当日又签订了一份协议书，约定两人应于3个月内复婚，并对各方不愿意复婚时的财产分割方案进行了安排。该案中一审法院认为离婚协议中的财产约定有效，房屋权属应以离婚协议的约定为准，二审法院认定离婚协议中的约定并非真实意思表示，再审法院则支持了二审法院的观点。又如，上海市第一中级人民法院办理的一起案件中，法院认为，“纵观双方当事人在办理离婚登记前后所进行的多次对话、微信聊天，可以充分认识到双方办理离婚是为了购买房屋，二人所签订的《离婚协议》是为了达到上述购房之目的而达成的虚假意思表示”。北京昌平法院发布的一个典型案例中，法院认为“原被告双方签订《离婚协议书》并办理了离婚登记，双方的婚姻关系即告解除，彼此之间不再享有和负担夫妻的权利和义务。行为人与相对人以虚假的意思表示实施的民事法律行为无效。依据双方当事人陈述，本案原被告签订《离婚协议书》的目的是制造离婚的假象，以降低卖房税费。关于房产分割的约定是为了让朝阳区房产成为肖女士名下唯一的住房，双方并不具有真实分割夫妻共有财产的目的。因此，《离婚协议书》第三条为无效，财产应当重新分割”。

由以上案例可知，实务中对于为了“假离婚”购房而签订的离婚协议中的财产分割部分是否有效，各法院的裁判观点并不一致。有时，虽然根据当事人的陈述知道当事人是为了购房而离婚的，但是由于已离婚的双方中，往往是只有一方对离婚协议不满，另一方却支持离婚协议的约定，所以在很多案件中一方主张“假离婚”，另一方则认为离婚协议是真实意思表示，导致是否是“假离婚”这一事实并不是显而易见的。在这类案件中法官并不会轻易地认定离婚协议中的财产分割条款无效。

比如，在上海市第二中级人民法院（2019）沪 02 民终 124 号案件中，曹某主张为规避政府房屋限购政策、为购买上海市杨浦区怀德路×××弄×××号×××室房屋享受优惠利率及其他利益考虑而选择“虚假离婚”，尽管二人的离婚行为从法律层面来说不是假的，但是双方的《离婚协议书》并非双方真实意思表示，协议中对财产的分配应当重新进行分析、定性并予以分割，以保护曹某的正当权利。但对方郑某并不认可该观点，认为离婚协议中关于“各自名下的财产归各自所有”的表述是双方真实的意思表示。最后法院认为，“郑某、曹某已经依照法律规定办理了离婚登记，且双方签字确认的《离婚协议书》已明确约定了各自名下的财产归各自所有，现曹某关于双方系‘虚假离婚’及《离婚协议书》并非双方真实意思表示，应对共同财产重新分割、定性等主张，于法无据，本院难以采信”。

由以上分析及案例可知，实务中对当事人是否可以以离婚是为了规避限购或者少缴纳税费而“假离婚”为由要求变更离婚协议中的财产分割条款，存在较大的争议。法律上一般也不鼓励这种为了规避政策而离婚、结婚的行为。虽然有少数案件中判决重新分割财产，但关于离婚中的财产约定是否并非真实意思表示也比较难举证。所以在“假离婚”购房时，当事人不妨多想一步，不要将离婚协议拟得太简单，应当拟定一份基本公平的离婚协议，即使对方不愿意复婚，在财产上也不至于有很大损失。

“假离婚”购房的行为中，除了离婚协议中的财产分割方案的效力外，还有另外一个问题，那就是离婚之后新购置的房产如何处置。由于双方此时已经离婚，离婚后共同购房的行为就不再是夫妻共同购房行为了，只能算是同居期间的共同购房行为，或者其他合伙购房的行为。如果离婚之后的购房中所支付的购房款来源清晰，双方在离婚后的经济并未混同，法院可能按照出资的比例来分割；但如果离婚后双方的经济混同得较为严重，无法分辨双方各自的出资比例，也可能按照一般共有财产来分割。我们办理的一起同居析产纠纷案件中，原告、被告原系夫妻，之后为了买房享受低首付而在民政局办理了离婚手续，双方在办理离婚登记前以女方名义签署了房屋买卖合同，办理离婚手续后支付了首付款，但出资款主要源于婚内的存款，之后仍以夫妻名义共同生活了数年，后因矛盾而分手，男方起诉要求分割该房产。我们代理男方积极举证提交了双方共同生活、共同出资购房、购车等证据后，法院认为，以上事实足以说明，双方在同居期间共同购车、购房，甚至与男方母亲均有经济往来，足以证实双方在离婚后仍有经济混同……男方要求分割案涉房产、车辆有事实和法律依据，法院予以支持，以上财产属于一般共有财产，应作为双方共有财产予以分割。最后该案中对方就所涉房产与车辆均按照评估价的50%给予我方当事人补偿。

但是也有判决不认可未登记一方在双方同居期间对还贷的贡献，比如，深圳市中级人民法院（2020）粤03民终28395号案件中，原告、被告双方“假离婚”变成了真离婚，要求分割在离婚后购买的房产，该房产的首付款来自出售原告婚前购买的房产所得，但是在离婚协议中婚前购买的房产分割给了被告充当抚养费。两人离婚后出售了婚前房产支付首期款，离婚后逐月偿还分期贷款，并且双方在离婚后经济上互有往来。

一审法院认为，同居期间的还贷可以视作两人共同出资购房行为，故判决分割给原告部分出资及房产增值部分。但二审法院认为购房发生在离婚之后，案涉房产为被告个人所有，原告无权要求分割。裁定书原文中这样分析："杨某与李某均系完全民事行为能力人，应当对各自的民事行为承担相应的法律后果。2012 年 7 月 18 日《离婚协议书》系杨某与李某亲自签署并提交深圳市福田区民政局，二人并于当日领取了《离婚证》，故该《离婚协议书》应为双方的真实意思表示，亦发生相应的法律效力。杨某主张双方为'假离婚'，既不为当事人李某所认可，亦违背社会主义核心价值观，本院不予采纳。根据《离婚协议书》的约定，婚生子由李某监护抚养，杨某以其婚前财产深圳市龙华新区××一期××栋八单元××商品房一次性抵付抚养费，故杨某将出售该房产的价款转账给李文，应当视为履行《离婚协议书》的行为。李某购买涉案房产的首期款监管、按揭贷款及转移登记等法律行为均发生在其与杨某离婚之后，结合不动产物权登记的公示公信原则，涉案房产的所有权应为李某个人所有。"

从上述案例可知，法律上并没有什么"假离婚"之说，"假离婚"的风险还是相当大的，无论是出于什么动机办理了离婚手续，离婚手续都是生效的，离婚协议中的财产约定也未必能被推翻。因此，离婚应当谨慎，签署离婚协议更应当谨慎。

第七节　小产权房的分割

小产权房一般是指原村民自建房、村委集资房、历史遗留违法建筑等没有商品房产权证、无法上市流通的房产。小产权房的产生原因有很多，有早年农村宅基地上建设的农民房，也有管理还不严格时村集体自行建设的房产，还有在向村民购买的土地使用权上建设的房产。其中有的房产符合历史上不同时期的建设规划，具有土地使用权证或其他用地审批手续、土地规划许可证、建设规划许可证等证件；有的只有向村民或者村委购买土地的合同，并没有任何报建手续；有的土地使用权来源不明，但在土地上建设了房屋。这些房屋中有的可能通过历史遗留建筑处理流程取得部分承认，有的虽然无法通过行政渠道办理房产证，但是在拆迁改造时可以获得拆迁补偿。虽然不符合法律法规的规定，但平时这些小产权房也被占有人正常居住、出租，具有使用价值，并且通过这些房产可以获得可观的收益。

实务中如果因小产权房的权属产生争议，法院往往以属于行政机关处理范围为由不予受理。但是在家事案件中，如果各方对房屋现状、占有使用的现状没有争议，各方都认可该房屋是家庭的财产，法院可以作出适当的处理。

我们办理过一起离婚后财产纠纷案件，我方当事人M女士与其前夫均为深圳本地村民，M女士与其前夫及前夫的家人在原婚姻关系存续期间合建了一栋小产权房。但后来M女士的前夫在婚内出轨，并将M女士从案涉房屋中赶走。M女士曾在自行提起的离婚诉讼中主张对案涉小产权房的所有权进行分割，但未得到法院支持。法院以上述房产未经农村城市化历史遗留问题处理，未经权属确定，人民法院不宜判决房屋所有权的归属等为由驳回。驳回后该栋房产一直由M女士的前夫使用、管理、出租，租金也由其收取。我们接受委托后发现M女士离婚时的诉讼请求有问题，不应当直接要求分割房屋的所有权，修改诉求后积极举证还有胜诉的机会；我们认为其前夫作为违反道德和法律的一方却占据房产享受收益，这不符合公平原则，且违背社会主义核心价值观，于是接受委托并提起了离婚后财产纠纷。

接受委托后仔细研究确定了诉讼请求，要求判令在该房产办理物权登记或者被作为违章建筑强制拆除前该房产中的三层归M女士使用和收益（注：在诉讼策略上，我方主张多分）；并且积极从各方查找调取证据，证明了案涉房产的相关各方对房屋的使用权曾以行为达成过一致，明确了历史上各方达成一致的分割方案，以表示各方对房屋的权属整体上并没有任何争议，本案只是原夫妻之间的财产分割问题。该案经过一审、二审、重审一审、重审二审，最终生效判决中支持了我方的大部分诉讼请求，判令在该房产办理物权登记或者被作为违章建筑强制拆除前该房产第5层至第6层归M女士使用和收益。以下为部分代理词：

“涉案房产建于199×年，是由原告、被告双方在婚姻关系存续期间共同建设的，原告为家庭倾注了全部的心血，对家庭有着巨大的贡献，无论是从法理还是情理角度，原告都应当与被告共享夫妻关系存续期间所共同创造的价值及投资利益。涉案房产尽管尚未办理产权证，但是并不影响这种使用权利益（或者说投资利益）的分配，更何况没有证据表明该房产已经被确定为违法建筑，而只是作为历史遗留建筑尚未办证，需经过各种补地价等手续方能转为绿本或红本。此外，被告也当庭承认涉案房产部分处于出租状态，更进一步证明了涉案房产的使用价值。故对涉案房产的使用权作出处理符合法律规定，有利于维护社会公平正义。

原告、被告及案外人签订的分产契约，约定了涉案房产的第1、2、3、5、6层归原告夫妇和婆婆共同共有，第4层归案外人张某二所有；而在2009年的农村城市化历史遗留违法建筑信息普查期间各方共同申报的份额为：张某一50%（3层）、M女士33.33%（2层）、张某二16.66%（1层），该申报信息中上述分产契约中提到的婆婆的份额分摊到了房屋的共有人即婆婆的儿子和儿媳名下，其他与分产契约相吻合；虽然违法建筑申报信息并非正式的产权登记，但是根据《深圳市人民代表大会常务委员会关于农村城市化历史遗留违法建筑的处理决定》试点实施办法，如果确权将会按照申报的信息进行产权登记，而且该申报信息在婆婆生前居住地进行了公示公告，由此可证明各方对申报登记的份额均是知晓并同意的，应认为是各方对名下的份额达成了一致意见。特别是案外人张某二的份额在分产契约和申报信息中完全一致，十分明确。故按照申报份额来处理房屋使用权、分配楼层完全合理合法。”

但家事案件实务中是否处理小产权房的使用权其实并不统一，我们办理过的继承案件中有的对小产权房作出了处理，但是只是根据产权证进行分割，回避了违建楼层的问题。法官在判决中并没有指明楼层，而是直接判决案涉房产的分割比例。当事人之间按照这个比例对整栋的使用权按楼层进行了分割。也有继承案件中法官明确表示没有产权证无法处理。由于在继承案件中如果法官不处理，很可能导致所有人都无法获得该房屋的拆迁补偿权益，在这种可能出现最坏的后果的压力下，当事人很可能自行对房屋的分割份额达成协议。

总之，如果在离婚案件中分割小产权房，一定要注意诉讼请求的提法，可以分割房屋的收益、拆迁补偿利益、占有使用的权利等，但不可以直接分割房屋的所有权。对此《最高人民法院关于适用〈中华人民共和国民法典〉婚姻家庭编的解释（一）》第77条规定："离婚时双方对尚未取得所有权或者尚未取得完全所有权的房屋有争议且协商不成的，人民法院不宜判决房屋所有权的归属，应当根据实际情况判决由当事人使用。当事人就前款规定的房屋取得完全所有权后，有争议的，可以另行向人民法院提起诉讼。"

第八节　夫妻之间赠与房产

《最高人民法院关于适用〈中华人民共和国民法典〉婚姻家庭编的解释（一）》第32条规定："婚前或者婚姻关系存续期间，当事人约定将一方所有的房产赠与另一方或者共有，赠与方在赠与房产变更登记之前撤销赠与，另一方请求判令继续履行的，人民法院可以按照民法典第六百五十八条的规定处理。"而根据《民法典》第658条的规定，赠与人在赠与财产的权利转移之前可以撤销赠与，但是经过公证的赠与除外。对于房产而言，办理了变更登记才表示房产的权利转移。所以如果夫妻中一方将婚前购买的房产赠与给另一方，但只是签了一份协议，没有办理变更登记手续也没有公证，则赠与方是可以撤销赠与的。

在实务中很多人不了解这一条规定，为了省钱既不办理变更登记，也不办理协议的公证手续，最后导致在离婚诉讼中赠与方撤销了赠与。

另外，在实务中婚内赠与经常发生在一方有出轨或其他过错行为之后，很多人会将赠与协议写成“忠诚协议”或“离婚协议”导致协议无效。

比如，北京市第三中级人民法院（2021）京03民终8334号案件中，法院认为：根据王某与申某2于2018年2月26日所签订《房产协议》约定的内容，涉及任何一方如违反夫妻忠诚义务，则应承担放弃财产分配，该内容系夫妻间有关忠诚协议约定的性质，而夫妻忠诚协议是夫妻双方结婚前后，为保证婚姻关系存续期间不违反夫妻忠诚义务而以书面形式约定违约责任的协议。关于夫妻忠诚协议的法律效力问题，结合《民法典》及司法解释的规定，一审法院认为，夫妻是否忠诚实质属于情感道德范畴，夫妻之间订立的忠诚协议，应由当事人本着诚信原则自觉履行，法律并不禁止夫妻之间签订此类协议，但也不赋予此类协议的强制执行力，不能以此作为分割夫妻共同财产或确定子女抚养权归属的依据。当事人在离婚分割夫妻共同财产时，应综合考虑婚姻关系中各自的付出、贡献大小、过错方的过错程度和对婚姻破裂的消极影响，对无过错方酌情予以照顾，以平衡双方利益，通过司法裁判树立正确的社会价值导向。本案中，根据《房产协议》的约定，夫妻关系存续期间“任一方感情背叛则净身出户”内容，系以夫妻关系身份为前提，基于夫妻忠诚协议的身份性，虽以合同形式存在，但基于夫妻身份关系而发生，不属于合同编意义上的合同，故不宜纳入合同编财产关系法律规范调整的范围。根据《最高人民法院关于适用〈中华人民共和国民法典〉婚姻家庭编的解释（一）》第4条之规定，当事人仅以《民法典》第1043条为依据提起诉讼的，人民法院不予受理；已经受理的，裁定驳回起诉。据此，夫妻忠诚协议实质属于情感道德范畴，应由当事人本着诚信原则自觉履行。当事人依据夫妻忠诚协议约定已经履行了赔偿等义务而反悔的，人民法院不予支持；当事人依据夫妻忠诚协议要求赔偿或承担违约责任的，同样不能通过诉讼方式强制予以履行，是否履行全凭当事人自愿。夫妻一方以对方违反协议约定提起诉讼的，人民法院不予受理，已经受理的，应裁定驳回起诉。故双方虽签订了夫妻忠诚协议，但应建立在双方诚信自愿履行基础之上，不具有合同法上的法律约束力，故不能通过外在法律的强制手段予以解决。综上所述，王某基于《房产协议》主张分割涉诉×号宅院内房屋份额，缺乏法律依据。

又如，广东省云浮市中级人民法院在（2019）粤53民终885号案件中认为，从其约定可以看出，双方当事人一旦离婚，则麦某1的所有个人财产变卖折价款归林某所有。该约定显然限制了婚姻自由原则中的离婚自由，并且这份协议的内容是不对等的，也违反了男女平等原则，因此该约定应视为无效约定。

实务中有人咨询若自己的配偶出轨，但目前不准备离婚的情况下，是否可以写一份保证书约定对方如果再出轨就净身出户。对这些咨询我们一般都告诉当事人，如果双方对财产归属达成一致意见，建议到公证处签署《夫妻财产约定协议书》，而不建议签署保证书。

第九节　夫妻一方擅自出售共有的房产

如果房屋登记在夫妻一方的名下，在很多地区是可以由该方单独办理产权变更登记手续的，所以存在一方单独出售房产的可能。但在有些地区的不动产登记中心，只要是已婚状态，办理产权变更登记手续就一定要配偶签名，在这些地区无法由夫妻中的一方单独出售房产。

《最高人民法院关于适用〈中华人民共和国民法典〉婚姻家庭编的解释（一）》第28条规定："一方未经另一方同意出售夫妻共同所有的房屋，第三人善意购买、支付合理对价并已办理不动产登记，另一方主张追回该房屋的，人民法院不予支持。夫妻一方擅自处分共同所有的房屋造成另一方损失，离婚时另一方请求赔偿损失的，人民法院应予支持。"从这条规定可知，第一，如果夫妻一方未经另一方同意出售共同所有的房屋，而该第三方是善意购买，并且已经付款、已经办理了不动产登记的，夫妻中不知情的一方无法追回房屋。善意购买一般是指通过正常的购房渠道以市场价购买，与售房一方并没有串谋，并不知道夫妻一方未经另一方同意出售房屋。由于物权登记的公示效力，作为购房一方根据不动产权证上登记的姓名确定卖方是合理的，买方即尽到了谨慎义务。如果在此情况下买方已经支付价款并且办理了变更登记手续，则不知情的配偶一方无法撤销变更登记。第二，如果一方擅自售房，但是与买方所签订的合同还在履行之中，并未办理房屋的变更登记手续，此时不知情的配偶是可以阻止合同的履行的。但是需要特别注意的是，只是阻止合同履行，并不是合同无效，如果配偶以不知情为由阻止履行合同，出售房产的一方对买方构成违约，应当承担相应的违约责任。第三，如果房屋无法追回，不知情的一方只能向擅自出售房产的配偶请求赔偿损失，并且只能在离婚诉讼中提起或者在离婚后财产纠纷诉讼中提出，如果不离婚，无法单独就该损失提起诉讼。

关于如何认定善意，可以参考《最高人民法院关于适用〈中华人民共和国民法典〉物权编的解释（一）》第 14 条至第 16 条的规定。该解释第 14 条规定，受让人受让不动产或者动产时，不知道转让人无处分权，且无重大过失的，应当认定受让人为善意。真实权利人主张受让人不构成善意的，应当承担举证证明责任。第 15 条规定，具有下列情形之一的，应当认定不动产受让人知道转让人无处分权：（1）登记簿上存在有效的异议登记；（2）预告登记有效期内，未经预告登记的权利人同意；（3）登记簿上已经记载司法机关或者行政机关依法裁定、决定查封或者以其他形式限制不动产权利的有关事项；（4）受让人知道登记簿上记载的权利主体错误；（5）受让人知道他人已经依法享有不动产物权。真实权利人有证据证明不动产受让人应当知道转让人无处分权的，应当认定受让人具有重大过失。第 16 条规定，受让人受让动产时，交易的对象、场所或者时机等不符合交易习惯的，应当认定受让人具有重大过失。

实务中，如果交易的手续完善，交易的流程符合市场的一般流程，即使价格略低于评估所得的市场价也大概率会被认定为善意购买。因为房产市场很多时候是一对一的交易，买方卖方之间往往有信息差，并且房屋的朝向、坐落、装修甚至业主的性格和心情都会影响价格，个案中的成交价很难与市场评估价完全一样，所以即使购买价低于市场价，也不能仅以此判断买家并非善意。但如果是不合理地低于市场价，则可以作为判断买家并非善意的重要因素。

那么，到底低多少才算是不合理的低价呢？可以参考《全国法院贯彻实施民法典工作会议纪要》中的规定："9. 对于民法典第 538 条规定的明显不合理的低价或者高价，人民法院应当以交易当地一般经营者的判断，并参考交易当时交易地的物价部门指导价或者市场交易价，结合其他相关因素综合考虑予以认定。转让价格达不到交易时交易地的指导价或者市场交易价百分之七十的，一般可以视为明显不合理的低价；对转让价格高于当地指导价或者市场交易价百分之三十的，一般可以视为明显不合理的高价。当事人对于其所主张的交易时交易地的指导价或者市场交易价承担举证责任。"《民法典》第 539 条是关于债务人以明显不合理的低价转让财产时债权人的撤销权的规定，虽然该规定并不是专门针对处置夫妻共同财产的，但是对其具有重要的参考价值。

有一些案件，虽然房屋是以买卖的名义过户的，但实际上并没有发生买卖关系。如果名义上的购房者实际上并没有支付购房款，则合同有可能会被认定为无效。比如，上海市第一中级人民法院的（2020）沪 01 民终 3992 号案件中，房屋被共有人之一转让给他人，过户方式为买卖，但他人实际上并没有支付购房款，所以法院认为该转让行为实际上是赠与，而不是买卖，并认为该赠与行为无效。

第十节　出售婚前购买的房产所得用于婚内购房

《最高人民法院关于适用〈中华人民共和国民法典〉婚姻家庭编的解释（一）》第 31 条规定："民法典第一千零六十三条规定为夫妻一方的个人财产，不因婚姻关系的延续而转化为夫妻共同财产。但当事人另有约定的除外。"对该规定的理解有两层：一层是婚前取得的如房产、股票、现金等这些资产不因婚姻关系的延续而转化为夫妻共同财产；另一层是即使将这些资产出售，所取得的资金也是婚前财产，而全部使用这些资金购买的资产，比如，房产也仍然是一方的个人财产。

实务中，有婚内出售一方婚前购买的房产，使用售房款另行购置房产的情况。在离婚时这种房产的分割比较复杂，首先应当将婚前房产的售房款视作一方使用婚前的财产出资，其他出资属于婚内共同出资，然后根据出资的比例计算双方的份额。但实务中更麻烦的是，在出售婚前购买的房产后并没有立刻购房，而是和婚后的财产混合在一起，又过了一段时间之后才新购房产。这种情况下由于账户内的资金每天都有进有出，而钱是种类物，无法确定哪一笔消费使用的是婚前财产，哪一笔消费使用的是婚内的财产。在这种情况下当事人无法充分举证证明婚前财产在婚后购房资金中所占的比例，往往只能由法院酌定。

在了解上述内容后，不同立场的当事人可能会对财产作出不同安排，比如，如果是婚前房产的所有者，可能会尽可能地拉近出售和新购的时间间隔，这样能很容易的区分婚前财产在购房款中的比例。而对另一方而言，可能会尽可能地将售房款和婚内的财产混合，过一段时间后才新购房产，这样对方就无法举证证明婚前财产在购房款中的比例。当然，我们并不建议夫妻双方太过算计，一方面既然结婚组建家庭，就应当自愿承担财产可能存在一定程度混同的风险；另一方面同样不建议单纯以获取对方利益为目的缔结婚姻。

第十一节　用居住权解决家事争端

《民法典》中新设了居住权，居住权人有权按照合同约定，对他人的住宅享有占有、使用的用益物权，以满足生活居住的需要。根据《民法典》的规定，设立居住权应当向登记机构申请居住权登记。居住权自登记时设立。当事人可以在居住权合同中约定居住的条件，居住权期限等内容。

如果当事人拥有某个房屋的居住权，就可以合法地居住在该房屋内，受法律的保护。即使房屋的所有权人出售房屋，也不影响当事人居住、使用房屋。

在家事纠纷中，居住权有十分重要的作用。一般家庭中最重要的资产就是房产，在离婚、分家析产、继承中各方最容易产生争议的往往也是房产。离婚纠纷中双方往往激烈地争夺房屋，并且又都舍不得花费了大量心血的房屋，不同意卖掉房屋分割售房款。而由于经济能力有限，即使在诉讼中分割房产，分得房产的一方也无法一次性筹集资金补偿给另一方。但由于此时双方已经失去了互信，故又无法接受较长期限的分期付款，于是双方陷入僵局。在此种情况下，如果双方继续僵持，可能会导致房屋被拍卖，进而一起遭受损失。《民法典》生效后，可以利用居住权解决这个问题。例如，双方在离婚时协议约定房屋归男方所有，男方应当向女方支付一定数额的房屋折价补偿款，并且女方在男方足额给付前述房屋折价补偿款之前对该房屋享有居住权。在居住权存续期间，女方对房屋所享有的居住权可以对抗男方的房屋所有权，即使男方将该房屋另行出售，因为该居住权已经登记，女方对于房屋所享有的居住权亦可以对抗新的房屋买受人。

在《民法典》出台之前，夫妻之间如果房屋登记在一方名下但约定房屋归另一方所有，或者约定归小孩所有，在过户之前房屋归其所有的一方都只有基于该约定的债权请求权，并不拥有物权。如果登记方违约出售房产，分得房屋的一方无法向善意买受人追回房屋；或者如果登记方发生债务问题导致房屋被债权人查封、拍卖，分得房屋一方也极有可能失去房屋（详见本书第十章）。但若在房屋上设置了居住权，居住权人所拥有的是物权，具有公示效力，此时即使善意买受人购买了房屋，也不妨碍居住权人使用房屋。

在一起离婚案件中，我们通过设置居住权的方式来解决了当事人的担忧。M 先生与妻子 S 女士因性格不合而离婚。夫妻俩拥有某处房产，目前登记在 M 先生名下，M 先生同意将房产分归 S 女士，但又担心 S 女士将来擅自出售房产，导致孩子失去稳定住所，而居住权正好可以很好地解决他们的问题。我们设计的方案是，在离婚协议中约定房屋归 S 女士所有，但同时为孩子设置居住权直至 18 周岁。

由以上例子可以看出，用好居住权，可以给当事人房屋变更登记之外的物权保护，在家事纠纷中也可以解决很多问题。

第十二节　实务分享

◇ 涉及深圳历史遗留问题的房产权属不明等违法建筑的解决之道

何为违法建筑？违法建筑又称违章建筑，法律法规并未对这一概念进行统一的定义，本书采用违法建筑的表述，主要源于最高人民法院有关会议纪要。通说认为，违法建筑是指未经规划土地主管部门批准，未领取建设工程规划许可证或临时建设工程规划许可证，擅自建筑的建筑物和构筑物。

在大量的司法实践中，不难发现类似的案件纠纷——涉案房产没有合法的产权证书，虽已作为深圳历史遗留问题向有关部门予以申报并得到受理，但尚无处理结果，不能证明有关部门已同意申请人的申请。因此，在这种情况下，作为当事人应如何维护自己的合法权益？

一、以案析法

（一）黄某1与黄某2合作建房纠纷案[1]

原告黄某1与被告黄某2为同胞兄妹，二人于1997年6月在深圳市龙岗区某镇购置一块土地，并于1999年11月开始在该土地上建造房屋，竣工时间为2001年3月。在此期间，兄妹两人分别就建造房屋与第三人签订各类合同。涉案房产共计6层，其中包含若干住房、商铺，全部用于出租，租金为黄某2所收取。后因涉案房产所有权归属问题两兄妹争执不下，2001年黄某1向涉案房产所在地法院提起民事诉讼：请求法院确认涉案房产全部由黄某1出资兴建之事实有效、涉案房产的所有权归黄某1个人所有、判令黄某2向黄某1返还涉案房产并返还涉案房产的租金收益。

〔1〕（2014）粤高法审监民提字第3号。

（二）法院查明（节选）

经法院审理查明，认定双方是合作建房而非一方单独出资建房。双方除确认在建房过程中约19万元人民币外，黄某1与黄某2另向法院提供了涉案房产建造过程中签订的合同以及大量付款单据。首先，关于购买土地的出资，涉案土地购买款总计147,000元，其中用于支付购地为12万元，另外2.7万元中介费，该笔费用系由黄某2支付，另外12万元系黄某1从其存折中取款支付。结合黄某1存折中“（共6万元）现金5000，文还”的记载以及证人张某的证言，可以认定黄某2返还了黄某1 6万元，黄某2虽陈述另外6万元亦是其支付，但其证据不足以证明上述主张，故认定黄某1、黄某2购买涉案土地出资额分别为6万元和8.7万元。其次，涉案房屋系黄某1与黄某2共同出资建设。涉案房屋的建设以2000年年底2001年年初为界可以分两个阶段。此前，黄某1同李某签订了房屋施工合同，黄某1、黄某2同唐某签订了房屋打桩的施工合同，唐某出庭作证证实系黄某1雇请其进行房屋主体施工并由黄某1支付了工程款以及材料款，黄某1同黄某2关于施工账簿中记载黄某1支付了工程款18.6万元。因此，在此过程中黄某1对房屋的建设起到了主要的作用，黄某2从中起到辅助作用。此后，因双方产生矛盾，黄某1未能再参与工程施工，黄某2单独完成了其他工程施工。综合上述原因，黄某1与黄某2虽未签订合作建房合同，该院认定双方系事实上的合作房关系，涉案房产为双方共同共有。

法院认定涉案房屋系黄某1同黄某2共同共有各占50%份额。首先，黄某1同黄某2共同出资购买涉案房屋的土地并共同出资兴建，但双方在购地以及建房过程中均未签订书面协议对双方的权利予以约定。其次，双方在购地和建房过程中实际出资也没有确定的比例。最高人民法院印发的《关于贯彻执行〈中华人民共和国民法通则〉若干问题的意见（试行）》（已失效）第90条规定，对共有财产的分割，有协议的，按协议处理；没有协议的，应当根据等分原则处理。本案诉争房产系双方共同共有，黄某1同黄某2未对出资额进行约定，应当按照等分原则处理。而且双方实际也未按照一定比例出资，亦不能通过其他方式确定双方的出资份额，故无法认定黄某1

同黄某2对共有房产的贡献大小予以适当调整。由此，法院确认黄某1同黄某2对诉争房产各占50%份额。关于黄某1同黄某2均称房产系其独自享有，因黄某1同黄某2均不能提供充分的证据证实，且其各自主张的借贷以及帮忙等理由均不能予以合理的解释，更与常理相悖，而综合本案购地、建房整个过程，黄某1同黄某2均出钱、出力全程参与，故对黄某1以及黄某2此主张不予支持。

另查明，深圳市国土资源和房产管理局龙岗分局就涉案房产确权问题，复函黄某1。其内容为：送来申请确认深圳市龙岗区某镇土地权属的信访件收悉。经查，现将黄某1情况函复如下：第一，购买私房用地属非法买卖土地行为，通过核对原业主的资料，据现行的房地产管理有关法律规定，该私房无确权依据。第二，据《深圳市龙岗区实施〈深圳经济特区处理历史遗留违法私房规定〉的办法》第17条的规定，1999年3月5日以后新建、扩建、私房的违法行为，不予确权。从你提供有关资料中显示，该私房的建设日期在1999年3月5日之后，不能按“两规”确认产权。

（三）法院判决

受理法院审理查明后，作出判决如下（摘选）：第一，涉案房屋由原被告双方共同出资买地、建房，房屋使用权由两人等额享有，各占50%的份额；第二，判令黄某2向黄某1返还涉案房产并返还涉案房产的租金收益；第三，驳回原告的其他诉讼请求……

二、综合上述案例，作以下总结

（一）关于涉案房产能否确权问题

1. 购买私房用地属非法买卖土地行为，通过核对原业主的资料，据现行的房地产管理有关法律规定，该私房无确权依据。

2. 据《深圳市龙岗区实施〈深圳经济特区处理历史遗留违法私房规定〉的办法》第17条的规定，1999年3月5日以后新建、扩建、私房的违法行为，不予确权。

3. 根据2019年修改的《深圳经济特区规划土地监察条例》的规定，处理土地违法行为及违法建筑的行管部门是城市综合执法局，因此当事人可向城市综合执法局申请作出处理后通过民事诉讼途径解决。

4. 可以确权但尚未确权的建筑，可以参照《深圳市人民代表大会常务委员会关于农村城市化历史遗留违法建筑的处理决定》及实施办法尝试单方补交申报手续申请确权。

（二）关于诉讼请求问题

1. 涉案房产没有合法的产权证书，虽已作为深圳历史遗留问题向有关部门予以申报并得到受理，但尚无处理结果，不能证明有关部门已同意申请人的申请。因此，目前尚不能确认当事人对争议房产拥有产权，当事人若是直接向法院诉求确权，往往不被法院支持。故从最大限度维护当事人合法利益的角度出发，提起民事诉讼时，诉讼请求应不限于从所有权的角度出发，应多思维多角度，结合现行有效法律法规，从实际案情出发，提请切实可行的诉讼请求，如从使用权、收益权等角度出发，提起诉求。

2. 未确权房产的既得利益可以作为婚姻共同财产或其他实际合作方的共同收益予以分割，在提起民事诉讼时，可作为诉讼请求向法院提请。

（三）关于证据问题

在涉及房产确权纠纷中，并非所有当事人提交的证据都有利于自己，当事人在收集证据的时候，应尽量全面收集，至于证据的效力以及判断某份证据是否有利于当事人，则应交由专业律师综合审核。

◇ 一纸上诉状扭转乾坤：被赶出家门的母女终夺回房产

在司法实践中，自建房（小产权房）是否可以依法予以分割，一直存在争议。若涉案的自建房（小产权房）里确实存在实际使用价值以及具备依法予以分割的情况下，在家事案件中，权利人主张分割该房产的使用权及相应的收益是可以获得法院支持的。

本团队代理的一起离婚后财产纠纷（涉及整栋农民房）的案件，被告出轨并与第三者生育小孩，多年前将原配母女赶出家门，原配为维护自己的权益提起诉讼，本案经历了一审、二审、重审一审，一波三折，终于收到了胜诉判决，现整理要点供大家参考。

一、案情简介

花某（女）与米某（男）于1987年结婚，同年生育了大女儿，1992年生育了小女儿。1995年米某一家、米某的妹妹、米某的母亲共同出资建造了案涉的位于深圳的六层自建房。2001年，建房的各方共同签订了一份《分产契约》，约定案涉自建房第四层归米某的妹妹所有，第一、二、三、五、六层归米某母亲、米某、花某共同所有。2009—2010年深圳市农村城市化历史遗留违法建筑信息普查期间，案涉自建房申报登记份额如下：米某50%、花某33.33%、米某妹妹16.66%。2010年米某母亲订立遗嘱，称其过世后案涉自建房1—3层归孙子所有，孙子的父亲米某代为管理。2012年米某母亲去世。

2001年左右为了女儿在我国香港特区读书方便，花某与两个女儿搬到我国香港特区居住，其间米某与他人有了不正当男女关系，米某与花某的感情恶化，2001年米某起诉离婚，因花某不同意，法院判决不准予离婚。随后米某将自建房的所有门锁换掉，花某与女儿自此无法回家，在我国香港特区先是租房，后来住在30平方米的公屋中。2014年米某再次起诉离婚，法院判决离婚，但是未对案涉房产进行处理。其后案涉房产一直在米某的控制之下。本案中花某提起离婚后财产纠纷诉讼。

原告诉求为，对涉案自建房的使用权作出分割，以及分割被告占有涉案房产期间所产生的租金收益（自离婚时起算至实际交付时止）。

二、案件焦点

涉案自建房的使用权能否处理以及原告花某主张分割该自建房的租金收益能否成立。

一审法院认为，本案属离婚后财产纠纷。原告主张涉案房产的使用权，但原告未提交证据证明涉案房产已取得土地使用许可证并履行报建等相关审批手续，因此该房产可能涉及违法用地和非法建筑，而该违法性质可能导致该房屋本身的权利属性的不确定性，原告对该房产权利的主张尚处于待定状态，原告可待该房产具备合法权利属性和价值属性后再依据相关事实主张权利。

原告虽主张分割涉案房产的租金收益，但原告并未向法院提交证据证明涉案房产是否存在租赁事实以及租金收益情况，且被告对此均予以否认，故原告主张以每月 3 万元价值分割租金收益的主张，法院不予支持。

原告不服提起上诉。以下是我方上诉理由：

第一，原审因涉案房产权利属性的不确定性裁定驳回起诉没有法律依据，属于适用法律错误。涉案房产已经进行农村城市化历史遗留违法建筑申报，虽然其权利属性仍然有一定的不确定性，但上诉人（原审原告）原告并未主张其所有权，而是主张涉案房产归其使用。由于涉案房产已经经过申报，尽管按照程序还没有颁证，但是并不是已确认违法待拆除的建筑物，在其权利属性待确认期间仍然可以正常使用，具有使用价值，且实际上涉案房产目前正由被上诉人出租并获取了收益，因此，权利属性并不影响涉案房产的使用，对涉案房产的使用权作出判决也并不会导致权利属性的变化，原审法院依据权利属性待定驳回起诉没有法律依据。

第二，原审法院认为涉案房产不具备价值属性属于基本事实认定不清。原审裁定中称“原告可待该房产具备合法权利属性和价值属性后再依据相关事实主张权利”，该陈述否定了涉案房产的价值属性，进而得出房产无法分割的结论。但实际上，从现实的角度，该房产所在的某村有大量类似房产在出租中，大批的业主因此每月获得了巨大的收益，某村在 2009—2010 年就已经进行了申报，在申报后至今近十年并没有任何法律、法规、规章禁止出租这些房产，所以涉案房产能够用于出租以获取收益是显而易见的，是明显具备价值属性的。

另外，即使不考虑出租以获取收益，涉案房产目前属于可居住的状态，并没有被封禁，显然是具备使用价值的。

第三，原审裁定逃避问题，不利于社会公平正义。深圳市有大量类似于涉案房产的建筑，目前政府并没有明确如何处置，虽然没有给予颁发房产证，但是也没有一律确认违法拆除或者没收，如果涉及这类房产的家庭争议一律驳回起诉，那么会导致“占山为王”的情况发生，谁的“手腕强硬”谁就能实际控制房产，就能获得收益，这明显不是现代法治社会应有的现象。而对房屋的使用权和收益作出处理也并不会导致任何产权上的确认，日后无论政府是确认合法颁发房产证还是确认违法拆除，都不构成阻碍。

涉案房屋是上诉人原告与被上诉人被告婚姻关系存续期间共同建造的，其付出大量时间、金钱和精力，且曾经共同居住在其中；但由于被告出轨，原告和 2 个女儿被赶出，至此被告占有了涉案房产，独享全部收益，完全不顾及曾经的夫妻感情和父女感情，原审裁定实际上是在鼓励被告的非法占有行为。人民法院承担维护社会大局稳定、促进社会公平正义、保障人民安居乐业的重要职责，不应回避问题，助长社会不公。

二审法院认为，本案为离婚后财产纠纷。二审争议焦点为涉案自建房的使用权能否处理以及原告主张分割该房产的租金收益能否成立。根据深圳市罗湖区规划土地监察局的复函，本案所涉的涉案自建房已在农村城市化历史遗留违法建筑普查中进行申报，申报人所占份额为被告 50%、原告 33.33%、米某妹妹 16.66%，同时，被告、原告在婚内与米某母亲、米某妹妹亦签订了分产契约，约定涉案房产第四层归米某妹妹，第一、二、三、五、六层归被告、原告夫妇及米某母亲共同所有，上述违法建筑申报情况与各方当事人签订的分产契约内容基本相符，可以互相印证。另外，深圳市某实业股份有限公司出具的证明亦表明涉案房产并不存在使用权不确定的情况，因此，涉案房产现虽未取得所有权证明，但考虑到深圳市历史遗留违法建筑普遍存在的实际情况以及该房产确实存在实际使用价值的情况，原告现请求对涉案房产的使用权进行分割，符合法律规定的起诉条件，一审法院驳回起诉，处理不当。同理，因该房产确实存在实际使用价值，原告请求对涉案房产的租金收益进行分割，理由成立。法院应当查明涉案房产是否属于夫妻共同财产并进而对涉案房产的实际租金或可得租金进行分割，考虑到涉案房产的申报使用权人还涉及夫妻双方之外的其他人，故本案应当追加米某母亲、米某妹妹作为第三人以查明事实，因此，鉴于上述情况，本案依法发回重审。

重审一审法院认为，本案属离婚后财产纠纷。根据深圳市罗湖区规划土地监察局的复函，案涉自建房已在农村城市化历史遗留违法建筑普查中进行申报，申报人所占份额为被告50%、原告33.33%、米某妹妹16.66%。同时，被告、原告婚内与米某母亲、米某妹妹亦签订了分产契约，约定涉案房产第四层归米某妹妹，第一、二、三、五、六层归被告、原告夫妇及米某母亲共同所有。上述违法建筑申报情况与各方当事人签订的分产契约内容基本相符，可以互相印证。2010年10月2日米某母亲订立的《遗嘱》中对第一、二、三层房产的处分，与上述分产契约并不矛盾。结合2014年10月24日深圳市某实业股份有限公司出具的证明，以及涉案房产虽未取得所有权证明，但考虑到深圳市历史遗留违法建筑普遍存在的实际情况以及该房产确实存在实际使用价值的情况，综合分析，法院认为，在涉案房产办理物权登记或被作为违章建筑强制拆除前，涉案房产第一至六层的使用权可以处理；据此，法院认定遗嘱继承发生前，米某母亲享有该房产第一、二、三层的使用权，米某妹妹享有该房产第四层的使用权，被告、原告夫妇享有该房产第五、六层的使用权；米某母亲去世后，其享有的该房产第一、二、三层的使用权，由其孙子继承。

由此，该房产第五、六层的使用权，属于原告、被告夫妇的夫妻共同财产。现原告、被告已离婚，原告要求分割该房产第五、六层的使用权，其合理部分，法院予以支持。考虑被告系离婚的过错方，且被告在离婚时已经获得了位于深圳市某地段自建一私人建房50%的产权，故为平衡双方的利益，根据我国《婚姻法》第39条（现为《民法典》第1087条）“离婚时，夫妻的共同财产由双方协议处理；协议不成时，由人民法院根据财产的具体情况，照顾子女和女方的原则判决”的规定，法院酌定该房产第五、六层的使用权均归原告。原告主张该房产其他层的使用权，法院不予支持。关于原告主张的租金收益，本案并无充分证据显示涉案房产的第五、六层产生过租金收益，故对于原告该项诉请，法院不予支持。

三、案件结果

判令涉案自建房在办理物权登记或者被作为违章建筑强制拆除前，其第五层、第六层归原告花某使用和收益。

四、律师评析

深圳存在大量的历史遗留建筑，虽然该类房产现无法像商品房一般正常流通，但还是可以对其进行占有、使用，建筑权益人可自行使用或向占有使用该建筑的人要求支付占有使用费，所以其依旧存在较大的财产性价值。

综观我国《民法典》及司法解释，对普通房产离婚分割的规定较为明确，但对违法建筑的分割问题没有详细规定。此外，《深圳中院关于审理婚姻案件指导意见》（2014 年 5 月 21 日修正）第 33 条规定："离婚时当事人请求对没有取得产权证的农村自建房进行分割的，人民法院可以根据实际情况对该房的使用权作出处理，判决享有使用权的一方应当补偿对方使用期间该房相近地段一半面积房屋的租金损失；当事人请求对违法建筑进行分割的，人民法院原则上不予处理，但当事人请求分割违法建筑拆除后的残值部分除外。"

《第八次全国法院民事商事审判工作会议（民事部分）纪要》中第 21 条规定："对于未取得建设工程规划许可证或者未按照建设工程规划许可证规定内容建设的违法建筑的认定和处理，属于国家有关行政机关的职权范围，应避免通过民事审判变相为违法建筑确权。当事人请求确认违法建筑权利归属及内容的，人民法院不予受理；已经受理的，裁定驳回起诉。"

由此可见，在司法实践中，对该类房产的处理不尽一致，通常不会对所有权作出处理，且即便对使用权作出处理，对价值的认定也存在一定障碍。因此，在对这类房产的使用过程中，需要注意收集该类房产使用的情况，如自建房在出租收益，则需要保留好租赁合同等材料。

◇ 公司人才公寓离婚时可以分割吗?

公司人才公寓通常仅面向公司员工，是仅有使用权的保障性住房。但为获得人才公寓使用权，公司员工还是需要支付相应的对价，所以公司人才公寓是具有一定财产价值的。那么，公司人才公寓在离婚时可以分割吗？会如何分割呢？我们来看看具体的案例。

一、案情介绍

原告、被告均系某公司员工，2013 年 3 月，二人以原告名义取得某公司颁发的《人才公寓使用证》，房屋名称为某某公司深圳人才公寓×栋×单元×房，使用年限自 2013 年 3 月 20 日开始到土地使用年限到期（2054 年 4 月），总金额 191,450 元，一次性支付。获得使用权后，双方装修该人才公寓花费 5 万元。2013 年 8 月，被告从该公司离职。2015 年，原告因与被告感情不和起诉离婚，并要求被告搬离人才公寓。被告答辩要求人才公寓的 5 年使用权及 20 万元补偿。

二、法院观点

因涉案房屋系某公司为其员工建设的保障性住房，原告仅依据其与某公司签订的《协议书》享有限制性的使用权，不具有所有权和处分权，且依据该协议的约定，如原告与其配偶离异，且离异时配偶非该公司或关联公司的员工，或者其配偶不满足人才公寓申请条件的，则原告的配偶无权获得人才公寓使用权，原告与其配偶不得约定由原告配偶分得人才公寓使用权。故本院认为，涉案房屋应由原告使用，被告应于离婚判决生效后半年内搬离涉案房屋；被告要求该房屋 5 年的使用权，法院不予支持。

因原告系在双方婚姻关系存续期间申请该房屋使用权、支付全部款项 191,450 元并对涉案房屋进行装修，且双方均负担购房款项，虽然双方对装修款的负担问题有争议，但在双方没有证据证明婚姻关系存续期间明确约定财产各自所有的情况下，应视为原告、被告双方对涉案房屋的房款、装修费系共同出资，原告应对被告进行相应的补偿。

法院认为，原告应向被告补偿该房款的 50%，即 95,725 元（191,450 元×50%），装修费的 50%，即 25,000 元（50,000 元×50%），原告应向被告补偿的费用合计 120,725 元；被告要求原告支付补偿款 20 万元，缺乏依据，本院不予支持。

三、律师分析

从上述案例可知：公司人才公寓使用权获得的前提是具有公司的员工身份，如夫妻双方均系该公司的员工，则法院会考虑房产现状、双方贡献的大小等因素，以及依据有利于子女、女方、无过错方权益的原则判决使用权归属；但仅有夫妻一方为公司员工，则法院会根据协议约定将使用权判归公司员工一方使用。又因人才公寓使用权的获得需要支付相应对价，在婚姻关系存续期间所支付的款项使用了夫妻共同存款，而离婚后，一方无法再继续在人才公寓居住，则获得使用权的一方应当对另一方折价补偿。同理，装修支出亦属于为了双方共同居住使用的支出，也可以要求装修补偿，但注意保留好装修支出的证据，不过装修及家具使用的年限越久，考虑到相关物品使用过程中确实会存在损耗或折旧，法院可能会适当折价补偿。

不过，值得思考的是，是不是所有的安居房、保障房使用权分割的案件都是参照上述原则来判，只是分割当初投入的房款和装修补偿款？我们觉得未必，根据房屋的取得原因和资格，可能有不同的分割方法，我们认为，一般使用权分归一方，一方在房屋的使用年限内给予对方租金补偿更为合理（可参照政府公布的租金指导价或公租房的指导价）。

◇“假离婚”购房发生争议，购买的房产如何分割？

由于各地都出台了一系列的房产限购、限贷或者抑制房产炒作的税收政策，一些夫妻会通过“假离婚”的方式以达到另行购置房产或享受低首付的目的。实践中，也常常会出现“假离婚”变真离婚的闹剧，从而导致双方因为财产的分割“对簿公堂”。此种情况下，若夫妻双方离婚，新购买房产以及原婚内购买的房产如何分割？请看下述案例。

一、基本案情

2006年2月22日，原告、被告登记结婚，2012年5月9日双方到民政局办理离婚手续并签订离婚协议，约定共有房产702房归容某所有，并已完成产权变更手续。但双方离婚后一直共同生活在该房屋内。2012年6月15日，刘某购买807房房产，购房款为双方共同支付，登记在刘某名下。2012年12月20日双方复婚，并签订一份协议书，约定702房归刘某所有（但未办理产权变更手续），807房归刘某所有。后来，容某起诉离婚，要求分割共同财产，明确表示807房归刘某所有，只要求刘某返还首期款及还贷金额。[1]

二、裁判结果

关于两套房产的判项如下：一审判决：（1）深圳市南山区×××702房为原告容某所有；（2）深圳市南山区×××A区12栋B座807房为被告刘某个人所有，被告刘某于判决生效之日起30日内返还原告容某183,802.5元。

二审判决：（1）撤销深圳市南山区人民法院（2013）深南法民一初字第237号民事判决第4、7、8项；（2）深圳市南山区×××A区12栋B座807房为上诉人刘某个人所有，该房产剩余银行按揭贷款由上诉人刘某个人负担。

三、法院观点

关于两套房产，一审法院认为，上述×××A区12栋B座807房，虽系原告容某、被告刘某在2012年12月20日复婚前以被告刘某个人名义购买，但经上述查明，原告容某、被告刘某自2012年5月9日离婚后至2013年1月仍然一直共同居住生活在×××702房，被告刘某也予以承认且双方亲戚朋友也知晓原告容某、被告刘某一直是夫妻关系，原告容某也因为被告刘

[1]（2013）深中法民终字第2752号。

某购买×××A区12栋B座807房而支付首付款147,210元及每月7318.50元的5个月（自2012年7月至11月）按揭款，共计36,592.5元给被告刘某，应当认定属于原告容某、被告刘某同居期间所购得并共同支付按揭款的共同共有财产，本应依法对半分割。但由于原告容某自认该房为被告刘某所有，只主张要求被告刘某返还支付的部分首付款147,210元及5个月按揭款36,592.5元，法院依法应当予以支持，即确认该房为被告刘某个人所有，但被告刘某须返还原告容某包括首付款及支付的按揭款共计183,802.5元。

二审法院认为：关于夫妻共同财产应如何认定的问题。上诉人刘某主张深圳市南山区×××702房应作为夫妻共同财产进行分割，对此，本院认为，上诉人刘某和被上诉人容某在2012年4月1日签订的《离婚协议书》中约定前述房产归被上诉人容某所有，并据此办理离婚以及房产过户手续，该房产应为被上诉人容某个人财产。双方复婚后又签订《协议书》，约定前述房产以及深圳市南山区×××A区12栋B座807房均归上诉人刘某所有，应视为上诉人刘某和被上诉人容某均认可该两处房产属于夫妻共同财产，故法院确认双方应分割的夫妻共同财产包括该两套房产。至于该两套房产应如何分割的问题，上诉人刘某主张应依据《协议书》之约定取得该两套房产所有权，对此，法院认为，该协议书中虽未明确提及“离婚”字眼，但从协议的内容来看，双方就子女的抚养权、探视权、财产以及债务均进行了明确约定，其实质仍在于以离婚为条件进行的关于财产在内的分割方案，而非双方达成的对婚内共同财产债务归属的约定。依据《最高人民法院关于适用〈中华人民共和国婚姻法〉若干问题的解释（三）》（已失效，现为《最高人民法院关于适用〈中华人民共和国民法典〉婚姻家庭编的解释（一）》第69条）第14条之规定，该财产分割协议并未生效，应由法院依法判决。因此，上诉人刘某主张依据《协议书》的约定取得深圳市南山区×××702房，理由不成立，法院不予支持。

四、律师提示

1.“假离婚”有风险，以购房为目的而办理离婚的，离婚协议有关财产分割条款可能不会被认可，即离婚协议中约定房产归一方所有时，法官未必会这么判（不过实践中也有认可的案例）；此外，“假离婚”后另行购买的房产一般会结合出资证据认定为同居期间共有财产而进行分割。

2. 在可以主张为共有房产的情况下，如果当事人仅主张返还购房款，那么根据民事诉讼法“不告不理”的原则，法官不会主动对房产进行分割，因此，如何提出合理的请求十分重要。

3. 夫妻双方在婚姻关系存续期间签署财产约定协议时，务必注意只需单纯就财产作出约定，而不要在该份协议中约定孩子及其他问题等，否则根据《最高人民法院关于适用〈中华人民共和国婚姻法〉若干问题的解释（三）》第 14 条（现变更为《最高人民法院关于适用〈中华人民共和国民法典〉婚姻家庭编的解释（一）》第 69 条第 1 款）之规定，该协议可能会被认为没有生效。因此，关于重大财产的约定建议委托专业律师起草。

◇ 男女同居期间购买的房产如何分割？

日常生活中，经常会遇到当事人咨询这样的问题，如男方出资，房产登记在女方名下，或男女方出资，房产登记在男方名下，或正好相反等；而司法实践中，也会遇到类似案例不同判决的做法，下面笔者举两个案例来谈一谈个人的看法。

案例一：甲和乙相恋九年，已同居，两人于 2008 年共同出资购买一套房产，其中甲首付出资 13 万，乙首付出资 8 万元，余款按揭，当时应乙要求，将房产登记于乙名下；之后第一年月供是从乙的工资转账划入，2009 年年底，乙出国深造，于是月供便一直由甲在付。如今，乙突然提出与甲分手，且主张房产归己所有，请问此种情形下，甲对该房产是否享有权益？

在这个案例中，我们认为，该房产虽然只登记在乙一人名下，但根据相关证据表明（有甲出资证明、双方系恋人且已同居的证据等，注意这里，是证据来证明这一点，不是主观地理解，保留证据很重要），两人当初购房显然是二人共同的意思表示，应当视为二人共同从事的某种民事行为，如共同选房、共同出资且共同承担着因该房产而产生的债务，因此，我们认为该房产虽名义上是归乙所有，但实质上，应视为二人共有的财产。

根据前述《民法典》第 308 条、第 309 条的规定，没有约定按份共有还是共同共有的，视为按份共有。按份共有份额没有约定的，按照出资额确定份额。甲可以按照其所出资的份额享有相应的权利，当然，在实际分割时，还可以考虑双方的过错程度，以及各方对该房产所付出的时间精力和其他成本，从而妥善分割。

案例二：丙和丁为一对恋人，2008 年某天，两人共同去看房，且以两人名义购买了一处房产，房产证上登记的份额为各占 50%，但房屋的首付款及按揭部分均由丙一人出资。之后不久，两人闹分手，丙认为房款由己方出资，丁应将另一半份额过户到丙名下；丁则认为，当初自己陪着丙一起去看房，虽未出资，但也花费了不少时间和精力，且丙既然同意将房产的一半份额登记在自己名下，则应当视为一种赠与行为。那么此种情形下，该房产又该如何分配？

实务中，男方出资购买房产，但将一半或全部份额登记在女方名下的情形也不少见，我们认为，此种情形不能视为一种纯粹的赠与行为。实际上，除非当事人明确表示，否则，应当视为一种附有隐性条件的赠与，该隐性条件即为以结婚为目的，也就是婚姻关系的存续是另一方对房产是否享有部分或全部份额的关键因素。如果两人没有结婚就已分手，那么房产应当归出资一方所有，当然，由于另一方对于购买房产亦有贡献，一方应当给予另一方适当补偿。

这两个案例按照一般的理解，有人可能会认为应该按照房产证的名字来分割了，而跟很多案子一样，由于证据不同，导致生活中每个看上去类似的案例都有其自己的特性，如何分割并没有一个一概而论的结论；法官在审理一起案件时，往往要考虑很多因素，不过最关键的还是当事人要注意收集和保留证据，从而帮助法官作出相对公平公正的判决。

日常生活中，处于恋爱期间的男女朋友共同出资购买房产，登记于一方或双方名下的情形比比皆是，如果双方事前或事后及时通过书面方式明确约定各自出资及所占的份额，那么一切问题就变得简单了。可在实际生活中，很少有人会去这么做，往往在日后发生矛盾面临分手时，双方就此产生巨大争议，且各不相让，毕竟一套房产价值不菲，甚至倾注几代人心血。

作为律师，笔者想对正在恋爱中的年轻人提出忠告：不管两人的感情有多好，在共同购置重大资产时最好还是形成书面约定，不要担心这样做会伤感情，因为这种做法会为日后省去很多麻烦，而不做的后果往往是日后可能既伤感情又折财。

◇ 离婚协议约定将房产赠与子女能否被撤销？房产未过户能否对抗债权人？

实践中，有不少夫妻协议离婚时在房产分割上很难达成一致，双方都无法接受房产归对方所有，于是在离婚协议中约定房产归小孩所有。但由于孩子年幼，不具备购房资格（以深圳为例），无法办理过户手续，所以离婚协议中约定的房产迟迟不能过户到孩子名下。而由于小孩离婚后由一方抚养，所以抚养小孩一方实际上享有了所分割的房产的使用权，于是没有抚养小孩的一方可能会对该安排反悔，主张撤销赠与条款或者拒不配合过户。此时关于一方能否撤销该约定，实务中一直有不同的观点。

一种观点认为，离婚协议中约定房产归孩子所有实际上是对孩子的赠与，根据《合同法》第186条（已失效，现《民法典》第658条），赠与人在赠与财产的权利转移之前可以撤销赠与。在房产过户之前权利尚未转移，所以赠与人可以撤销赠与。

另一种观点认为，离婚协议中所约定的赠与与普通的赠与不同，该赠与是与离婚及离婚中的其他安排紧密相关的，离婚协议中的任何一方都不能随意撤销该赠与。

《民事审判指导与参考》总第55辑中最高院民一庭吴晓芳法官撰文，对离婚协议中将房产赠与子女的约定是否可以撤销的问题进行了详细分析，“协议离婚时夫妻双方达成的将房产赠与子女的条款，与解除婚姻关系密不可分，在双方当事人已经协议离婚的情况下，一方反悔请求撤销赠与条款的，人民法院经审查没有欺诈、胁迫的情形，应当判决驳回其诉讼请求”。

原本实务中基本上就这个问题已经达成一致，但是后来在最高院的（2018）最高法民申6053号案件中出现了“对于本案中的房产赠与而言，在刘某将房产过户至刘某某之前，赠与关系并未成立，刘某某对于房产不享有所有权”等表述。于是公众号又将这个问题翻了出来，很多人将之解读为最高院的两个观点是矛盾的，认为这个判决表示离婚协议中赠与子女房产的条款可以撤销，但果真如此吗？

检索（2018）最高法民申6053号民事裁定书可以发现，该案件是一个执行异议之诉的案件，提起执行异议的案外人依据其父母在离婚协议中的约定对债权人执行房产提出异议。要真正理解法官的表述，需要搞清楚执行异议之诉到底审什么，法官是在什么前提下进行的上述分析。

根据《最高人民法院关于适用〈中华人民共和国民事诉讼法〉的解释》（2022年修正）第310条的规定，对案外人提起的执行异议之诉，人民法院经审理，按照下列情形分别处理：

第一，案外人就执行标的享有足以排除强制执行的民事权益的，判决不得执行该执行标的；

第二，案外人就执行标的不享有足以排除强制执行的民事权益的，判决驳回诉讼请求。

案外人同时提出确认其权利的诉讼请求的，人民法院可以在判决中一并作出裁判。

所以，在执行异议之诉中，法院审理的重点是案外人是否有足以排除强制执行的民事权益。（2018）最高法民申6053号案例中，强制执行申请人的执行依据是金钱债务，如果案外人拥有执行标的的物权，或者虽然案外人拥有的也是债权但优先级高于执行申请人的金钱债权时，这两种情形均可以排除强制执行。

我们可以分两个层次来分析法官的认定：

第一层，案外人刘某某依据其父母的离婚协议提出自己的权利，由于尚未办理过户手续，显然其并不享有物权。所以法官认为“刘某某对于房产不享有所有权”，这一点应当是没有任何争议的。

第二层，案外人是否享有与金钱债权同位阶的请求权？刘某某基于离婚协议享有权益，而离婚协议中的约定是夫妻二人共同的意思表示，其约定都是俩人之间经过博弈、让步才确定的，所以任何一方都不能单独撤销其中的条款，这是离婚协议的性质所决定的。但是就这一条赠与条款而言，如果夫妻二人达成合意是否可以共同撤销呢？当然是可以的。所以刘某某基于离婚协议所获得的权利是不确定的，其优先级应当是低于债权人的金钱债权的。

在（2018）最高法民申6053号案例中法官其实并未分析夫妻离婚后一方是否可以撤销赠与这一问题，仅仅是分析了受赠人因此所享有的权利的性质，得出受赠人并不享有所有权并且其享有的权利并不稳定的结论。因此案外人并不享有足以排除强制执行的民事权益。

根据以上分析，对夫妻一方在离婚后是否有权单方面撤销对子女的赠与这一问题，（2018）最高法民申6053号案例并未作出相反的认定，《民事审判指导与参考》总第55辑中最高院民一庭吴晓芳法官所作的分析仍是现今最权威、最有参考价值的观点，即在离婚协议中约定房产归小孩所有的，即使没有办理过户手续，任何一方也都不能单独撤销该约定。

◇《民法典》实施前，离婚协议里约定的“居住权”应如何理解？

甲男和乙女于2015年协议离婚，《离婚协议》中约定婚内夫妻共有的一套房产归甲男所有，另一套房产归乙女所有，但考虑到孩子上学的便利性，约定甲男以及婚生女丙对分给乙女的房产享有居住权。时隔多年，如今甲、乙都各自再育一孩子，甲男以及女儿丙、甲男的现妻及父母都在该房居住，乙女欲收回房产，但遭甲男拒绝，甲男称根据《民法典》的规定，自己享有永久居住权。乙女咨询，其能否收回房屋？

居住权是2021年《民法典》出台后的新增部分，旧法并没有很明确的规定。通过以往的案例可知，如果判决居住权，法院通常是依据《婚姻法》

（现为《民法典》第1090条）第42条以及《最高人民法院关于适用〈中华人民共和国婚姻法〉若干问题的解释（一）》第27条的规定，在离婚时，如一方生活困难，另一方应从其住房等个人财产中给予适当帮助，可以是房屋的居住权或者房屋的所有权，以此来保障生活困难的另一方不至于在离婚后流离失所。

《民法典》实施后，国家首次正式明确了居住权制度，即规定了居住权应当向登记机构申请居住权登记，居住权自登记时设立，居住权合同一般包括当事人的姓名或名称和住所，住宅的位置，居住的条件和要求，居住权的期限，解决争议的方法等。

此外，《最高人民法院关于适用〈中华人民共和国民法典〉时间效力的若干规定》第1条规定："民法典施行后的法律事实引起的民事纠纷案件，适用民法典的规定。民法典施行前的法律事实引起的民事纠纷案件，适用当时的法律、司法解释的规定，但是法律、司法解释另有规定的除外。民法典施行前的法律事实持续至民法典施行后，该法律事实引起的民事纠纷案件，适用民法典的规定，但是法律、司法解释另有规定的除外。"第3条规定："民法典施行前的法律事实引起的民事纠纷案件，当时的法律、司法解释没有规定而民法典有规定的，可以适用民法典的规定，但是明显减损当事人合法权益、增加当事人法定义务或者背离当事人合理预期的除外。"

本案中，甲男、乙女是在《民法典》出台之前签订《离婚协议》办理的离婚手续，并且甲男居住在涉案房屋里的事实一直持续至《民法典》生效后，由此引起的民事纠纷案件应当适用《民法典》的规定。由于甲男、乙女两人之间并没有登记居住权，甲男不得以其享有居住权进行对抗。

就本案而言，虽然甲男并不享有《民法典》中所规定的居住权，但毕竟双方约定了房屋由甲男居住，那么，现在乙女是否可以要求甲男搬出呢？当然可以。由于双方在《离婚协议》中并没有约定甲男居住的时间，且从本案来看，甲男也不属于生活困难的情形，因此，双方在离婚协议中的该项约定，应当视作是双方离婚后的暂时性的、过渡性的安排，不应当视作永久性的安排，故本案中乙女作为房屋所有权人随时有权收回房屋。当然在收回之前要给予甲男合理的搬家时间。

第七章

股权类资产的分割

如果夫妻双方或一方是有限责任公司股东，或者是合伙企业的合伙人，或者设立了个人独资企业，那么以上这些公司企业的股权、份额、财产中属于婚后取得的部分，在离婚时应当予以分割。如果夫妻双方或一方持有股份有限公司的股份属于婚后取得的股份，在离婚时也应当予以分割。

在实务中公司股权类资产形式很多，除了有限责任公司的股权、股份有限公司的股份、合伙企业的份额外；还可能有上市公司的股票、限售股，公司股权激励的虚拟股、期权等；也可能有村集体改制后的合作股等各种类型。由于不同类型对持有人的身份、可上市流通时间等都有所不同，所以在夫妻离婚时的分割方式也相应地有所不同。

第一节　有限责任公司的股权

有限责任公司的财产与股东的财产是隔离的，股东持有的财产是有限责任公司的股权，公司的现金、货物、设备、不动产等资产的所有权人是公司。这是有限责任公司股权分割的基础。但是实务中，很多人虽然设立了公司开展经营活动，但公司的财产并没有从家庭财产中隔离出来，如财务方面并未严格区分，经常使用个人账户收款，使用个人账户向供应商支付款项；认为自己或配偶是公司的实际控制人，公司的事情都是自己或配偶自主管理，进而认为公司的财产就是家庭的财产。由于平时就将家庭资产和公司资产混同，所以离婚时也要求直接分割公司名下的财产，但这个要求是无法实现的。

《公司法》第3条规定：“公司是企业法人，有独立的法人财产，享有法人财产权。公司以其全部财产对公司的债务承担责任。有限责任公司的股东以其认缴的出资额为限对公司承担责任；股份有限公司的股东以其认购的股份为限对公司承担责任。”公司有自己独立的财产权，公司的财产归公司所有，并不直接归股东所有，也就是说，夫妻离婚时只能分割夫妻双方名下的股权，不能直接分割公司名下的财产。

《最高人民法院关于适用〈中华人民共和国民法典〉婚姻家庭编的解释（一）》第73条对公司股权的分割作出规定："人民法院审理离婚案件，涉及分割夫妻共同财产中以一方名义在有限责任公司的出资额，另一方不是该公司股东的，按以下情形分别处理：

（一）夫妻双方协商一致将出资额部分或者全部转让给该股东的配偶，其他股东过半数同意，并且其他股东均明确表示放弃优先购买权的，该股东的配偶可以成为该公司股东；

（二）夫妻双方就出资额转让份额和转让价格等事项协商一致后，其他股东半数以上不同意转让，但愿意以同等条件购买该出资额的，人民法院可以对转让出资所得财产进行分割。其他股东半数以上不同意转让，也不愿意以同等条件购买该出资额的，视为其同意转让，该股东的配偶可以成为该公司股东。

用于证明前款规定的股东同意的证据，可以是股东会议材料，也可以是当事人通过其他合法途径取得的股东的书面声明材料。"

一般股东基于出资额享有对应股权，出资比例等于股权比例。所以上述条文的表述中使用"以一方名义在有限责任公司的出资额"来表示日常中大家一般所理解的在有限责任公司的股权。股东在不同时期的出资额对应的股权份额可能不一样，甚至可能会出现出资额增加了，但是股权份额没有变化的情况。比如，有限责任公司的注册资本原来是100万元人民币，自然人甲婚前出资10万元，占股10%，而在公司经营了一段时间之后，有新的投资人加入，注册资本增加到了1000万元，自然人甲婚后出资90万元，占股仍为10%。如果从持股比例来看，甲在结婚后所拥有的股权没有变化，如果离婚，似乎甲的配偶分不到股权利益。但是如果从出资额看，甲有90万元的出资额是婚内夫妻共同财产，那么90万元出资额所对应的股权利益应当是夫妻共同财产，甲的配偶是可以分割的。所以如果公司有过增减资，在判断多少股权属于婚内共同财产时应结合公司历来的增减资情况分析。

上述离婚时股权分割的规定与《公司法》中股权转让的相关规定是相对应的，《公司法》第71条规定："有限责任公司的股东之间可以相互转让其全部或者部分股权。

股东向股东以外的人转让股权，应当经其他股东过半数同意。股东应就其股权转让事项书面通知其他股东征求同意，其他股东自接到书面通知之日起满三十日未答复的，视为同意转让。其他股东半数以上不同意转让的，不同意的股东应当购买该转让的股权；不购买的，视为同意转让。

经股东同意转让的股权，在同等条件下，其他股东有优先购买权。两个以上股东主张行使优先购买权的，协商确定各自的购买比例；协商不成的，按照转让时各自的出资比例行使优先购买权。

公司章程对股权转让另有规定的，从其规定。”

由上述《最高人民法院关于适用〈中华人民共和国民法典〉婚姻家庭编的解释（一）》与《公司法》的规定对比可以看出，司法解释中的规定将离婚时的股权分割视作股权转让中的一种形式，分割股权实际上就是因为离婚而转让股权给配偶，自然要遵守《公司法》中关于股权转让的规定。但是需要注意的是，这并不表示未经其他股东同意配偶不能分享股权带来的利益。在夫妻共同财产分割、共同债务处理中基本的思路是，夫妻之间的关于财产或者债务的约定在内部有效，而外部，即夫妻作为一个整体与其他自然人或组织之间要遵从外部的约定或规定，这与夫妻之间的财产分割并不矛盾。

针对股权，夫妻之间可以按照上述规定对股权进行分割，并在征得其他股东同意之后配偶登记成为股东。但是也可以直接约定离婚后登记股权一方占有股权，获得任何因股权带来的收益后应当支付一半给配偶。这样的约定并没有违反《公司法》的规定，对外仍然是离婚前持有股权的一方持有股权并对外承担责任，无论是债权人还是其他股东都可以依据法律规定要求该方承担责任。但是在两人之间，持有股权一方获得了收益之后需要将收益支付一半给另一方，这是持股人对自己的财产处分的权利，所处理的是因持有股权所产生的金钱收益，并不是对股权的处理，并没有违反任何法律规定，也没有侵害其他股东、债权人、公司的利益，所以约定是有效的。

《公司法》第 71 条第 3 款规定，公司章程对股权转让另有规定的，从其规定。所以在公司章程中可以就离婚、继承中股东如何分割、转让股权作出规定。

根据上述规定，离婚分割股权的思路其实很清晰，那就是对内，在夫妻二人之间可以协商确定如何分割，以何种价格分割。如果分割的方案是不变更登记的股东，只是由一方按照股权价值给予另一方经济补偿，那么对外部人员而言，股东没有任何变化。如果分割方案是将持股一方的部分股权转让给配偶，那么对外部人员而言，则夫妻之间的转让可以看作普通的股权转让，应当按照《公司法》的相关规定获得股东同意。最高人民法院在（2017）最高法民终336号判决书中按照上述思路详细叙述了如何分割当事人持有的有限责任公司股权，可以作为实务操作的参考。

该案中，魏某要求分割的5家公司，均注册成立于双方结婚登记之后。魏某主张对双方在5家公司的出资及股份平均予以分配，李某主张双方在公司之中各自名下的出资及股权是双方对夫妻财产的约定，应归各自所有，不应作为夫妻共同财产进行分割。公司股权应判归一方，由一方给另一方财产补偿，而不应将公司股权平分，否则将使公司进入清算，无法经营，给社会带来负面影响。一审法院认为，虽然李某主张在婚姻关系存续期间登记在各自名下的股份应归各自所有，但并未提供相应的证据予以证明，故一审法院对其主张不予支持；以双方或者一方名义登记在上述5家公司中的出资额及股份应为夫妻共同财产。一审法院认为上述5家公司的股份应由双方平均予以分割。根据《公司法》第71条“有限责任公司的股东之间可以相互转让其全部或者部分股权。股东向股东以外的人转让股权，应当经其他股东过半数同意。股东应就其股权转让事项书面通知其他股东征求同意，其他股东自接到书面通知之日起满三十日未答复的，视为同意转让。其他股东半数以上不同意转让的，不同意的股东应当购买该转让的股权；不购买的，视为同意转让”的规定，魏某已于2016年3月和11月两次向上述公司的其他股东魏某1、魏某2及吉林省××服饰有限公司发出告知函，就其是否同意股权转让给魏某及是否行使优先购买权征询意见，魏某1和郭某回函同意股权转让，魏某2和吉林省××服饰有限公司在告知函限定的期间直至本案判决之前均未予回复。一审法院认为，魏某 2 与吉林省××服饰有限公司未予答复的行为应视为同意转让。故对魏某、李某婚姻关系存续期间由双方或一方在上述有限公司中的出资额及股份亦应予以平均分割。

经查，一审判决明确载明：魏某已于 2016 年 3 月和 11 月两次向上述公司的其他股东魏某 1、魏某 2 及吉林省××服饰有限公司发出告知函，就其是否同意股权转让给魏某及是否行使优先购买权征询意见，魏某 1 和郭某回函同意股权转让，魏某 2 和吉林省××服饰有限公司在告知函限定的期间直至本案判决之前均未予回复。本院认为，魏某 2 与吉林省××服饰有限公司未予答复的行为应视为同意转让。由此可见，一审判决并未损害案涉公司其他股东的优先购买权。另李某主张，案涉 3 家公司股权平均分配，将导致公司股东会无法作出有效决议以致公司僵局，严重损害李某及公司全体员工的权益。在本院调解过程中了解到，李某与魏某共同创立案涉 3 家公司，且魏某经营公司多年，李某对此亦予以认可。魏某明确表示其一直以公司利益为主，公司运营并未因离婚受到影响，李某对此未提出异议。以上事实表明，将案涉 3 家公司的股权平均分割，并不必然导致公司僵局。若李某担心股权平均分割不利于公司经营，可以在本案确认股权权属之后，与魏某另行协商解决。综上，李某的该上诉理由，无事实和法律依据，法院不予支持。

除直接分割股权以外，离婚时还可以将所有的股权都分割给直接持股的一方，直接持股的一方折价给另一方现金补偿。这种分割方式完全是夫妻之间对共同财产的处理，不涉及夫妻之外的第三方，不需要其他股东同意。实务中很多时候都是采用这种方式分割有限责任公司的股权。因为夫妻两人在离婚后很难继续合作经营公司，股东之间人心不齐还可能给公司的经营带来不良影响，一方持股、另一方获得现金可能是最好的结局了。但是这种方式需要俩人之间对公司的价值有共识，至少俩人之间的差距不能太大。如果俩人对公司的价值分歧太大，则需要申请评估机构对公司的价值进行评估。

第二节 合伙企业的份额

合伙企业份额的分割与有限责任公司股权的分割类似，《最高人民法院关于适用〈中华人民共和国民法典〉婚姻家庭编的解释（一）》第74条对合伙企业份额的分割作出规定："人民法院审理离婚案件，涉及分割夫妻共同财产中以一方名义在合伙企业中的出资，另一方不是该企业合伙人的，当夫妻双方协商一致，将其合伙企业中的财产份额全部或者部分转让给对方时，按以下情形分别处理：

（一）其他合伙人一致同意的，该配偶依法取得合伙人地位；

（二）其他合伙人不同意转让，在同等条件下行使优先购买权的，可以对转让所得的财产进行分割；

（三）其他合伙人不同意转让，也不行使优先购买权，但同意该合伙人退伙或者削减部分财产份额的，可以对结算后的财产进行分割；

（四）其他合伙人既不同意转让，也不行使优先购买权，又不同意该合伙人退伙或者削减部分财产份额的，视为全体合伙人同意转让，该配偶依法取得合伙人地位。"

以上规定可以看出与有限责任公司相比合伙企业有一点不同，其他合伙人既不同意转让也不行使优先购买权的，其他合伙人还可以同意离婚的合伙人退伙或者削减合伙份额。

第三节 深圳经济特区股份合作公司的股份

深圳经济特区股份合作公司是深圳市由社区集体经济组织改组的股份合作公司，1992年，通过"村改居""镇改办"，深圳原特区内实现了村集体的基层民主自治和集体经济组织职能的分离，基层民主自治职能由社区居民委员会承担，集体经济组织的职能由股份合作公司承担。

1992 年发布的《中共深圳市委、深圳市人民政府印发关于深圳经济特区农村城市化的暂行规定的通知》中规定，条件成熟的原村办企业可进行股份制改造，并将股权分为三种形式：集体积累股、个人分配股、个人集资股。

1994 年发布的《深圳经济特区股份合作公司条例》（已失效）中规定，公司可以采取折股方式或者折股和募集结合方式设立。折股设立是指将集体所有财产折成股份组建公司；折股和募集结合设立是指折股同时募集股份组建公司。公司的股份分为集体股、合作股和募集股。集体股是指设立公司时由集体财产折股后留归合作股股东集体享受利益的股份。合作股是指设立公司时由集体财产折股后分配给股东的股份。募集股是指公司通过募股形式由公司合作股股东和员工认购的股份。

《深圳经济特区股份合作公司条例》经过多次修订，目前有效的是 2019 年修订版，该版本中的股份公司设立方式仍为折股设立与折股和募集结合设立；股份仍分为集体股、合作股与募集股三种。并规定以村民小组所有的集体财产为基础设立公司的，应当以村民小组村民为股东；以折股和募集结合方式设立公司的，其募股对象仅限于本村村民和公司员工。公司员工包括本村村民之外的本公司董事、经理、职工和公司的子公司以及参股公司的上述人员。所以根据该条例，设立时股份公司的股东只限于本村村民和公司员工。

另外《深圳经济特区股份合作公司条例》规定，公司章程应当载明取得公司股东资格的具体条件，股权流转的限制和可以转让股份的转让范围、转让办法以及公司收购股份办法。根据以上历史沿革和规定可知，与普通的股份有限公司相比，深圳经济特区股份合作公司的股东资格和股权流转都是有一定的限制的，具体的限制条件有赖于公司章程。以我们办理案件中所了解的某股份合作公司的章程为例，该章程约定了股东资格的具体条件是：

集体股股东：村民小组、行政村、村集体资产管理委员会。合作股股东：依法享有集体财产折股分配权的××村村民。募集股股东：具有民事行为能力的本公司合作股股东和公司员工。并且该章程约定了“合作股股东死亡后，其股份可由其法定继承人继承。合作股股东无合法继承人的，其合作股收归集体所有”。

在股东权利部分，该章程约定股东按照《深圳经济特区股份合作公司条例》及有关规定转让股份，而该条例规定合作股、募集股可以在章程规定的范围内依法继承和转让。所以对于该股份公司而言，章程中只规定了获得股东资格的身份条件，没有规定转让条件，只有具备章程所规定的身份的人才可以成为股东。

从上述条例可知，股份合作公司是以村民小组所有的集体财产为基础设立的，和普通的有限责任公司相比，村民在集体财产中的份额相当于是股份合作公司设立时村民的出资款。所以即使股份合作公司的股份是在婚后取得的，如果取得的原因是婚前就已经确定的村民身份和在村集体中的财产，就相当于在普通的有限责任公司设立中的以婚前财产出资。《最高人民法院关于适用〈中华人民共和国民法典〉婚姻家庭编的解释（一）》第 31 条规定：“民法典第一千零六十三条规定为夫妻一方的个人财产，不因婚姻关系的延续而转化为夫妻共同财产。但当事人另有约定的除外。”故该部分股份是一方的婚前财产转化而来的，是一方的个人财产。但是如果取得的股份合作公司股份是募集股，并且在婚内出资取得，那么显然该部分股份应当是夫妻共同财产。

在深圳市中级人民法院（2018）粤 03 民申 486 号案件中，一方主张另一方婚内取得的股份合作公司的股份是夫妻共同财产，但是股份合作公司出具的证明显示，该股份来源是村民身份和婚前分耕的责任田，并且是无偿取得（没有婚内财产出资），因此法院认定这些股份不属于夫妻共同财产。

如果股份不是夫妻共同财产，那么因为股份而获得的收益是否是夫妻共同财产呢？近些年深圳各城中村进行了大量的城市更新，有很多村民因为持股而分配了价值高昂的房产，围绕这些股份、房产也产生了很多纠纷。有人主张这些收益属于孳息，是婚前财产；有人主张这些属于以个人财产投资取得的收益，应当属于共同财产。

根据《最高人民法院关于适用〈中华人民共和国民法典〉婚姻家庭编的解释（一）》第 25 条的规定，一方以个人的财产投资取得的收益属于夫妻共同财产。第 26 条规定："夫妻一方个人财产在婚后产生的收益，除孳息和自然增值外，应认定为夫妻共同财产。"根据这些规定看，一方个人所有的股份合作公司的股份，定义其收益属于个人财产还是夫妻共同财产，关键在于收益的性质属于孳息、自然增值，还是属于投资收益。

深圳经济特区股份合作公司的股东除了享受收益外，还有出席股东代表大会、对公司提出建议或质询的权利，并且可以被推举为股东代表，代表股东行使权利和义务，包括参加股东大会、对董事会、监事会、预算决算方案进行表决等。这说明股东持有的股份并不是自然增值的，需要以股东的身份行使权利和履行义务，因此股份的分红等收益是投资收益而不是自然增值，婚后取得的分红等是夫妻共同财产。

第四节 股票等资产

上市公司股票作为可以公开流通的财产，在离婚时可以对夫妻共同所有的部分直接予以分割，可以直接分割份额，也可以判令股票归一方所有，另一方获得现金补偿，实务中后一种方式执行很方便，所以往往采用后一种方式分割。但是和其他现金等动产相比，股票的分割也有一些不同的地方。

首先股票的价格是一直变化的，一场离婚诉讼往往耗时几个月甚至一年多，起诉日、开庭日、出判决日的价格可能完全不同。当事人从自己的利益出发，持有股票的一方往往希望以较低的价格来分割，可以少支付对方补偿；要求补偿的一方又希望以较高的价格分割，以获得更多补偿。而对法院而言，分割的时间点必须是确定的，否则在诉讼进行中，若每当股票价格发生变化，当事人就根据新的价格确定诉求，诉讼就没法进行了。实务中的处理方式一般是以第一次开庭的时间为分割的时间，所有财产的价格均以该时间为准。

另外，对于股票账户内的股票是否属于夫妻共同财产也有一些争议，很多人在婚前就已经开设了股票账户，认为自己的账户婚前就持有股票了，婚后该账户中的收益是婚前财产的孳息，不属于夫妻共同财产。

《最高人民法院关于适用〈中华人民共和国民法典〉婚姻家庭编的解释（一）》第25条规定一方以个人财产投资取得的收益是应当归共同所有的财产，第26条又规定夫妻一方个人财产在婚后产生的收益，除孳息和自然增值外，应认定为夫妻共同财产。所以，是否共同财产的关键是收益是否孳息或自然增值。实务中一般的判断规则是，如果婚后股票账户有买卖操作，那么就不应当认为是孳息或自然增值；如果婚后股票账户没有任何操作，股票的分红等收益就属于孳息或自然增值，属于个人财产。在离婚财产分割时可以根据账户的交易流水析出婚前的股票作为持有人的个人财产。

比如，湖南省高级人民法院的（2020）湘民申1954号案件中，法院认定被继承人在婚内进行了多次买卖操作，具有婚内投资管理行为，因而认定股票的增值属于经营投资收益，应当作为夫妻共同财产分割，但同时也以结婚之日为节点，认定了婚前的股票价值。法院认为，夫妻一方财产在婚后的收益主要有孳息、投资经营收益和自然增值三种形式，孳息和自然增值属个人财产，投资经营收益则属夫妻共同财产。双方争议点在于彭某2所持股票中的婚前个人财产数额。股票性质上属有价证券，股票的价值增长，无论是未经市场买卖而只因市场原因的账面价值增加，还是实际变现后使得货币资金增加，都应当视为股票本身价值的增长。彭某1现主张彭某2婚前购买股票的收益属于婚前财产的自然增值，但彭某2在婚后对股票账户进行了多次卖出买进操作，具有积极投资管理的行为，应当认定全部股票的增值属于经营投资收益，作为夫妻共同财产以平等分割原则予以分配。二审法院结合本案事实和证据，以彭某2与彭某1登记结婚之日为节点，认定彭某2婚前股票价值共计3,669,364.52元，并无不妥。

再如，在江苏省南京市中级人民法院的（2015）宁民终字第471号案件中，当事人婚后没有买进过任何股票，于是判决账户内的资金为婚前财产。法院认为，根据该对账单，王某在双方婚后并未买进过任何基金或股票，2006 年 12 月 29 日从证券账户转至招商银行账户的 3.6 万元及 2007 年 5 月 30 日从证券账户转至招商银行账户的 6 万元均系王某在婚后卖出其婚前持有的基金或股票得来，故原审认定该 3.6 万元、6 万元款项系王某婚前财产并无不当。

另外，有一些公司高管持有上市公司的限售股，在限定的时间之后才可以销售，如果限售股是婚内取得，在离婚时还没有到限售期，可以分割吗？如果以比较和平的方式离婚，双方可以协商离婚后各自拥有多少限售股，并约定在何种情形、时间，或者价格时持有人出售限售股后将出售所得支付给对方。但是如果不能和平地协议离婚，限售股可以直接分割并过户吗？

《证券非交易过户业务实施细则（适用于继承、捐赠等情形）》（2020 年修订）中规定的证券非交易过户业务包括依法进行的财产分割所涉证券过户，暂仅指离婚情形，并且规定了申请办理过户业务时需要提交的材料。《深圳证券交易所上市公司自律监管指引第 2 号——创业板上市公司规范运作》中规定，承诺人作出股份限售等承诺的，其所持股份因司法强制执行、继承、遗赠、依法分割财产等原因发生非交易过户的，受让方应当遵守原股东作出的相关承诺。根据这一表述，一方名下的限售流通股是可以分割并且可以直接办理非交易过户手续的，但是受让方应当遵守原限售的承诺。

比如，在浙江省温州市中级人民法院（2017）浙 03 民终 5732 号案件中，当事人辩解称其持有的上述股份属于挂牌前个人类限售股，无法办理变更登记手续。但法院认为，陈某要求就涉案股份办理变更登记过户手续系基于夫妻婚后财产分割，并非双方之间单纯的买卖，故袁某上述辩解理由不成立，不予采信。

但是如果当事人一定要求出售限售期的股份后分割出售款，或者要求按照市价折价补偿，则很有可能无法实现，因为限售股在限售期内无法上市流通，也就无法在诉讼时出售，而未来能出售时的价格又无法预知，所以按照诉讼时的价格折价补偿也并不合理。如果当事人一定要这样提出诉讼请求，法院恐怕只能是驳回。比如，在上海市长宁区人民法院的（2019）沪 0105 民初 12361 号案件中，原告要求折价补偿，法院认为，被告在离婚时分给原告的剑桥公司上市股票,是一项附条件的债权利益，因为发起人股份需受到证券法以及投资公司对上市公司承诺等法规和诚信规定的束缚，存在限售期间以及限定价格的约束。此类发起人股票并非是普通股民通过 IPO 募集到的股票，可以随时抛售兑现。原告现要求被告将剑桥公司的股票依照本案判决前一日收盘价全部兑现给原告既不合理，也不合法，法院也难以支持。

第五节 婚前股权在婚后的增值或收益

通常情况下，婚前取得的财产属于一方的个人财产，但如果股权或者合伙企业的份额、股票等资产是婚前取得，离婚时配偶能否主张分割公司股权(或合伙企业份额)？如果股权或份额不能分割，股权或份额的增值和分红收益可以分割吗?《最高人民法院关于适用〈中华人民共和国民法典〉婚姻家庭编的解释（一）》第 26 条规定：“夫妻一方个人财产在婚后产生的收益，除孳息和自然增值外，应认定为夫妻共同财产。”该规定与《民法典》生效前的《最高人民法院关于适用〈中华人民共和国婚姻法〉若干问题的解释（二）》的规定是一致的。那么现在问题的关键是，股权或合伙份额在婚后产生的收益，是不是孳息或自然增值?这个问题需要好好斟酌，因为经营公司所产生的收益并不一定是孳息或自然增值。

大部分情形下经营公司是需要付出心血的，不像存款的利息，不需要付出任何劳动就可以获得自然的增值。由于公司股权的增值是与婚后的劳动密切相关的，即使婚前取得股权，配偶也可以获得该股权在婚内带来的收益，如分红，这一点是很好理解的。但是如果收益已经在夫妻共同生活中消耗掉了，当事人不能主张分割已经正常消耗掉的历年的分红。比如，在北京市第一中级人民法院（2018）京 01 民终 8635 号案件中，法院认为：就董某上诉称朱某 1 持有的三家公司股权在婚姻关系存续期间产生的股权收益属于夫妻共同财产，应予分割一节：夫妻一方个人财产在婚后产生的收益，除孳息和自然增值外，应认定为夫妻共同财产；朱某 1 持有的诉争三家公司的股权虽属朱某 1 的婚前个人财产，但朱某 1 在婚后实施经营行为，由该股权产生的收益应属夫妻共同财产；朱某 1 提交的三家公司在婚姻期间的利润表反映出三家公司的利润较少，且上述股权收益亦可能转化为夫妻财产的其他形式或进行消费，董某未就三家公司在婚姻关系存续期间确存在股权收益向法院提交相应证据；故法院对董某的此项上诉主张不予支持。

股权的增值其实就对应着公司估值的增加，如果婚前公司的估值是 1000 万元，而婚后估值增加到 2000 万元，那么一方所持有的股权也相应地增值了。从以上规定来看，理论上如果婚前取得的股权婚后增值了，相应的股权增值应当是一方个人财产在婚后产生的收益，也应当予以分割。但在实务中的难点在于，如果公司没有上市的话，很难对公司的股权是否增值进行评估；但如果一方已经将股权以高于出资的价格转让了，那么可以根据转让款与出资款的差额认定股权的增值，并予以分割。

北京市第三中级人民法院（2019）京 03 民终 5895 号案件中，夫妻中一方婚前出资 45 万元持有了一公司的部分股权，婚后增资 50 万元，离婚时股权未分割。离婚后持股方以高价将股权转让给他人，另一方提起离婚后财产纠纷诉讼，要求分割股权转让款。法院认为对公司的出资 45 万元为婚前财产，婚后增资 50 万元为婚后共同财产，股权的增值为夫妻共同财产，于是认定股权转让所得减去婚前的 45 万元出资后的 1000 余万元为夫妻共同财产，应当予以分割。按照该思路，如果一方婚前设立的公司，在婚后做大做强直至上市，这种情形下绝大部分的股权价值都是婚内的增值，股权价值中的绝大部分可能都属于夫妻共同财产。

但并不是所有的公司股权的增值都是夫妻共同财产，如果公司在婚后并没有经营活动，股权的增值只是因为公司所持有的资产增值，那么公司股权的增值还是属于自然增值。比如，最高人民法院（2020）最高法民申 1003 号案件中，法院认为：根据原审查明的事实，新鸿基公司成立后，未对土地进行开发，也未进行其他生产经营活动。由此，雷某持有的新鸿基公司股权价值在婚后的变化，主要是由公司所持有的地产市场行情变动引起，并不是雷某对公司进行经营管理或者利用该股权进行再投资产生的收益；原审据此认为，雷某转让其持有的新鸿基公司股权即便有溢价也应定性为自然增值，不应作为夫妻共同财产进行分割，适用法律并无不当。

实务中非控股的一方往往很难举证证明股权增值，在上市之前大部分公司的股权增值都很难判断，特别是婚姻关系持续的时间不长的，实际上极难举证证明股权在婚后有增值，因为大部分公司的价值也无法进行精确评估。在原告无法举证的情况下，法院往往也只能判决驳回原告的诉讼请求。比如，在江苏省淮安市中级人民法院的（2021）苏08民终3736号案件中，法院认为：关于案涉公司的股权增值部分。夫妻双方在婚姻关系存续期所得的生产经营收益依法应属于夫妻共同财产，夫妻一方持有的股权经生产经营而形成的增值属于生产经营收益，依法应属于夫妻共同财产。本案中，上诉人主张分割被上诉人名下股权在双方婚姻存续期间的增值部分的诉讼请求具有法律依据，但其该主张应以股权存在增值事实为前提。因上诉人与被上诉人婚姻关系存续时间较短，被上诉人亦否认双方婚姻关系存续期间股权存在增值，故上诉人有义务就该事实提供初步证据证明，且其作为涉案公司的股东，亦有能力提供该方面证据。但上诉人未能就此举证，故一审法院对其申请评估公司股权的请求不予准许并无不当。不过笔者对于法院不允许评估公司股权持保留意见。

综上所述，判断婚前的股权在婚后产生的增值或者分红收益是否属于夫妻共同财产最核心的原则是：是否在财产中添附了婚后的劳动，或者说夫妻中任一方是否参与了公司的经营。如果一方婚后付出了劳动，即使配偶并未参与经营，股权的增值和婚内取得的分红收益也属于夫妻共同财产。相反，如果没有付出劳动，股权的增值和分红收益就属于自然增值，并非夫妻共同财产。但实务中如果没有转让股权，很难评估除了分红以外的股权增值，对此待股权转让或公司上市后分割更为便利。

第六节　股权分割的僵局

在实务中，公司股权、合伙份额的分割往往会陷入僵局，未持股的一方因对公司经营状况不了解，往往不愿意取得公司的股权，而是希望折价补偿。此时双方可以协商确定股权的价格，但确定股权的价格远比确定其他资产的价格要难。由于每家公司的经营状况和行业状况都不一样，所以并没有市场价可供参考，很多时候不同的心态或立场都会导致夫妻双方对公司的估值完全不同，很难达成一致。

夫妻两人对股权的价格无法达成一致时，应当委托专业机构进行评估，但问题是现在很多企业的财务并不规范，没有足够的财务数据对公司的真实价值作出评估，所以在实务中建议当事人尽可能地协商解决公司股权、企业份额的分割问题。对公司未来有信心的一方可以适当地在目前的财产中做一些让步，更担心经营风险的一方可以在公司的市值上做些让步。如果双方僵持不下，诉讼中的查封冻结股权等措施很可能会对公司的经营造成影响。这方面最有名的例子就是"土豆网"了，因创始人王某与配偶杨某离婚时没有对共有的公司股权作出处理。杨某在"土豆网"向美国证券交易委员会提交上市申请的次日提起诉讼，要求分割夫妻共同财产。法院根据申请采取了保全措施，"土豆网"的上市申请被迫中止。该事件导致"土豆网"错过了最佳的上市时机，投资人为此蒙受了巨大的损失。

如果双方僵持不下，对于没有登记为股东要求折价分割对方名下股权的一方，协商不成且又不申请评估股权价值的，法院一般只能驳回该项诉讼请求。

对于持有股权的一方，如果公司的经营状况不佳，不值得为了这个公司的股权向对方支付补偿，则可以与其他股东协商，由其他股东出具同意其配偶成为公司股东的声明，从而直接分割股权，将配偶登记为股东。

在为当事人设计离婚时的财产分割方案时，对于公司未来有上市计划的，一般建议当事人一定要将股权处理清楚，不要为了眼前轻松而将问题搁置，并且不建议当事人通过协议离婚的方式处理公司股权。如果通过协议离婚处理，虽然离婚协议有效，对方想通过推翻离婚协议十分困难，没有特殊情形几乎可以说是不可能，但是离婚协议并不能阻止对方在敏感时期提起离婚后财产纠纷诉讼，对方完全可以提出离婚协议的约定有问题，要求重新分割。虽然对方的诉讼请求大概率不会得到法院的支持，但是对方的诉权还在，无法阻止对方提起诉讼。如果在公司的关键时刻，比如，上市前，配偶或前配偶提起诉讼，会给公司造成不可估量的损失。这种情况下建议当事人通过法院诉讼的方式离婚，无论以判决还是调解的方式离婚，法院出具的判决书或者调解书都是有强制执行力的。判决书、调解书已经写明的财产对方是不能提起离婚后财产纠纷诉讼的。

第八章

其他财产分割

第一节　股票期权的分割

随着经济的不断发展，夫妻所持有的财产不再仅限于传统意义上的房屋、车辆以及银行存款，还包括新型财产类型如股票、债券、投资基金份额等。那么股票期权，离婚时能否作为夫妻共同财产依法分割呢？

股票期权一般是公司在进行员工激励时赋予公司员工的一种权利，持有股票期权的员工可以在规定的行权条件成就时，以预先设定的价格购买公司的股票。如果预先设置的价格低于行权时的市场价，员工就可以获得市场价与行权价之间的差额利益。股票期权行权的条件一般与员工的绩效评估的结果绑定。股票期权不一定会转化为财产，如果市场环境不好，可能设置的行权价格还高于市场价，此时员工不会行权。有些公司在授予股票期权时与员工约定了离职后一段时间内必须行权，否则丧失行权的资格。如果在丧失资格之前市场价一直低于行权价，员工显然坐等丧失股票期权也不会行权。

股票期权往往不是一次性取得的，公司在进行股权激励时一般会将员工的期权按年分批授予，在期权被授予员工之前，虽然合同约定了将授予员工期权，但员工并不能行权。在期权每年被授予员工之后，员工可以以授予的价格行权一部分释放的期权，也可以暂时不行权，待行情合适再行权。如果股权激励协议在婚前签订，期权的授予时间也在婚前，那么显然这些期权是婚前个人财产。如果股权激励合同签订于婚前，但期权的授予时间在婚内，婚内授予的期权是婚前个人财产还是婚后共同财产呢？有人认为既然股权激励合同在婚前就已经签订了，那么说明股票期权是婚前就确定可以取得的财产，无论实际上期权授予时间在婚前还是婚内，都应当属于个人的婚前财产；也有人认为应当根据授予的时间判断，婚内授予的就是共同财产，婚前授予的就是个人财产。

一般与公司签订的股权激励合同中都将期权和员工当年的绩效绑定，可能每年设置绩效考核标准，未达标准的不能获得期权或者只能获得期权的一部分，并且大部分情况下如果员工离职，将不能获得后续的期权。由此可以看出，股票期权的获得和员工的劳动息息相关，也就是说婚后授予的期权是和婚后的劳动相关的，故应当认为是夫妻共同财产。同理，如果婚内签订了股权激励合同，但是离婚后才授予期权，这些期权也不属于夫妻共同财产。比如，北京市海淀区人民法院（2016）京 0108 民初 34393 号案件中：原告高某与被告刘某于 2012 年 9 月 20 日判决离婚，现高某起诉要求分割刘某持有的华谊传媒公司股票期权。授予期权的主要行权条件：在本股票期权激励计划有效期内，以 2011 年净利润为基数，公司 2012—2014 年净利润较 2011 年增长分别不低于 25%、50%、80%；公司 2012—2014 年加权平均净资产收益率分别不低于 10%、11%、12%。华谊公司 2012 年度业绩未达到“第一个行权期”考核目标，激励对象相应行权期所获授的可行权数量被注销。2013 年度及 2014 年度达到行权条件。法院认为，刘某所持有的期权分别三次行权，其中 2012 年，即婚姻存续期间，因考核不合法而被注销。此后次行权资格考核的是双方离婚后刘某的业绩，且行权的出资亦由刘某婚后个人财产予以支付。综上，刘某现持有的华谊兄弟传媒股票有限公司的股票不属于夫妻共同财产，高某主张分割上述财产，于法无据，本院不予支持。

实务中如果婚姻关系存续期间股票期权已经行权或者已经授予了但尚未行权，离婚时间点该期权的价值已经确定，离婚时应当可以分割。那么如何分割呢？如果已经满足行权条件但还没有行权，由于股票期权是公司内部发放的，和员工身份相关，员工的配偶无法直接取得权益，所以分割时可以请求法院判令股票期权归属一方，该方给予另一方折价补偿。比如，上海市徐汇区人民法院（2013）徐民一（民）初字第 3657 号案件中，原告的部分限制性股票（类似于期权）已可以行权，法院认为：目前（截至 2013 年 11 月 14 日）腾讯科技（上海）有限公司授予原告的 1171 股腾讯控股限制性股票，已可以按现时股价行权，该部分财产应当予以分割，鉴于原告以腾讯科技（上海）有限公司员工身份取得上述股权，法院无法对上述股权份额予以分割，故法院参考腾讯控股现行市值，判令原告一次性支付被告股权折价款 20 万元。

若还不满足行权条件（未实际授予期权），离婚时能否要求分割呢？通常法院认为期权具有不确定性，仅凭持有授予期权的合同不能确认此系双方实有财产，故不予支持分割，原告可于被告实际取得期权后另行提起请求。

若一方故意不行权，导致婚内财产损失，则应当按照行权后的预估价值赔偿对方的损失。比如，上海市浦东新区人民法院（2012）浦民一（民）初字第17439号案件中，原告马某、被告朱某于2004年4月22日登记结婚，于2007年3月9日判决离婚。离婚判决中确认2004年5月11日、2005年1月28日某公司分别授予被告本公司的股票期权5000股、12,000股。2011年11月23日在原告不知情的情况下，被告向某公司提出书面声明，以“本人个人原因”要求放弃上述二批股票期权。法院认为，原告、被告已离婚，原告以尚有夫妻共同财产未处理为由向人民法院起诉请求分割的，经审查该财产确属离婚时未处理的夫妻共同财产，人民法院应当依法予以分割；离婚后，一方对尚未分割的夫妻共同财产及其收益造成损害的应赔偿受损方相应的损失。在离婚判决已明确认定两批股票期权的情况下，被告未经原告同意，将取得的股票期权以“个人原因”申请全部撤销，是故意损害原告利益的行为，对此，被告有过错，故无论某公司作出何种“依规处理”，被告均应赔偿原告的损失。综上，被告朱某于本判决生效后10日内给付原告马某因放弃两批股票期权各5000股、12,000股所产生的损失的补偿款394,346元。

由上述案例可知，在满足行权条件时，婚内取得的股票期权的行权收益是可以分割的，如果满足行权条件，可以按当前的市场价分割，持有期权一方应给予另一方补偿。

第二节　数字货币的分割

数字货币作为一种新型财产，使离婚案件财产分割变得更加复杂。但随着加密数字货币投资者的群体不断扩大，类似的案件也将变得日趋普遍。那么，在离婚案件中，数字货币如何分割呢？

2017年9月4日，中国人民银行等七部委发布《关于防范代币发行融资风险的公告》。该公告指出，代币发行融资中使用的代币或“虚拟货币”不由货币当局发行，不具有法偿性与强制性等货币属性，不具有与货币等同的法律地位，不能也不应作为货币在市场上流通使用。虽然数字货币在我国并不具有货币属性，但客观上数字货币具有价值，并且私下实际上可以流通买卖，参照比特币来讲，2013年12月5日中国人民银行等五部委发布的《关于防范比特币风险的通知》中也指出比特币是一种特定的虚拟商品，是在互联网上可买卖的商品。所以，有价值、可流通的数字货币，实际上属于一种虚拟商品。

既然数字货币属于一种虚拟商品，那么在夫妻关系存续期间购买的数字货币，除有特别约定外，应当属于夫妻共同财产。但在夫妻关系存续期间，用个人婚前的存款或用婚前个人其他财产变卖获得的款项购买的数字货币，应属于个人婚前财产。

值得注意的是，即便是婚前购买的数字货币，如果在婚后进行了积极的管理，比如，频繁地转账、操作等，数字货币在婚后的增值部分可能会被认为是婚前财产在婚后的投资收益，该增值部分的收益就会被当作是夫妻共同财产。

数字货币如果仅分割数量相对较好操作。参照比特币来说，比特币可分割至最小单位为0.00000001，分割时直接将比特币转移至夫妻另一方的比特币地址即可。一般来说，没有特殊情况平均分割即可。但在离婚诉讼中，数字货币分割还存在如下难点。

1. 难以证明配偶持有数字货币

由于数字货币具有高度隐匿性，如何确定配偶是否持有数字货币是一大难题。如果数字货币是通过交易平台或类似的服务机构购得，财产情况还相对容易核实；如果加密数字货币是借助自由职业或匿名的P2P交易取得，那么这样的财产关联就难以证实了。数字货币与银行存款、房产等财产不同，银行存款、房产等财产即使无法自行收集证据，还可以申请法院调查令去相关机构调取证据，但是数字货币即使法院同意开调查令一般也无从调查。

若无法证明对方持有数字货币，对方也坚决不承认持有，还有一种方法可以争取分割，即可以尝试了解对方是通过什么账户购买数字货币，并申请调取银行流水，指出可疑支出，要求对方作出解释并分割该笔支出的款项。因为一般购买数字货币花费的金额比较大，如果对方无法解释该笔款项的去向，可以以对方转移、隐藏财产为由，请求法院少分或不分该笔款项。

2. 数字货币分割难以执行

和其他财产不同，即使法院判决分割数字货币，如果持有私钥的一方不予配合，从现有技术来看，并不存在直接强制执行的可能。所以，如果请求法院分割数字货币，还存在执行难的情况。对此，可以向法院请求分割数字货币的价值，让持有私钥的一方给予现金补偿。但是由于数字货币交易平台是不被我国法律认可的，所以数字货币的市场价值可能存在争议。

另外，即使主张按照交易平台上确定的市场价值分割，由于数字货币的市场价值波动很大，离婚诉讼动辄耗费半年以上，很可能在起诉立案的时候和在开庭时的价值完全不一样，无论选择哪个时间点计算市场价都要承担很大的风险。

数字货币作为一种虚拟商品，作为夫妻共同财产分割自然不成问题，重点还是如何证明配偶持有数字货币。建议当事人注意收集证据，或签订协议确定如何分割，当然如果能掌握交易平台的账户、钱包地址、私钥等就更好了。

第三节　保险的分割

购买保险投资理财、保障自己及家庭的财富，已经成为越来越多家庭的选择。保险也具有一定的价值，如果离婚，保险会如何分割呢？市面上有很多宣讲活动中宣称离婚时保险是不能分割的，但实际上真是这样吗？其实保险作为一种财产权益，如果属于夫妻共有，没有理由在离婚时不参与财产分割。

一、各级法院的指引文件

以下整理了一些法院的指引文件，从中可以看到保险是可以作为财产在离婚中进行分割的。

《第八次全国法院民事商事审判工作会议（民事部分）纪要》（摘录）

“（二）关于夫妻共同财产认定问题

4. 婚姻关系存续期间以夫妻共同财产投保，投保人和被保险人同为夫妻一方，离婚时处于保险期内，投保人不愿意继续投保的，保险人退还的保险单现金价值部分应按照夫妻共同财产处理；离婚时投保人选择继续投保的，投保人应当支付保险单现金价值的一半给另一方。

5. 婚姻关系存续期间，夫妻一方作为被保险人依据意外伤害保险合同、健康保险合同获得的具有人身性质的保险金，或者夫妻一方作为受益人依据以死亡为给付条件的人寿保险合同获得的保险金，宜认定为个人财产，但双方另有约定的除外。

婚姻关系存续期间，夫妻一方依据以生存到一定年龄为给付条件的具有现金价值的保险合同获得的保险金，宜认定为夫妻共同财产，但双方另有约定的除外。”

《深圳市中级人民法院关于审理婚姻家庭纠纷案件的裁判指引》（2014年修订）（摘录）

“三十五、离婚案件涉及分割以夫妻共同财产投保的人身保险时，一方为投保人并以自己或其亲属（子女除外）为受益人，另一方可以请求对方给予相当于保险单现金价值一半的补偿。”

《家事纠纷案件审理指南（婚姻家庭部分）》（摘录）

“43. 离婚案件中对于人身保险合同应当如何处理？

人身保险分为人寿保险、意外伤害保险和健康保险。离婚案件中对于人身保险合同，除当事人另有约定外，可以按以下情形分别处理：

（1）已获得保险金的情形

婚姻关系存续期间，夫妻一方作为被保险人依据意外伤害保险合同、健康保险合同获得的保险金，主要用于受害人的治疗、生活等特定用途，具有人身性质，应当认定为个人财产。

夫妻一方作为受益人依据以死亡为给付条件的人寿保险合同获得的保险金，该保险合同中受益人的指定本身就表明了投保人与受益人之间的特定关系，体现了保险金的专属性，应当认定为个人财产。

婚姻关系存续期间，夫妻一方依据以生存到一定年龄为给付条件的具有现金价值的保险合同获得的保险金，该保险具有一定的投资属性，由此获得的投资收益，应当认定为夫妻共同财产。

（2）尚未获得保险金的情形

婚姻关系存续期间以夫妻共同财产投保，离婚时仍处于保险有效期内的人身保险合同，夫妻双方主张分割保险单现金价值的，应予支持。

如果投保人和被保险人均为夫妻一方，离婚时夫妻双方可以协议退保或者继续履行保险合同。投保人不愿意继续履行的，保险人退还的保险单现金价值应当作为夫妻共同财产分割；投保人愿意继续履行的，投保人应当支付保险单现金价值的一半给另一方。

如果夫妻一方为投保人，夫妻另一方为被保险人，离婚时夫妻双方可以协议退保或者继续履行保险合同。协商一致退保的，保险人退还的保险单现金价值应当作为夫妻共同财产分割；协商一致愿意继续履行的，获得保险合同利益一方应当支付保险单现金价值的一半给另一方。如果投保人要求退保，而被保险人要求继续履行的，保险合同应当继续履行，获得保险合同利益一方应当支付保险单现金价值的一半给另一方。

（3）为未成年子女购买人身保险的处理

婚姻关系存续期间，夫妻一方或者双方为未成年子女购买的人身保险获得的保险金，如果未成年子女未死亡，应当专属于未成年子女所有。

离婚时，如果为未成年子女购买的人身保险合同尚处于保险有效期的，因保险的最终利益归属于未成年子女，该保险应当视为对未成年子女的赠与，不再作为夫妻共同财产分割。”

《浙江省高级人民法院民一庭关于审理婚姻家庭案件若干问题的解答》（摘录）

“十五、婚姻关系存续期间，夫妻一方为子女购买的保险，在离婚时可否作为夫妻共同财产予以分割？

答：婚姻关系存续期间，夫妻一方为子女购买的保险视为双方对子女的赠与，不作为夫妻共同财产分割。”

由以上法律规定、法院的解答可以看出，保险保单的现金价值在离婚时应当作为夫妻共同财产分割。实务中法院也是按照这个原则判决的。以下整理了一些案例，供大家参考。

二、典型案例

1. 婚前购买保险，婚后继续缴纳保险费

夫妻一方婚前购买的保险，在婚姻关系存续期间缴纳的保险费用，会被认定为使用夫妻共同财产支付保险费用，在离婚诉讼中作为夫妻共同财产予以分割。

在上海市浦东新区人民法院审理的（2019）沪 0115 民初 56727 号离婚纠纷案件中，法院查明：被告在婚前于 2016 年 8 月，购买了中国人民人寿保险股份有限公司保险合同号为×××××××××××××××的“人保寿险鑫享至尊年金保险（分红型）”一份，投保人及被保险人均为被告，缴费期间 5 年，保险费 50,003 元，婚后于 2017 年 8 月及 2019 年 1 月共缴纳了两期保险费。

法院认为，被告向中国人民人寿保险股份有限公司投保的人身保险，保险利益应依据合同约定由被保险人所有，保单由被告负责保管及继续投保。由于该份保单起保日期虽在婚前，但是在原告、被告婚姻关系存续期间缴纳的保险费用，应视为用夫妻共同财产支付，保单现金价值属于夫妻共同财产，应当依法分割，现原告主张分割已缴纳保费 100,006 元，法院予以支持，法院酌情确定由被告支付原告折价款 5 万元。

2. 婚内购买保险，保险合同投保人和被保险人为夫妻一方

婚内以夫妻共同财产投保，投保人和被保险人同为夫妻一方，离婚时仍处于有效保险期内，且离婚时投保人选择继续投保的，投保人一方应当支付现金价值的一半给另一方。

在江苏省南通市中级人民法院审理的（2015）通中民终字第1796号离婚纠纷一案中，法院查明根据李某提交的签发日期为2009年5月7日的保险合同的第一页保险单和第二、三页的现金价值表，结合法院向有关保险公司的咨询了解，李某投保的保险金额15,438.05元的国寿瑞鑫两全保险（分红型）目前的现金价值为12,654.53元（15,438÷1000×819.7）；保险金额15,438.05元的国寿附加瑞鑫提前给付重大疾病保险目前的现金价值为660.75元（15,438÷1000×42.8）。

法院认为夫妻关系存续期间以夫妻共同财产投保，投保人和被保险人同为夫妻一方，离婚时仍处于有效保险期内，且离婚时投保人选择继续投保的，投保人一方应当支付现金价值的一半给另一方。本案中，李某投保的保费应视为夫妻共同财产，投保人及被保险人均为李某，且李某表示继续投保，故该保险归李某所有，由李某给付季某6657.66元。

3. 婚内购买，保险合同受益人为子女

夫妻一方在婚内购买的受益人为子女的保险，视为对子女的赠与，保单现金价值不再属于夫妻共同财产，不能在离婚诉讼中作为夫妻共同财产分割。

在北京市高级人民法院审理的（2016）京民再91号离婚纠纷一案中，法院查明：李某1在婚姻存续期间以丈夫王某1为被保险人，为其投保福安保险一份，受益人为婚生女王某某，同时，李某1以王某1为被保险人，为其投保康宁终身保险一份，受益人也为王某某。李某1已缴纳两份保险合同的保险费。在离婚诉讼中，双方就是否能够将保单现金价值作为夫妻共同财产分割产生争议。法院认为，在双方婚姻关系存续期间由李某1购买的两份人寿保险合同由于受益人均为双方共同子女王某某，故保单价值不应作为夫妻共同财产分割。

同样，在广东省深圳市中级人民法院审理的（2016）粤03民终9584号离婚纠纷一案中，法院查明：张某甲在人寿保险股份有限公司购买了一份人寿保险，变更受益人为婚生女张某乙，后张某甲起诉与妻子离婚。法院认为，由于该保单的受益人为婚生女张某乙，张某乙拥有该保单的财产价值，该保险已非张某甲与妻子的夫妻共有财产，故保单现金价值不应作为夫妻共同财产分割。

虽然法院的案例中没有分割受益人为子女的保单，但是笔者认为这么处理还是有一定的问题，保险不同于其他财产，受益人也不同于产权登记人。依据合同可以更换受益人，也可以根据保险合同的约定提取保单的现金价值，如果以受益人来确定保单价值的归属，权属可能会很不稳定。实务中，如果要求分割受益人为子女的保险，建议仔细阅读保险合同的条款，根据合同条款来说服法院，争取当事人的合法权益。但是需要权衡的是，给子女买的保险很多都是为了保障子女的医疗和教育，如果能判断保险的意图是真实地保障子女，那么从子女的利益的角度出发，不予分割是比较合理的。但是如果保险的额度畸高，有转移财产的嫌疑，那么当事人应当积极争取分割。

4. 婚内为子女购买保险，离婚诉讼中请求另一方继续支付保险费用

《最高人民法院关于适用〈中华人民共和国民法典〉婚姻家庭编的解释（一）》第42条规定："民法典第一千零六十七条所称'抚养费'，包括子女生活费、教育费、医疗费等费用。"由此可知，为子女购买保险的费用并不属于抚养费的范围，而在离婚程序中也没有其他相符合的要求对方在离婚后持续支付费用的理由，所以在离婚诉讼中要求对方继续支付保险费用是没有法律依据的。

在广东省深圳市龙岗区人民法院审理的（2019）粤0307民初672号离婚纠纷一案中，婚内夫妻一方为孩子购买了保险，离婚诉讼中要求对方在离婚后继续承担孩子一半的保险费用，因人寿保险费非抚养孩子的必需费用，法院未支持。法院查明：赖女士在婚内为自己的女儿购买了一份少儿平安险，后赖女士起诉要求与周某离婚，请求离婚后周某继续支付女儿每年人

寿保险一半的费用，但周某不同意。法院认为，人寿保险费用非抚养儿童的必需费用，对于赖女士的主张不予支持。

但是以上前提是双方没有约定的情形下，如果双方另有约定，在离婚协议、调解书等中约定一方向另一方每年支付固定金额的保险费，当事人应当按照约定向对方支付保险费。除了在诉讼中的约定外，如果当初购买保险时就是俩人共同的决策，法院也可能会判决在离婚后俩人共同承担保费。

根据以上分析，在离婚时保险肯定是可以分割的。但是和其他资产不同的是，作为合同性的资产，如果没有财产线索，一方在购买保险后另一方可能很难得知。所以如果要在离婚时分割保险，当事人应当保存好配偶购买保险的记录，以便在离婚诉讼程序中调取保险的资料，调查保险的现金价值。

第四节　知识产权收益的分割

根据《民法典》第 1062 条的规定，夫妻在婚姻关系存续期间所得的“知识产权的收益”为夫妻的共同财产，归夫妻共同所有。而《最高人民法院关于适用〈中华人民共和国民法典〉婚姻家庭编的解释（一）》第 24 条又规定，“知识产权的收益”，是指婚姻关系存续期间，实际取得或者已经明确可以取得的财产性收益。由以上规定可知，可能属于夫妻共同财产的是知识产权的收益，而不是知识产权本身。

知识产权的分割与不动产的分割有很大的不同，在分割不动产时，如果房屋没有出售，在诉讼中可以要求对房屋进行评估，然后按照评估的价格分割房屋。而对于知识产权而言，虽然在市场上对专利、商标、著作权的价值有时也可以评估，但是离婚诉讼中却不能根据评估的价值来分割。如果登记在一方名下的知识产权没有通过转让、授权等获得收益，未登记的一方不能按照评估分割知识产权的权属，也不能要求将专利、商标、著作权变更登记在自己名下。究其原因，主要在于知识产权除了财产属性以外还有一定的人身属性，财产属性可以分割，但是知识产权中人身属性的部分是知识产权人所专有的。在北京市第二中级人民法院（2017）京02民终6962号案件中，法官很详细地阐述了这一观点，“本案中，欲正确适用相关法律之规定，则须厘清双方的诉讼主张所涉及的知识产权、知识产权之收益在夫妻离婚后财产分割领域的立法本义。本案争议源于陈某在与李某婚姻关系存续期间所取得的两项个人专利，因知识产权是基于智力的创造性所产生的权利，即其应当是法律赋予知识产品所有人对其智力创造成果所享有的某种专有权利。而知识产权的收益则应指作品在出版、上演、播映后而取得的报酬，或允许他人使用而获得的报酬、专利权人转让专利权或许可他人使用其专利所取得的报酬。基于知识产权本身所具有地来源于智力成果形成的人身性，故上述法律规定之义即知识产权权利本归一方专有”。

例如，在北京市第一中级人民法院（2015）一中民终字第3172号案件中，上诉人要求分割专利权，但法院认为，“关于赵×对×××××专利的上诉请求问题，该专利系周×与其单位12名同事共同发明，专利权人为周×，该专利现没有任何收益，没有可分割的财产。故赵×的该项上诉请求，不能成立，本院不予支持”。

对于商标也是一样，在河南省开封市中级人民法院的（2017）豫02民终3508号案件中，上诉人要求分割注册商标及其收益，法院认为，“知识产权的收益”是指婚姻关系存续期间，实际取得或者已经明确可以取得的财产性收益。本案中，“××米线”属于注册商标，属于知识产权的一种，邱某要求分割“××米线”注册商标没有法律依据，法院不予支持，邱某要求分割“××米线”注册商标的收益，因邱某未能提供证据证明该注册商标在婚姻关系存续期间存在收益，法院不予支持。北京市第一中级人民法院在（2021）京01民终1087号案件中也认为“因商标本身是一种用于区分商品的标志，故其权利本身无法进行分割，其价值也无法进行衡量。故李某要求分割张某名下商标权，缺乏事实及法律依据，法院不予支持”。

同样在（2021）京01民终1087号案件中法院关于著作权的分割也有类似的观点：“关于张某名下的著作权，虽部分取得时间在婚姻关系存续期间，但著作权具有人身属性，且价值无法衡量，现李某要求上述著作权归其所有缺乏事实及法律依据，法院不予支持。关于李某主张的著作权收益，其并未提交证据证明上述款项的支付情况，故法院对其上述主张不予支持。关于李某主张的著作权转让款60万元，该转让发生时间为双方离婚之后，李某未就上述著作权为其与张某婚姻关系存续期间取得向法院提交证据，故法院对其要求分割转让款之主张不予支持。”

知识产权的这一分割原则导致对于未登记知识产权一方而言，有比较重的举证责任。例如，上海市高级人民法院（2015）沪高民一（民）申字第1932号案件中再审申请人认为根据新闻报道，其配偶的多项专利已经转化为成果投入市场，因此要求调查并分割相应的知识产权收益。但法院调查后认为，“黄某某坚持认为郑某某存在知识产权收益，对此应提供相应证据。二审法院依据其申请已前往华东师范大学进行调查，认为依据现有证据无法证明郑某某的发明专利已经转化为经济收益，故本案中无法处理，并无不当。如黄某某有证据证明郑某某存在隐藏夫妻共同财产的事实，可另行起诉主张再次分割夫妻共同财产”。因此对于配偶名下登记了知识产权的，未登记一方要注意关注知识产权的收益情况，不能同不动产一样，只保留不动产权材料。

关于知识产权的分割有另外一个十分重要的问题，那就是收益取得的时间。与不动产相比较，如果不动产是在婚姻关系存续期间取得的，是夫妻共同财产，那么因不动产出租产生的收益，无论是在离婚前还是在离婚后取得的，都是夫妻共同财产。但是知识产权就不一样了，在前述司法解释中明确规定了知识产权的收益是指“婚姻关系存续期间，实际取得或者已经明确可以取得的财产性收益”，即知识产权的收益是否是夫妻共同财产，其判断标准是收益取得的时间，或者收益明确可以取得的时间（比如，已经明确转让，但还没有收到转让款），而不是知识产权取得的时间。所以如果一方虽然在婚姻关系存续期间取得了知识产权，如申请了专利，但是在离婚后才转让该专利，如果没有证据证明在离婚前就已经转让的话，因为转让所得的取得时间在离婚之后，故而不属于夫妻共同财产。

同样在（2017）京02民终6962号案件中，申请了专利的一方在离婚后以专利作价入股，另一方知晓后提起离婚后财产纠纷诉讼，要求分割该部分股权，法院一审二审均驳回了该诉讼请求。法院经审理后认为，知识产权收益应当包括已得收益、期待得到的收益。经审查，诉争知识产权确系陈某在与李某夫妻关系存续期间所取得，故应以其收益是否实际取得或已经明确可以取得为界定判断的进一步考量。根据目前证据所证事实，陈某系在与李某结婚后以该知识产权入股，在离婚这一时间节点到来之时，双方并未获得该知识产权在涉诉公司的股份与收益。法院认为，李某在本案中上诉主张的与前述法律规定所要求的“婚姻关系存续期间，实际取得或者已经明确可以取得的财产性收益”之规定不符，其上诉缺乏充分的事实和法律依据支持。

因此，一方在婚姻关系存续期间获得的知识产权，如果该知识产权的收益是在离婚后才取得，收益不属于夫妻共同财产。

第五节　离职补偿金

在离婚诉讼期间，夫妻一方离职获得一笔解除劳动合同的经济补偿金（以下简称离职补偿金），这是单位对失业者的补偿，那么这笔经济补偿金是否属于夫妻共同财产呢？

第一种观点认为，离职补偿金是夫妻共同财产。根据《最高人民法院关于适用〈中华人民共和国民法典〉婚姻家庭编的解释（一）》第25条的规定，男女双方实际取得或者应当取得的基本养老金、破产安置补偿费属于夫妻共同财产。因为离职补偿金是为了保障解除劳动关系后其个人及家庭的正常生活，该补偿金类似于破产安置费，故属于夫妻共同财产。

第二种观点认为，离职补偿金与个人人身性质密不可分，故属于个人财产不应当作为夫妻共同财产分割。根据《全国民事案件审判质量工作座谈会纪要》（最高人民法院1999年11月29日印发 法〔1999〕231号）规定：对在婚姻关系存续期间夫妻一方买断工龄款是何种性质的财产，应当如何界定其归属，在离婚诉讼中能否将其作为夫妻共同财产予以分割等问题，可采取类推解释的方法，根据其与养老保险金或医疗保险金等所共同具有的专属于特定人身的性质，确定其在财产分割中的法律适用原则，即不作为夫妻共同财产。

第三种观点认为，在离职补偿金中，该方婚前工作期限补偿的部分，可视为其个人婚前财产在婚后的实现，属于个人财产；而婚姻存续期间的工作期限补偿的部分，可视为夫妻共同财产。因为离职补偿金虽然包含有工资性质的内容，但又不等同于工资，其特殊之处在于其根据劳动者的工作年限来计算，因此具有追溯性和延续性。

根据《深圳市中级人民法院关于审理婚姻家庭纠纷案件的裁判指引》第34条的规定，在离婚案件中处理有关买断工龄款问题时，可以参照《最高人民法院关于适用〈中华人民共和国婚姻法〉若干问题的解释（二）》中有关军人复员费、自主择业费的规定处理。根据《最高人民法院关于适用〈中华人民共和国婚姻法〉若干问题的解释（二）》第14条的规定，人民法院审理离婚案件，涉及分割发放到军人名下的复员费、自主择业费等一次性费用的，以夫妻婚姻关系存续年限乘以年平均值，所得数额为夫妻共同财产。

买断工龄款与离职补偿金性质相同，即用人单位对职工进行一次性经济补偿，职工获得补偿离开工作单位，单位从此不再对职工负担经济责任所支付的款项。因此离职补偿金是否属于夫妻共同财产，应按照结婚前后工作年限区别对待。故在离职补偿金中，婚前工作期限补偿的部分，视为个人财产；婚姻存续期间的工作期限补偿的部分，视为夫妻共同财产。实务中法院也是按照上述规则认定的，例如，（2015）沪二中民一（民）终字第2565号案件中，法院认为“该离职补偿金发放于双方婚姻关系存续期间，但其补偿明细载明该补偿金与被上诉人实际工作年限相关，被上诉人婚前即进入三星公司工作，与婚前工作年限相关的补偿金应与上诉人无关，故在分割本案离职补偿金时应考虑该因素”。

第六节 实务分享

◇ 离婚时限购城市的车辆车牌怎么分割？

深圳在2014年12月29日开始实行了小汽车增量调控管理，小汽车增量指标需要通过摇号或竞价方式的取得，获得车牌均需要支付对价。因此在深圳，离婚诉讼中对于使用夫妻共同财产购买的车辆及车牌，会将离婚时的车牌价值算进车辆价值中一并分割。一般来说，车辆及车牌价值先由双方协商一个价格，若双方无法协商达成一致意见，则可向法院申请对车辆及车牌价值进行评估。评估公司会根据评估日所处时间段的车牌竞价情况评估车牌价值。法院会根据评估所得的车辆及车牌价值，判决获得车辆（车牌通常同车辆一起转移）的一方给另一方补偿款。

比如，车辆价值是10万元，车牌价值是5万元，则获得车辆及车牌的一方就需要补偿另一方7.5万元（一般以平分为原则，实践中法院也可能考虑案件具体情况，根据照顾子女、女方、无过错方权益的原则，酌情调整比例）。若双方都想要车辆（含车牌），则法官会综合考虑车辆的登记、使用情况，判决车辆（含车牌）归登记一方或使用较多的一方。

如果车辆上牌是在深圳实行小汽车增量调控管理之前，夫妻双方均没有支付任何对价获得车牌，离婚时还可以根据车牌竞价情况分割车牌价值吗？

对此，实践中有不同的意见，有的认为应该计算车牌价值，虽然当时车牌并不需要支付对价，但离婚时车牌已经产生价值，获得车牌的一方应当补偿另一方。有的认为涉案车辆的车牌并未使用夫妻共同财产支付对价取得，评估报告中的车牌指标价格是根据离婚时车牌竞价情况作出的预估，该车牌指标只是在深圳市启动对小汽车增量管理后，对车辆上牌的一个限制，该车牌并非是一项财产权益，因此分割车辆时不应包括评估报告中所称的车牌指标价格。在实际办理案件中，深圳的法官倾向于后一种观点，即在限购之前取得的车牌，由于取得时没有夫妻共同财产支出，所以在离婚时也不作为一项财产权益予以分割。

第九章

夫妻共同债务

第一节　夫妻共同债务的认定规则

关于夫妻一方在婚内所借的债务是个人债务还是夫妻共同债务，我国的法律规定有过一些变化。在2004年4月1日生效的《最高人民法院关于适用〈中华人民共和国婚姻法〉若干问题的解释（二）》第24条中规定“债权人就婚姻关系存续期间夫妻一方以个人名义所负债务主张权利的，应当按夫妻共同债务处理。但夫妻一方能够证明债权人与债务人明确约定为个人债务，或者能够证明属于婚姻法第十九条第三款规定情形的除外”［原《婚姻法》第19条（现为《民法典》第1065条）是关于夫妻分别财产制的规定，如果债权人知道夫妻采用分别财产制的，债务为个人债务］。由于很少会有债权人与债务人明确约定债务为个人债务，配偶一方也很难对举债方和债权人之间的协议约定进行举证，所以根据该规定，婚姻关系存续期间一方以个人名义所负的债务可以说是默认为夫妻共同债务了。随着经济的发展，因经营所负的债务金额越来越高，出现了一些配偶承担巨额债务的新闻，也出现了很多夫妻一方制造虚假债务的案例，在社会上引起了很大反响。

虽然《最高人民法院关于适用〈中华人民共和国婚姻法〉若干问题的解释（二）》第24条规定是为了避免夫妻双方联手逃避债务，初衷是保护债权人。但是实践中却频频出现另一种情形，即夫妻一方与债权人恶意串通损害配偶利益。特别是很多家庭主妇被迫背负了高额的债务，在社会上形成了十分负面的影响，我们在办理案件时也经常碰到家庭主妇哭诉对方声称要制造巨额债务。全国人大常委会法工委收到了近千封信件，建议对该条规定予以审查。

2018年1月18日生效的《最高人民法院关于审理涉及夫妻债务纠纷案件适用法律有关问题的解释》（已失效）对《最高人民法院关于适用〈中华人民共和国婚姻法〉若干问题的解释（二）》第24条予以修正。与原《最高人民法院关于适用〈中华人民共和国婚姻法〉若干问题的解释（二）》的规定相比，2018年的司法解释作了很大的转向，该司法解释可以简单地理解如下：

（1）债务人的配偶共同签字，或者事后追认的，属于夫妻共同债务；

（2）不符合上述（1）中的情形的，如果夫妻一方为家庭日常生活需要负债，属于夫妻共同债务；

（3）不符合上述（1）、（2）中的情形的，除非债权人能证明用户夫妻共同生活、共同生产经营或者基于夫妻双方的共同意思表示，否则属于个人债务。

该司法解释明显对非举债的配偶一方而言更友好一些，笔者认为该司法解释也更合理。因为在借贷关系发生时，债权人往往是强势的一方，如果债权人认为需要配偶共同承担债务，完全可以要求债务人的配偶签名，否则不出借款项。而如果配偶拒绝签名，显然该债务并非夫妻双方的共同意思表示，不能让配偶共同承担该债务。债权人则要进行风险衡量，如果只有债务人一人承担债务的情况下是否出借款项，是否需要增加担保等，这些都是债权人在事前可以衡量和控制的，不会导致谨慎的债权人利益受损。在实务中很多银行在办理贷款时都要求配偶共同签字，所以作为谨慎的债权人完全可以在事前控制风险；而如果事前债权人与债务人向债务人的配偶隐瞒，或者债权人在优势地位下没有采取合适的措施规避自己的风险，那么事后就应当承担债务归举债方一人承担的后果。

上述司法解释在《民法典》生效之后都已经失效，2021年1月1日生效的《民法典》第1064条延续了《最高人民法院关于审理涉及夫妻债务纠纷案件适用法律有关问题的解释》，规定："夫妻双方共同签名或者夫妻一方事后追认等共同意思表示所负的债务，以及夫妻一方在婚姻关系存续期间以个人名义为家庭日常生活需要所负的债务，属于夫妻共同债务。夫妻一方在婚姻关系存续期间以个人名义超出家庭日常生活需要所负的债务，不属于夫妻共同债务；但是，债权人能够证明该债务用于夫妻共同生活、共同生产经营或者基于夫妻双方共同意思表示的除外。"

根据以上规定，夫妻共同债务可以区分为三种：

（1）基于夫妻双方合意的共同债务，夫妻双方共同签名，或者未签名的一方事后追认的，或者债权人能证明基于夫妻双方共同意思表示的债务。如今大多数银行在办理大额借款手续时都会要求借款人的配偶在借款合同上签名，配偶只要签名了，债务就是夫妻共同债务。

（2）基于“家庭日常生活需要”的共同债务，即使配偶没有签名，债务人因家庭日常生活需要而举债的，也属于夫妻共同财产。

（3）用于“夫妻共同生活”“共同生产经营”的共同债务，夫妻共同经营公司时这种债务很常见，如果证据显示配偶也以在公司任职、担任股东等形式参与公司的经营活动，那么一方签字为公司经营所负的债务很可能会被认定为夫妻共同债务。

根据以上分析，似乎夫妻共同债务的界定已经很清晰了，但是现实社会永远比法律复杂，实务中还有很多的争议点，比如，什么样的行为算追认，可以默示追认吗？什么样的行为算是共同经营？怎样才算是用于夫妻共同生活，借贷的资金部分用于共同生活算夫妻共同债务吗？很多案件中都需要根据实际情况和证据来认定，法律无法对所有的情形都规定得清清楚楚。

第二节　基于共同意思表示举债

如果夫妻双方共同签名，或者未签名的一方有明示的追认，比较容易认定夫妻二人基于共同意思表示举债，债务为夫妻共同债务。但如果非举债方只有还债的行为或者默示债务的存在，如何认定夫妻双方基于共同意思表示举债就有很大的争议。

一、推断存在举债的共同意思表示

夫妻举债的共同意思表示不一定要通过共同签名体现，例如，非直接举债的一方虽然没有直接在举债时的借条或合同中签名，但是为举债方提供了自己的银行账号作为收款账号。（2020）粤 03 民终 23135 号案件中，被告许某与被告庄某为夫妻，在婚姻关系存续期间，许某让庄某在空白借据上签字并用空白借据对外举债。除此之外，许某除了使用有夫妻双方签名的空白借据举债外，许某还以个人名义对外举债，并且庄某在哺乳生产期间将自己名下的银行卡交付给许某，许某使用庄某名下的银行卡接受借款。债权人认为以上债务均为夫妻共同债务，要求许某和庄某承担连带清偿责任。

法院认为，没有庄某签名的 2018 年 9 月 20 日《借款借据》20 万元是其本人银行账户收款。根据法律规定，银行账户实行实名制管理，账户人不授权或者告知他人账户和密码，他人是无法使用的。账户人将账户交由他人使用，应当预见由此带来的法律风险和后果。庄某将账户交由许某使用在夫妻日常家事代理范围内，其内部对银行账号的使用约定不得对抗外部善意第三人。庄某名下 8133 号银行账户审计报告书显示，该账户与庄某其余数十个银行账户均有多次大额款项往来，款项往来情况与其工资收入明显不符。根据日常生活经验，银行账户资金变动，一般或有银行提示，或自行不定期查询。庄某表示完全不知情，不符合生活常理。基于以上分析，结合本案实际情况，庄某以涉案账户受许控制使用，抗辩不知情不担责，认为不构成夫妻共同债务的理由不能成立，缺乏法律依据，本院不予支持。

由该案例可知，举债的共同意思表示不一定要明示，也可以是通过一些行为推断有举债的共同意思表示。典型的就是将银行卡交给举债方用来收款，或者配合办理与借款相关的手续。

有些案例中法院认为举债的共同意思表示中债务必须明确，如果仅对债务知情，但不了解债务的具体数额，这种单纯的知情并不能构成举债合意。例如，（2020）沪 02 民终 7399 号案件。吴某与张某经他人介绍相识。张某、王某原系夫妻关系，2018 年 9 月 27 日离婚。2016 年 7 月 12 日至 2017 年 4 月，张某开始陆续向吴某借款，吴某将款项通过银行转账给张某。2018 年 9 月 28 日，吴某与张某经结算，由张某向吴某出具借条，后张某未还款。现吴某主张上述债务为夫妻共同债务，要求王某承担连带清偿责任。

法院认为，单纯地知情并不构成共同举债的合意，在未有其他证据能证明债务用于夫妻共同生活、共同生产经营或非举债的夫妻一方因借款而实际受益时，应当不能认定为夫妻共同债务。本案中，首先应审查王某是否有共同举债合意。从张某与案外人苑某某的聊天记录可以看出，王某仅是对张某所欠债务一事知情，对于债务具体数额并不清楚，而单纯地知情并不构成共同举债的合意。吴某主张王某曾在微信聊天时表示愿意还款，可视为对系争借款的事后追认。法院认为，对于债务事后追认的意思表示必须明确。从吴某提供的聊天记录及谈话笔录的内容来看，王某对于"还债"所欠的金额并未明确，结合张某在2016年至2017年多次向吴某借款，张某也在微信中提及王某对于借款多少并不知情，故仅凭借聊天记录与谈话笔录，难以认定王某对系争借款作出明确的追认意思表示。且在庭审中，吴某陈述在签署借条当天与王某通话要求其与张某一起签署借条，王某明确表示拒绝。因此，王某虽对张某所欠债务有所了解，但缺乏明确的举债合意，亦不构成对张某债务的事后追认。

二、仅用夫妻共同财产偿债的意思表示

共同举债的意思表示并不一定是同意用非举债方的所有财产偿还债务，也可能是明确声明了使用夫妻共同财产偿还债务。此种情形下债权人可以要求非举债方使用夫妻共同财产偿还债务，但是不能要求非举债方使用自己的婚前个人财产偿还债务，非举债方并不对整个债务承担连带责任。

例如，(2021)粤03民终26200号案件中，法院认为，本案胡某就配偶王某与山金金控公司签署的《差额付款协议》出具《配偶知情同意函》，该同意函明确胡某知悉并同意配偶王某签署的《差额付款协议》的全部内容，若王某未能按期足额向山金金控公司履行相关义务，山金金控公司有权直接向王某追偿，亦可对其与本人的其他共有财产进行违约处置以履行差补责任。根据同意函的承诺来看，胡某同意以夫妻共有财产对王某的案涉债务承担差额补足责任，此系夫妻双方的共同意思表示，属于夫妻共同债务。基于夫妻共同债务基础，胡某仅在夫妻共同财产范围内，以夫妻共同财产为限，对王某的案涉债务承担上述差额补足责任，而非如被上诉人所主张的以

胡某全部个人财产对王某的债务承担无限连带责任。一审法院关于王某与胡某互负连带责任的认定有误，法院予以纠正。

三、推断非举债方对债务的追认

在债权人催收借款时非举债的夫妻一方可能并没有作出明示的追认，只有默认的行为，比如，虽然在场没有作出意思表示，但是举债的配偶表达非举债方共同承担债务时非举债方未表示反对，又或者非举债的夫妻一方没有表达对债务的认可或者不认可，但是主动为举债方清偿债务。有的案例中法院认为非举债的夫妻一方具有以个人财产为债务设立抵押、通过个人的账户偿还借款或者为债务抵押担保等行为方式，都可以纳入是否有事后追认的考量中。

例如，（2018）京01民终2091号案件中，自2014年起，债权人徐某多次向被告刘某出借钱款。2016年1月15日徐某与刘某签订《借款协议书》，双方约定刘向徐某借款160万元。2016年7月12日，章某向徐某出具说明，说明自己与刘某之间存在夫妻关系，并确认债务金额为160万元，同时以个人名下的一幅名画为该债务作抵押。现债权人要求刘某与章某为上述债务承担连带清偿责任。法院认为，本案中，章某向徐某出具的说明确认了章某与刘某系夫妻关系，确认了刘某债务金额，并约定如刘某不能按时还款，以章某家中的字画进行以物抵债，可以认定章某事后确认刘某借款事实并愿意偿还债务，且事实上章某向徐某偿还了部分款项，故本案中刘某所负债务系夫妻共同债务，法院对于刘某、章某的主张不予采信。

对债务的追认表示应当限制在对举债行为认可，应当从借贷的发生、款项的流向等来判断。如果仅仅代为偿还部分借款，其意思表示是不明确的，有可能仅仅出于夫妻感情：不忍看到配偶因为债务遭受更大的损失而采取的资助行为，对此并不应当推定为对债务的追认。比如，（2021）粤03民终21365号案件中，法院认为，本案中，谢某主张张某作为王某的配偶，知晓且追认王某的涉案债务。但《借款收据及还款计划协议》中并无张某的签名，也无其他证据显示张某曾认可涉案债务并同意偿还。虽然张某曾于2019年12月9日向谢某转账8万元，但其并未明确表示愿意承担全部涉案借款的还款义务。而张某所还款项金额与涉案借款金额相差较大。张某上述还款行为与是否构成夫妻共同债务并无必然联系，不能以此认定张某追认了涉案债务。因此，本案中仅凭张某的单独一笔小额的还款行为不足以认定涉案借款为夫妻共同债务。谢某要求张某就涉案债务承担连带清偿责任，缺乏事实及法律依据，法院不予支持。

第三节　基于“家庭日常生活需要”的债务

在司法实践当中，对于是否符合家庭日常生活需要没有固定的标准。有些案件中采用金额标准，数额较小的一般能够认定符合家庭日常生活需要；也有的案件在金额较大的情况下，如果其行为目的符合家庭日常生活需要，也能够认可为家庭日常生活需要，如金额较大但用于购买夫妻共有的房产。

在浙江省出台的相关夫妻债务司法文件当中，对是否符合家庭日常生活需要作出了明确的指导性规定，具有一定的参考价值，有关内容如下：

负债是否超出“家庭日常生活需要”，是判断是否构成夫妻共同债务的重要标准。按照通常理解，“家庭日常生活需要”是指夫妻双方及其共同生活的未成年子女在日常生活中的必要开支事项，如正常的衣食住行消费、日用品购买、医疗保健、子女教育、老人赡养、文化消费等。审理中，判断负债是否超出“家庭日常生活需要”，可以结合负债金额大小、家庭富裕程度、夫妻关系是否安宁、当地经济水平及交易习惯、借贷双方的熟识程度、借款名义、资金流向等因素综合予以认定。

以下情形，可作为各级法院认定“为家庭日常生活需要所负债务”的考量因素：（1）单笔举债或对同一债权人举债金额在20万元（含本数）以下的；（2）举债金额与举债时家庭收入状况、消费形态基本合理匹配的；（3）交易时债权人已尽谨慎注意义务，经审查举债人及其家庭支出需求、借款用途等，有充分理由相信债务确系为家庭日常生活需要所负的。

以下情形，可作为各级法院认定“超出家庭日常生活需要所负债务”的考量因素：（1）单笔举债或对同一债权人举债金额在20万元以上的；（2）债务发生于夫妻分居、离婚诉讼等夫妻关系不安宁期间，债权人知道或应当知道的；（3）出借人明知借款人负债累累、信用不佳，或在前债未还情况下仍继续出借款项的；（4）借贷双方约定高额利息，与正常生活所需明显不符的。

具体案件审理时，应注意引导各方当事人积极举证。举债发生于父母子女、兄弟姐妹等密切关系主体之间的，债权人理应对举债人的生活状况、夫妻关系较常人更为了解，这种情形下对债务是否为家庭日常生活需要所负的审查应严于一般主体，在举证责任分配上也可依职权适当加重债权人的举证责任。

结合司法实践，如果非举债一方能够举证说明自己有稳定的收入，能维持较好的生活水平，会酌情考虑非举债一方不需要为家庭生活需要而与举债一方产生举债合意。但如果非举债一方没有固定收入来源，司法实践中法院会酌情认定家庭日常生活开支依靠举债一方经营生产所得，非举债方享受举债的利益，特别是享受举债带来的高消费水准的生活，因此认定为夫妻共同债务。例如，（2020）沪01民终2055号案件中，夫妻一方以个人名义对外借款继而转投给第三人用以从中营利，又将所得营利用于购房或子女国外就学等高额家庭支出明显超出双方工作收入，此时非举债一方以不知情为由主张不承担共同还款责任的，人民法院不予支持。

该案基本事实是，2013年至2018年，在朱某、彭某婚姻关系存续期间，朱某向包括王某在内的十余名债权人借款，并将所借款项转账给案外人郭某用于投资，投资金额巨大，朱某和彭某在婚姻关系存续期间，存在购房、购车、送女儿出国留学等高额家庭支出。现债权人王某认为朱某与其之间的债务为夫妻共同债务，要求彭某承担连带清偿责任。

法院的裁判理由是：首先，2013年至2018年，朱某、彭某之间的银行账户资金往来频繁，金额巨大，即便朱某、彭某有固定收入，通常也不足以产生如此巨大的款项往来流水。彭某称其不知晓朱某与案外人郭某之间存在投资行为，不符合常理。其次，根据本案以及与本案相关联案件查明的事实，2013 年至 2018 年，即朱某、彭某婚姻关系存续期间，朱某向包括王某在内的十余名债权人借款，并将所借款项转账给案外人郭某用于投资，投资金额巨大。同期间内，朱某、彭某存在购房、送女儿去国外就学等高额家庭支出，其家庭支出明显超出朱某、彭某的正常工作收入。而在朱某与案外人郭某民间借贷纠纷一案中，朱某诉请金额达 7000 万余元，远高于其陈述的其欠十余个债权人的债权总金额约 3200 万元。由此可见，朱某将从王某等众多债权人处获得的借款投资给案外人郭某用以从中营利，并将所得营利用于购房、子女国外就学等家庭支出。故涉案债务应认定为朱某、彭某婚姻关系存续期间的夫妻共同债务，由彭某共同偿还。

另外，债务是不是要作为一个整体来对是否为“家庭日常生活需要”进行认定呢？答案是否定的。法院可以酌情认定债务中的部分是为了“家庭日常生活需要”举债，进而认定部分债务是“夫妻共同债务”。例如，在（2017）浙民再 316 号案件中，2014 年 11 月 19 日王某出具一份借条，载明谷某向王某出借 600 万元。同日，案外人陈某（系谷某的放款人）向上述银行账户交付 600 万元。另查明张某、王某系夫妻关系，于 2004 年 10 月 1 日办理结婚登记手续。2014 年 11 月 26 日张某向法院起诉离婚，两人于 2015 年 5 月 12 日经二审判决生效离婚。现债权人谷某主张上述债务为夫妻共同债务，要求张某承担连带清偿责任。

法院认为，夫妻一方为家庭日常生活所负的债务，原则上应当推定为夫妻共同债务。从本案一审、二审、再审的证据以及查证的事实看，虽然涉案借款所针对的旧债无法与家庭日常生活所需一一对应，超出了“家庭日常生活需要”，不能完全认定为夫妻共同债务，但在夫妻关系存续期间，家庭财务主要由王某操持，其对外举债一定程度上维持了张某与王某超出一般家庭日常生活的高额消费。因此，法院认为，在认定涉案债务是否属于夫妻共同债务时，不宜简单地以举证责任分配原则作出认定，而是应当区分“家庭日常生活需要所负债务”部分和“超出家庭日常生活需要所负债务”部分，对于王某为家庭日常生活所负的债务部分，应当推定为夫妻共同债务。另外，法院认为在认定涉案借款中属于“家庭日常生活需要所负债务”部分时，应当综合全案客观事实，依据举证责任分配原则，同时兼顾公平合理原则，凭借日常生活经验和逻辑推理，并在充分考虑当地的经济水平、民间借贷的交易习惯、王某对外举债的真实意思表示、负债金额大小以及资金流向、王某参与家族企业资金周转情况、张某与王某的收入来源和父母资助程度、家庭富裕程度和生活消费水平、离婚后双方对外债务承担情况、双方当前的经济状况等因素的基础上，酌情确定本案借款本金中的200万元为夫妻共同债务。

第四节　用于夫妻“共同生活”的债务

在司法解释的表述中，除了“以个人名义为家庭日常生活需要所负的债务”外，还有“债务用于夫妻共同生活”这种情形，这两种情形的主要区别是举证责任的不同，后者需要出借方举证证明债务用于夫妻共同生活；而前者往往无须直接举证证明某一笔债务用于某一项生活消费，而是整体性地判断债务与家庭生活开支的关联性。最高人民法院民一庭负责人解读夫妻债务纠纷案件司法解释时称：从举证责任分配的角度看，夫妻债务可以分为两类：一是日常家事范畴内的共同债务，二是超出日常家事范畴的共同债务。对于日常家事范畴内的债务，债权人一般无须举证，配偶一方如果主张不属于夫妻共同债务，则需要举证证明举债人所负债务并非用于家庭日常生活。对于超出日常家事范畴的债务，原则上不作为共同债务，债权人主张的，需要举证证明。如果债权人不能证明夫妻一方超出家庭日常生活需要所负的债务用于夫妻共同生活、共同生产经营或者基于夫妻共同意思表示，则不能认定为夫妻共同债务。实际上，债权人如为避免举证困难，完全可以事前防范，在形成大额债务时要求夫妻双方签字，体现夫妻双方的意思表示。不仅方便举证，更能避免纷争。

在我们所办理过的一起案件中，证据显示了夫妻二人中，举债方与非举债方各自有各自的收入，非举债方的收入就足以覆盖家庭开支，并不能证明举债方举债的目的是家庭日常生活所需。但是银行流水显示举债方所借款项有一部分转入了非举债方的账户，随后短时间内就转入了售房的开发商账户。于是该部分债务因用于夫妻共同生活而认定为共同债务。

对于债权人，举证证明债务用于夫妻“共同生活”的举证责任是比较重的，例如，(2021) 粤 03 民终 31669 号案件中，“本案中，陈某并未在杨某出具的《借条》上签名，应某也未提供证据证明陈某曾做出过共同借款的意思表示。在此情况下，应某主张涉案借款系夫妻共同债务，其应举证证明涉案借款被用于了杨某和陈某的夫妻共同生活或共同生产经营。但本案中，根据……杨某是将涉案借款 17 万元中的 166,666 元转至了案外人账户。应某未提供证据证明上述支付至案外人账户中的款项用于了杨某和陈某的夫妻共同生活或共同生产经营。因此，该部分借款不足以证明是杨某和陈某的夫妻共同债务。其余款项中，杨某支付给陈某或用于日常开支部分共计 3304 元，可以认定是用于了夫妻共同生活，应属于夫妻共同债务。陈某对该部分借款应承担共同偿还责任”。该案中由于交易流水只能确定出借款项中的 3304 元用于夫妻共同生活，所以只有 3304 元被认定为夫妻共同债务。

除了上述直接用于夫妻共同生活以外，还有一种可能会被判断为用于夫妻共同生活的情形，那就是为了家庭利益所负的债务。

(2019) 最高法民申 2302 号案件中，法院认为若公司的经营收益已形成夫妻共同财产，则为公司经营所负债务应当认定为夫妻共同债务。该案中姬某和赵某婚姻关系存续期间设立了青岭公司，姬某系以其个人名义为该笔贷款提供担保，但该笔贷款系用于青岭公司，而姬某时任该公司法定代表人，且持有该公司 50% 的股权。现河南获嘉农村商业银行股份有限公司认为上述债务为夫妻共同债务，要求赵某承担连带清偿责任。

法院认为，其经营青岭公司的收入已形成夫妻共同财产，故在赵某未提供证据证明青岭公司的收益未形成夫妻共同财产的情况下，本案债务应以赵某与姬某的夫妻共同财产以及姬某的个人财产清偿。二审法院认定案涉债务应由赵某与姬某共同偿还，虽然未明确赵某应以夫妻共同财产为限承担责任，但获嘉农商行已经向法院出具书面承诺书，明确表示如本案进入执行程序，只会申请执行已经查封的原属于夫妻共同财产的房产，放弃再执行赵某其他财产的权利，因此二审判决在执行过程中并不会加重赵某的负担。由此可见，非举债一方是否享受该债务带来的直接利益，成了司法实践上判断是否构成夫妻共同债务的一个重要的判断标准，即公司经营的利益形成夫妻共同财产，而举债是为了公司经营，进而推导出为了家庭利益举债。

但是该标准并非明文规定，其主要考虑的是对债权人和配偶的利益的平衡，具体尺度不容易把握。如果举债的金额相对家庭从经营中获得的利益而言巨大，比如，借款数千万元经营公司，而只有工资转化为家庭资产，那么就不能认为是为了家庭利益举债。而如果一种经营活动主要收入都直接用于家庭生活，如开出租车，那么买出租车的借款就应当认为是为了家庭的利益。

另外，在上述（2019）最高法民申 2302 号案例中，“在赵某未提供证据证明青岭公司的收益未形成夫妻共同财产的情况下”，这一表述有些让人费解。因为一方在外经营的收益在绝大多数情况下会形成夫妻共同财产，如果按照这个逻辑，绝大部分一方在外因生产经营产生的债务都会变成夫妻共同财产，并且该表述和《民法典》所规定的举证责任不一致。但是在这个案件中其实有特殊的情况，该案中产生债务的担保合同签订后短时间内姬某和赵某就办理了离婚手续，并且三套房产均分归赵某，公司股权分归姬某。时间和财产分割方式难免让人怀疑两人是为规避债务而离婚。所以在该案中对赵某提出了更高的举证要求。但是这样总归还是会给人一种“跳出了法律规定裁判”的感觉。

笔者认为，按照当前的法律规定其实对该类案件也有尺度更明确的裁判路径可循。首先债权人认为债务人离婚的目的是逃避债务，可以根据《民法典》第 154 条“行为人与相对人恶意串通，损害他人合法权益的民事法律行为无效”的规定，提出诉讼请求要求确认离婚协议中相应的条款无效。而根据签订担保合同和离婚的时间，不动产全分归非举债方这两点推断债务人及配偶为了规避债务而离婚，是可以根据日常生活经验法则推断的事实，不需要债权人举证；债务人应当举证推翻这一经验事实，即赵某应当举证证明离婚财产分割方案的合理性。而配偶与债务人共谋逃避债务，表示对债务的默示追认，进而推断非举债方追认债务，或者进一步，有追认仅用夫妻共同财产偿债的意思表示，最后能得到同样的结论。

合理合法的家庭财产规划是有必要的，但是既然是规划就必须在债务风险出现之前就早早安排，风险出现之后的任何安排都不是财产规划，而是财产转移。回到上述（2019）最高法民申 2302 号案件，假设赵某与姬某没有离婚，最后结果是否会是所有的夫妻共同财产都用来偿还债务呢？很有可能不是，如果收到的借款没有转入赵某的个人账户，赵某也有一定的收入，结果很有可能会认定债务是姬某的个人债务，最后用夫妻共有财产中属于姬某的部分偿还债务，赵某极有可能保住夫妻共同财产的一半。

第五节 用于“共同生产经营”的债务

“共同生产经营”指的是夫妻双方共同决定生产经营事项、一方授权另一方决定生产经营事项等情形，同时还应考虑经营活动的性质以及夫妻双方在其中的地位作用，尤其是举债所获利益是否实际用于维持或者改善夫妻共同生活，但是具体认定仍需结合相应证据进行判断。

结合到具体的司法实践中，主要的争议在于如何认定案涉债务是否用于“共同生产经营”。

一、只有一方经营公司

如果夫妻一方单独从事经营，且因经营而负债，债权人无法证明该债务用于共同经营的情况下，一般不能认定为是夫妻共同债务。

例如，在（2019）最高法民申 5542 号案件中，康某与刘某在夫妻关系存续期间时，刘某因百盛公司生产经营项目使用向李某借款。债权人主张上述债务为夫妻共同债务，要求康某承担连带清偿责任。

法院认为，康某与刘某虽然系夫妻关系，且借款行为发生在二人婚姻关系存续期间，但借款发生时刘某已告知李某该借款系用于百盛公司生产经营项目使用，百盛公司也在借款合同中加盖印鉴予以确认，对上述查明事实李某均予以确认，并未提出异议。且本案案涉借款金额巨大，显然超过家庭日常生活需要。上述事实足以证实，案涉债务属于企业法定代表人以个人名义借款用于企业生产经营的情况，而非用于刘某、康某夫妻共同生活，因此不能作为夫妻共同债务。李某再审申请过程中提供的案外人出具的证明，虽然能够证明康某实际参与借款活动，但并不能改变借贷双方对于借款用途及债务性质的自认。因此，李某的该项再审申请理由不能成立。

二、举债方配偶在公司任职

如果配偶在公司任职，特别是任公司高管职务，在工商登记和股东会记录等各种文件中能体现配偶任职并且参与经营活动，则很容易证明债务用于夫妻共同生产经营。证明债务用于夫妻共同生产经营的举证责任在债权人，债权人可以通过一些公示的信息证明夫妻二人共同经营公司。比如，夫妻一方持股，另一方在公司任董事，并且在董事会的会议记录中签名，特别是在与举债相关的董事会决议中签名。（2018）京01民初333号案件就是这种情形，配偶在公司任董事和总监，并且来往邮件清楚地显示配偶对债务以及举债方承诺使用家庭资产清偿债务知情且同意。

该案中法院认为，通过本案查明的事实可知：其一，陆某系方某之配偶，《增资协议》的前期沟通、正式签署、后期协商等过程发生在两人婚姻关系存续期间。其二，陆某系公司董事，任公司行政财务总监，是公司高级管理人员、核心经营团队成员之一，参与公司经营管理。其三，陆某对整个交易过程完全知悉并深度参与，对享有的盈利奖励权利及业绩补偿义务均具有预期。其四，方某曾在邮件中明确表示“现金补偿履约中不足的部分，我将以我和妻子名下现有的所有资产，按照存在形态，依法进行履约处置”，陆某于2018年2月5日将上述邮件发给四方继保公司相关人员，系其以实际行为表明愿意承担共同清偿责任的意思表示。综合考虑上述因素，本案认为，本案方某对四方继保公司所负的业绩补偿款及利息，符合《最高人民法院关于审理涉及夫妻债务纠纷案件适用法律有关问题的解释》（已失效）第 3 条之规定，属于夫妻共同债务。故对于四方继保公司主张陆某对方某需要支付的业绩补偿款及利息承担共同清偿责任的诉讼请求，本院予以支持。

在实务中夫妻中非举债方如果没有在外就业，很可能在举债方开设的公司中缴纳社保。如果证据显示仅仅缴纳了社保，并未实际在公司工作，没有参与公司的生产经营。则仅仅凭借社保缴纳记录不能证明非举债方在公司任职。另外还有些案件中非举债方虽然没有参与公司的经营，但是在其他债务中曾经为公司作过担保，债权人以此主张债务为用于夫妻共同生产经营的债务，但是法院并不支持这个观点。比如，在深圳市中级人民法院（2020）粤 03 民终 9615 号案件中，法院认为，“判断生产经营活动是否属于夫妻共同生产经营，要根据经营活动的性质以及夫妻双方在其中的地位作用等综合认定。夫妻共同生产经营所负的债务一般包括双方共同从事工商业、共同投资以及购买生产资料等所负的债务。而购买社保以及提供担保虽然都与公司相关，但均不属于公司的生产经营活动，而是一般生活经验中因夫妻身份关系而存在的常见做法。最后，对于投资人一方而言，也负有审慎注意义务，缔约时可采取约定配偶共同签字的方式，来为将来可能发生的债权的实现提供更好的保障，而本案合同亦无相关约定。故肖某提交证据不足以证明案涉债务用于夫妻共同生活、共同生产经营，不应认定为夫妻共同债务”。

在一些案件中，非举债的一方主张自己虽然登记为公司股东，但只是挂名，并没有实际参与公司经营管理。法院一般不认可该主张，认为工商登记有其公示效力，债权人基于对工商登记信息的信赖而签订合同，不能仅以当事人主张挂名而免责。实务中配偶当挂名股东的情形很常见，如上所述，这种操作方式有很大的债务风险。如果配偶实际并没有参与公司的经营，不要仅仅为了凑人数而将配偶登记为股东，如果只是为了规避一人有限责任公司的风险，不妨分一些股权给合伙人或者员工用于股权激励，增加员工的积极性。

第六节 其他情形

一、分居或离婚后的债务承担

如果在举债时夫妻二人处于分居状态，非举债的夫妻一方能够证明自己与举债一方长期分居，彼此之间经济相对独立，双方已经丧失了共同生活的基础，就不存在为家庭日常生活所需对外举债的可能，更加不存在为共同生活或共同经营而举债，因此此时的债务一般不认定为夫妻共同债务，除非债权人能举证证明非举债一方从举债中获益。

在夫妻二人离婚情况下，如果债务是在婚姻关系存续期间产生，仍然要根据前述的内容来判断债务是否是夫妻共同债务。夫妻之间在离婚协议中约定的债务承担方式只是在夫妻二人之间有效，对于债权人而言，如果债务是夫妻共同债务，仍然可以要求夫妻二人对债务承担连带责任。

夫妻一方在外举债后夫妻两人办理离婚手续，如果财产分割方案中非举债一方分得了大部分的财产，可能会损害债权人的利益。此时不能仅从以上夫妻共同债务的判断标准来认定离婚后的配偶是否需要承担债务。即使是一方的个人债务，如果离婚财产分割方案明显降低了举债方的偿债能力，比如，将大部分的财产都分割给了非举债方，仍有可能要求使用夫妻共同财产偿还债务。

例如，（2020）粤民申4535号案件中，在陈某与吴某婚姻关系存续期间，吴某多次向蔡某举债，借款总计1,899,900元。借款发生时，陈某与吴某处于分居状态，双方之间财产较为独立。后续陈某与吴某离婚，签订《自愿离婚协议书》，约定陈某可获得金额较高的存款及大量房地产。现蔡某认为上述债务为夫妻共同债务，要求陈某承担连带清偿责任。

法院认为，案涉借款发生在陈某与吴某婚姻关系存续期间，陈某主张案涉借款发生时其与吴某处于分居状态，且案涉借款并未用于夫妻共同经营，不应当属于夫妻共同债务。原审已认定陈某与吴某之间财产独立，陈某提供的证据即便能证明其与吴某存在分居的事实，但由于双方在《自愿离婚协议书》中约定了陈某可获得金额较高的存款及大量房地产，其在婚姻关系存续期间所得的巨额财产并非仅源于工资收入，也包括吴某在外经营承包工程获得的收益，而吴某案涉借款用于了经营承包工程，陈某作为夫妻共同财产的享有者，承担夫妻共同债务，并无不当，原审判决理据充分。

二、父母与子女之间的债务

在离婚纠纷中经常会牵涉到与夫妻一方或者双方的父母之间的金钱往来，有些可能是父母出借给子女的，有些可能是父母赠与子女的财产。和其他借款纠纷不同，在这种情形下“举债方”往往对自己向父母所借的“债务”积极认可。于是导致普通借款合同纠纷中所需的借条、借款协议等很容易被“制造”。所以父母与子女之间存有借款协议，是否认定为夫妻共同债务，一般要看借款成立之时双方是否有借款的合意，不能仅凭借条直接认定为夫妻共同债务。

在（2019）沪02民终10891号案件中，2016年12月11日，石某、季某与案外人张某某签订网签版本的房屋买卖合同，约定购房价为300万元。季某某从2016年12月8日起向石某、季某与案外人张某某陆续转账共计250万元，上述款项均使用于购房、房屋装修及购买家电。2019年1月21日石某、季某通过诉讼离婚。现季某、徐某出具一份借条认定该债务为夫妻共同债务，要求石某承担连带清偿责任，该借条载明季某以个人名义，因购房需要向父母借款250万元且该借条签字人为季某。

法院认为：“债权人主张夫妻共同债务，如果该债权人与夫妻一方存在血缘关系，如父母与子女之间出具借条，对于该笔债务是否可纳入夫妻共同债务，对债权人应该有更高的证明要求，不能简单以子女出具的借条认定借贷关系，进而主张夫妻共同债务。如果认同原审判决，对债权人不作分类区分，那么在父母为子女购房出资的婚姻中，将始终存在债务隐患。因为在婚姻遭遇解体危机时，出资的父母与自己子女补签借据，或者是子女确认借贷关系，均非难事。由于在婚姻关系缔结之际，出资一方父母及子女并未披露相应出资为借款，相对方的配偶从社会风俗及自身阅历考量，会产生所获利益源于对方父母赠与的认识，无从知晓相应债务的存在，更不能从源头防范该类债务风险。一旦遭遇婚姻解体危机，自身认识中的对方父母赠与可能演变为债务。本案的事实是季某先以父母出资为由主张获得房屋。在徐汇法院未支持的情况下，季某、徐某起诉主张归还借款。综合考虑到当事人之间的关系、父母对子女缔结婚姻关系的通常出资状况、当事人财产变动情况以及当事人在另案中的陈述等各种因素，在没有证据证明季某、徐某抑或是季某将涉案债务向石某披露的前提下，本院认为，涉案债务不宜认定为夫妻共同债务。”不过，实践中也有不少案例显示，除非有证据证明为赠与，部分法院还是会认定父母出资的行为系借贷，尤其对于自身经济并不宽裕的父母，这也是为保护老年人权益。

第七节 对赌协议

对赌协议（Valuation Adjustment Mechanism，VAM），直译是估值调整机制，是对公司估值进行调整的一种机制，是在企业融资时，投资人与企业或者企业股东签订的，约定实现一定的目标，如果不能实现则由公司或股东以股权、资金等形式对投资人作出补偿的协议。在本书中重点探讨对赌目标未能实现时由公司创始人对投资人作出现金补偿或回购的情形下，创始人的家庭资产是否会用来偿还因对赌协议产生的债务的问题。

2021 年 7 月 30 日，小马奔腾公司创始人的遗孀金某收到了最高人民法院的民事裁定书，其再审申请被驳回。这表示金某将不得不对 2 亿元的债务承担连带责任。

小马奔腾先后制作、投资了《历史的天空》《武林外传》《我的兄弟叫顺溜》《龙门镖局》《太平轮》《将爱情进行到底》《黄金大劫案》等一系列优秀的影视作品。当时的小马奔腾市场前景一片光明，估值达到 30 亿元。在其中一轮融资中小马奔腾的股东李某 1、李某 2、李某 3 作为甲方，新雷明顿公司（小马奔腾的前身）作为乙方，投资机构建银文化基金作为丙方签订了《投资补充协议》，其中第7.1条约定：“甲方和新雷明顿公司同意，若新雷明顿公司未能在2013年12月31日之前实现合格上市，则投资方均有权在2013年12月31日后的任何时间，在符合当时法律要求的情况下，要求新雷明顿公司、甲方或甲方任一方一次性收购其所持有的公司股权。”

根据裁判文书显示的内容，建银文化基金按照《增资及转股协议》及《投资补充协议》，于2011年3月18日依约向新雷明顿公司支付增资款，履行了向新雷明顿公司增资认购的义务；同日依约向李某2支付股权转让款，建银文化基金最终持有小马奔腾15%的股权，取得小马奔腾2,562,112元的出资额，完成了股权变更登记手续。小马奔腾董事长李某3于2014年1月2日去世，金某、李某在、李某云、邓某辉均为李某3第一顺位的法定继承人。小马奔腾未在2013年12月31日前实现合格上市。

建银文化基金根据协议的管辖条款的约定在中国国际经济贸易仲裁委员会申请仲裁，裁决认定：《增资及转股协议》及《投资补充协议》合法有效，股权回购义务条件已经成就，李某1、李某2、李某3应当依约履行该项义务。金某、李某在、李某云、邓某辉应当在各自继承李明遗产的范围内对股权回购义务承担清偿责任。该等义务的履行须以金某、李某在、李某云、邓某辉依法实际取得遗产为给付条件。

同时认定金某是否因与李某3具有夫妻关系而应承担股权回购义务，不属于本案管辖的范围。金某仅能因其承继了李某3于仲裁事项中的权利义务而受仲裁协议之约束，而仲裁庭审理的范围也只能限于金某与李某3于仲裁事项中的权利义务相关的事项，对于其婚姻法上的夫妻事实、婚姻法上的夫妻共同债务的认定等，均不属于仲裁庭的仲裁范围。于是建银文化基金在法院起诉要求金某对上述裁决所确定的债务承担连带清偿责任。

法院最后认定了金某对于案涉协议约定的股权回购义务是明知的，其参与了公司的共同经营，案涉债务属于李某3、金某夫妻共同经营所负债务。

小马奔腾的案例无疑给所有创业者的配偶敲响了警钟：是不是所有情况

下创业者的配偶都需要为对赌协议产生的债务承担连带责任？家庭的资产有没有可能和创业的风险隔离呢？从以往的案例来看，判断配偶是否要为对赌协议产生的债务承担连带责任的标准与夫妻共同债务的判断标准是一致的。

比如，上述小马奔腾的案例中，配偶一方参与了共同经营，类似的（2021）最高法民申4323号案件中，股东的配偶虽然在案发时并未持有股权，但是曾经持有股权，股权转出后陆续担任了公司的监事、监事会主席及财务副总等核心要职。因此法院认定公司系夫妻二人分工协力，共同经营的企业；并且配偶一方作为公司监事会主席主持了监事会会议，对公司的半年度报告进行审议并表决通过，该报告涵盖收取股权转让款的期间，故法院认为配偶对收到投资人的股权转让款是明知并且同意的。据此认为签订案涉的对赌协议应是夫妻二人因经营公司所作出的共同决策，案涉债务的负担具有夫妻共同意思表示。

而在（2017）粤03民初989号案件中，股东的配偶并未在合同上签字，也未在公司任职，所以法院并没有认定因对赌协议产生的债务为夫妻共同债务。但是该案中股东将夫妻共有的房产抵押给投资人，配偶已在抵押合同上签字，所以配偶应承担抵押担保部分的责任，即夫妻共有的房产会被执行。

在一些案件中配偶一方认为因对赌协议产生的债务是股东一方私自对外提供担保，并引用《最高人民法院民一庭关于夫妻一方对外担保之债能否认定为夫妻共同债务的复函》（〔2015〕民一他字第9号），一方对外担保之债不认定为夫妻共同债务。但是各级法院一般未支持这种观点，认为股东在对赌协议中是直接债务人，并非提供担保。

如果夫妻中一方经营公司，另一方实际上并未参与经营的，没有参与创业的一方应当注意规避自己的风险。很多人为了方便控制公司并为了规避一人有限公司的风险，让自己实际并未参与经营的配偶持股，或者让配偶在公司挂虚职任监事。但这样实际上会让家庭陷入风险之中，实际经营公司的一方如果在外签订了对赌协议，很有可能最后因为配偶在公司任高管或者股东，导致需要用夫妻共同财产偿还对赌协议产生的债务。公司经营的风险很难预测，在外经营的一方也应当注意将家庭资产和公司经营的风险隔离。在我们办理的一些案件中，曾碰到当事人原本在深圳有几套房产，却因为没有做好风险隔离，公司经营出现了重大问题，进而导致家庭的几套房子都被拍卖。当事人在深圳奋斗了 30 多年，最后却落得流离失所，实在让人唏嘘。

第十章

与离婚财产分割相关的执行异议程序

近年来出现债务危机的家庭越来越多，很多与家事相关的债务纠纷中，虽然配偶（或已离异配偶）在债务纠纷的案件中被认定为不需要为另一方的债务承担连带责任，但是在执行程序中共有或者已经分割的房产却又被查封、拍卖。此时作为配偶或已离异配偶还有最后一个救济手段，那就是执行异议。

第一节　执行异议程序

在实务中基于各种各样的原因，可能会出现不动产的登记权利人与实际权利人不一致，动产的占有人与实际所有人不一致的情形。比如，《民法典》第229条规定："因人民法院、仲裁机构的法律文书或者人民政府的征收决定等，导致物权设立、变更、转让或者消灭的，自法律文书或者征收决定等生效时发生效力。"如果因法院的判决书导致物权变更，即使没有及时办理房产的变更登记手续，物权的变更也是有效的，即不动产登记中心所登记的权利人与实际权利人不一致。如果申请执行人根据不动产权登记情况查询到了被执行人的不动产，向法院申请执行该不动产，此时实际上执行了他人的财产。为了避免这种情况的发生，法律上规定了执行异议程序。

根据《民事诉讼法》第263条，"案外人对执行标的提出确有理由的异议的"，人民法院应当裁定中止执行。《民事诉讼法》第234条规定了提起执行异议的程序，当事人对执行标的可以提出书面的异议申请，法院审查后认为申请理由成立的，应裁定中止执行；认为申请理由不成立的，裁定驳回。在执行异议申请被驳回后，如果当事人的异议是针对执行所依据的判决、裁定，即认为原判决、裁定错误的，应按再审程序办理；而如果当事人的异议与原判决无关，是基于自己对执行标的的权益，可以自执行异议申请的驳回裁定送达之日起15日内向法院提起诉讼。

在这里，只探讨基于自己对执行标的的权益提出异议的情形，即当债务人被债权人申请执行时，作为案外人的债务人的配偶或已离异配偶依据自己对被执行财产的权益提起的执行异议。如果是对原判决结果有异议就应当循再审程序处理。

方便起见，申请执行人、债权人指代对债务人的财产申请强制执行的一方；被执行人、债务人指夫妻或离异夫妻中负债的一方；案外人、配偶均表示被执行人、债务人的配偶或者已离异的配偶。

第二节　执行异议的结果与条件

根据《最高人民法院关于适用〈中华人民共和国民事诉讼法〉的解释》（2022 年修正）第 463 条的规定，执行异议申请可能有两种处理结果：

（1）案外人对执行标的不享有足以排除强制执行的权益的，裁定驳回异议；

（2）案外人对执行标的享有足以排除强制执行的权益的，裁定中止执行。

但不管执行异议申请的结果如何，执行异议裁定送达之日起的 15 日内，法院不得对执行标的进行处分。这 15 日是预留给案外人提起执行异议之诉的。

根据《最高人民法院关于适用〈中华人民共和国民事诉讼法〉的解释》第 310 条，对案外人提起的执行异议之诉，法院可能有两种处理结果：

（1）案外人就执行标的享有足以排除强制执行的民事权益的，判决不得执行该执行标的；

（2）案外人就执行标的不享有足以排除强制执行的民事权益的，判决驳回诉讼请求。

从该表述可以看出，配偶的执行异议是否能成功，主要得看是否就执行标的享有“足以排除强制执行的民事权益”。而法律上没有明确地定义什么是“足以排除强制执行的民事权益”。因为申请执行人所享有的权益不同，能将其排除的权益也不同，所以应当从配偶一方所享有的“民事权益”

是否优先于申请执行人所享有的“民事权益”在个案中进行判断。需要注意的是，这里的用词是“民事权益”，并非“民事权利”，在后面的案例中可以看到这两个词的区别。下面探讨配偶与被执行人共有的房产或分归配偶的房产因为债务人的个人债务被强制执行时，在各种情形下如何通过执行异议程序维护自己的权利。

第三节　执行权益与异议权益的对抗

一、执行权益与异议权益的种类

申请执行人的债权种类一般包括非金钱债权、有抵押优先权的金钱债权、无抵押优先权的金钱债权。

典型的非金钱债权有比如房屋买卖合同纠纷中，夫妻一方将房产出售后违约，购买人依据法院判决享有的请求强制过户的权利。虽然夫妻一方出售房产时，如果另一方不知情，可以以此为由阻止继续履行合同，此时在房屋买卖合同纠纷诉讼中一般不会判决强制过户，但在有些情形下可能未在房产证上登记配偶并未能及时主张自己的权利，导致共有的房产被判决强制过户。在一些案件中，购买人能举证证明在签订房屋买卖合同时未登记的配偶曾经出现并同意售房，于是法院判决继续履行合同，但是未登记的配偶不甘心，在执行程序中又提起执行异议之诉。

典型的有抵押优先权的金钱债权，比如，一方为经营公司将共有的房产抵押用来获取经营贷款。如果配偶并没有签署贷款合同，贷款也没有用于夫妻共同的经营、生活，在诉讼中该贷款被法院认定为一方的个人债务。银行在取得胜诉判决后依据法院的判决申请拍卖抵押的共有房产，此时未举债的配偶提起执行异议之诉希望能保住房产。

无抵押优先权的金钱债权很常见，往往是一方由于经营等背负了债务，因其配偶没有参与经营，也没有参与产生债务的活动，故法院判决该债务由债务人一人承担。这种情形在股东对公司承担连带责任，大股东业绩对赌，民间借贷中都很常见。在法院判决后虽然确定了债务是个人债务，但债权人在执行阶段仍可以申请强制执行债务人与配偶共有的财产。此时债务人的配偶可以提起执行异议，要求不予执行共有的房产。而提出执行异议的配偶一方一般基于婚内共有、离婚协议、离婚判决来主张自己对执行标的的权利。

在很多执行异议的案件中夫妻两人并没有离婚，婚内所购置的房产仍然是共有的。在一方出现债务问题导致房产被执行时，配偶基于这一共有关系提起执行异议，希望借此保住房产，但成功率并不高。而在另外一些案件中被执行人名下的房产被强制执行时，虽然房产名义上登记在被执行人名下，但实际上在离婚协议或者离婚判决中已经将该房产分给了另一方，此时另一方可以提起执行异议；而根据离婚的形式是协议还是判决，离婚的时间是执行的债权发生前还是发生后，执行异议可能会有不同的结果，后文将会详细进行叙述。

二、以共有权提出执行异议

《最高人民法院关于人民法院民事执行中查封、扣押、冻结财产的规定》（2020 年修正）第 12 条规定："对被执行人与其他人共有的财产，人民法院可以查封、扣押、冻结，并及时通知共有人。

共有人协议分割共有财产，并经债权人认可的，人民法院可以认定有效。查封、扣押、冻结的效力及于协议分割后被执行人享有份额内的财产；对其他共有人享有份额内的财产的查封、扣押、冻结，人民法院应当裁定予以解除。

共有人提起析产诉讼或者申请执行人代位提起析产诉讼的，人民法院应当准许。诉讼期间中止对该财产的执行。"

因此，作为房产的共有权人，有权向法院主张优先购买权或在涉案房产拍卖后对拍卖价款相应份额主张权利，但该权利的行使并不能排除对涉案房产的整体执行。

但由于执行程序中主要依据权利外观来判断权利人，如果被执行人作为按份共有人登记，那么法院只能查封并强制执行被执行人名下所登记的份额，比如，被执行人名下登记了50%的份额，法院只能查封该50%的份额、拍卖该50%的份额。在淘宝网的司法拍卖中可以查询到很多拍卖房产的50%的份额的案例。如果其他按份共有人名下的份额一同被查封，那么其他按份共有人可以针对自己名下的份额提起执行异议申请。

如果是共同共有关系，登记中共有人的份额并不确定，此时可能整套房产都会被查封。根据上述法律规定，法院可以查封共有的财产，只需及时通知共有人即可。共有人无法仅仅根据共有关系成功地对整套房产执行异议。为了维护共有人的权利，共有人可以在执行期间提起析产诉讼，在诉讼期间对共有财产的执行中止。待财产分割方案确定后，申请执行人只能执行债务人名下的共有份额。由于诉讼费时费力，也可以直接协议分割共有财产，债权人认可的，可以省去析产诉讼这一步。

另外根据《最高人民法院关于适用〈中华人民共和国民事诉讼法〉的解释》（2022年修正）第310条的规定，案外人提起执行异议之诉同时提出确认其权利的诉讼请求的，人民法院可以在判决中一并作出裁判。比如，在（2019）最高法民申5205号、（2018）豫民终1763号判决中，法院就对共有人的份额作出了确认，并判决对属于共有人的部分财产不予执行。所以共有人也可以提起执行异议，请求对属于自己的份额不予执行，同时要求对份额作出确认。

三、依据非金钱债权申请执行的情形

《最高人民法院关于人民法院办理执行异议和复议案件若干问题的规定》（2020年修正）第26条第3款规定："非金钱债权执行中，案外人依据另案生效法律文书提出排除执行异议，该法律文书对执行标的权属作出不同认定的，人民法院应当告知案外人依法申请再审或者通过其他程序解决。"

此种情形中申请执行的债权人所依据的判决内容是要求债务人履行一定的行为，而不是支付金钱。比如，在房屋买卖合同纠纷中，如果卖方违约后，买方起诉要求继续履行合同，法院判决继续履行，并判决卖方配合买方办理过户手续的，若判决生效后卖方拒不配合，那么买方（非金钱债务的债权人）可以申请法院强制执行，直接将房屋过户至自己名下。

此时的非金钱债权主要是指判决强制过户，此判决的基础一定是债务人拥有房产的所有权。由于执行程序以权利外观，即房产的登记状态为依据，申请执行人启动强制执行程序时房产也应当是登记在被执行人名下的。此时案外人如果主张房产归其所有或者共有，那么前一份判决的基础就不存在了，前一份房屋买卖合同纠纷的判决中，如果已知房屋有其他共有人，并且共有人不愿意出售房屋，那么房屋买卖合同确定的债权与共有人的物权相冲突，此时不能判决继续履行合同，要求卖方配合办理过户手续，只能判决卖方支付违约金。所以配偶所提的异议实际上是要求推翻原有判决，不再是依据对被执行财产的权利提起与执行所依据的判决结果无关的异议，而是对执行所依据的判决不服，应当按再审程序处理。

四、依据有优先权的金钱债权申请执行的情形

《最高人民法院关于人民法院办理执行异议和复议案件若干问题的规定》（2020 年修正）第 27 条规定："申请执行人对执行标的依法享有对抗案外人的担保物权等优先受偿权，人民法院对案外人提出的排除执行异议不予支持，但法律、司法解释另有规定的除外。"

因此，如果申请执行人对被执行的房产有抵押权，那么配偶不管基于共有、离婚协议还是离婚判决，都无法排除执行。在（2021）最高法民申 3587 号案件中，再审申请人主张其配偶伪造离婚协议办理了抵押登记手续，认为抵押登记无效，并主张涉案房产为夫妻共同财产以排除执行，执行异议一审、二审均败诉后提起再审。法院判决认为，案涉房产的抵押权经生效法律文书确认，即在债务纠纷案件中判决（仲裁）确认债权人对案涉房产享有抵押权，有权就处分该抵押房产所得价款获得优先受偿，并认为执行依据并非执行异议之诉的审理范围，当事人应另寻法律途径解决，最终驳回了再审申请。

因此，如果当事人认为抵押登记确有问题，应就抵押登记的效力问题另行提起诉讼，在执行异议中无法对此进行处理。

五、生效在先的离婚判决与没有优先权的金钱债权

《民法典》第209条规定，不动产的物权的设立、变更以登记为准，未经登记的不发生效力，但法律另有规定的除外。另外《民法典》第229条规定，因人民法院、仲裁机构的法律文书或者人民政府的征收决定等，导致物权设立、变更、转让或者消灭的，自法律文书或者征收决定等生效时发生效力。《最高人民法院关于适用〈中华人民共和国民法典〉物权编的解释（一）》第7条又规定，人民法院在分割共有不动产等案件中作出并依法生效的改变原有物权关系的判决书、调解书应当认定为《民法典》第229条所称导致物权设立、变更、转让或消灭的人民法院的法律文书。因此，生效的离婚判决书、调解书中对房产所进行的分割即使未经登记也有物权变动的效力。

物权优于债权是我国民法中的重要原则，物权是支配权、绝对权，而债权是请求权、相对权。如果有在先的离婚判决、调解书中确定了房产归一方所有，即使没有办理变更登记手续，也是可以排除金钱债权的执行的。虽然在实践中大部分离婚判决后当事人都办理了执行、过户手续，但有少数当事人基于无法筹资偿还房屋上的抵押贷款、办理变更登记的条件不具备等各种原因没有将房屋变更登记在自己名下。此时如果原登记方出现债务危机，在执行程序中极有可能会依据房屋登记现状查封房屋，配偶此时可以通过执行异议程序，依据离婚判决主张房屋归自己所有，不应列入被执行的财产。

但是如果是在房产被查封之后生效的离婚判决，则极有可能会被认定为恶意串通损害债权人利益，导致无法排除执行。对此，《最高人民法院关于人民法院办理执行异议和复议案件若干问题的规定》（2020年修正）第26条规定："金钱债权执行中，案外人依据执行标的被查封、扣押、冻结前作出的另案生效法律文书提出排除执行异议，人民法院应当按照下列情形，分别处理：（一）该法律文书系就案外人与被执行人之间的权属纠纷以及租赁、借用、保管等不以转移财产权属为目的的合同纠纷，判决、裁决执行标的归属于案外人或者向其返还执行标的且其权利能够排除执行的，应予支持……

金钱债权执行中，案外人依据执行标的被查封、扣押、冻结后作出的另案生效法律文书提出排除执行异议的，人民法院不予支持。”

六、生效在先的离婚协议与没有优先权的金钱债权

实践中，有很多人在签署了离婚协议后没有办理相应的房屋变更登记手续，其中的原因多种多样，有的是因为离婚协议所约定的变更登记条件尚不成就，比如约定小孩成年后过户；有的是因为房屋的产权性质暂时无法办理变更登记手续，比如，还未办理房产证的商品房，产权受限的房屋等；还有的仅仅是因为怠于起诉要求对方履行。

由于离婚协议只是夫妻二人之间的约定，无法据此排除第三方的权利。此时依据离婚协议提起执行异议的案外人与申请执行人都享有对被执行人的债权。此时需要比较案外人与申请执行人的民事权益，判断案外人是否享有足以排除强制执行的民事权益。

比如，在最高院（2015）民一终字第150号案件中，案外人与被执行人于1996年签订《离婚协议书》，约定房屋归案外人及其所生子女所有，此后房屋一直由案外人和子女居住，登记在被执行人名下，一直未作变更。被执行人与执行申请人之间的股权转让发生在2009年，产生纠纷形成案件后的执行查封发生在2013年。在执行申请人申请对房屋强制执行后，案外人依据离婚协议提起执行异议。

法院首先根据离婚时间和债权形成时间判断离婚协议并不属于恶意逃避债务，并依据离婚协议明确了案外人对讼争房屋享有请求权，并将其请求权与执行申请人的债权进行对比如下：

1. 从成立时间上看，案外人的请求权成立时间早于申请执行人的债权成立时间，法院分析认为，虽然债权成立时间并不影响债权的平等性，但是在若干情形下会对债权能否继续履行以及履行的顺序产生影响，并与买卖合同司法解释中多重买卖合同继续履行的问题类比，认为至少不能得出申请执行人的在后债权优于案外人的在先债权的结论。

2. 从内容上看，法院认为案外人的请求权是针对诉争房屋的，而申请

执行人的债权是金钱债权，并未指向特定财产，案外人的请求权优于申请执行人的金钱债权。

3. 从性质上看，由于申请执行人的债权发生时诉争房屋已经不属于被执行人，故法院认为在整个金钱债权形成过程中诉争房产都没有影响被执行人的责任财产。排除执行并未对申请执行人的债权实现形成不利影响。

4. 从发生的根源上看，房屋具有为案外人及子女提供生活保障的功能，与金钱债权相比，案外人的请求权在伦理上具有一定的优先性。

进行对比之后，法院认为案外人享有可以排除执行的民事权益，支持了案外人的诉讼请求。

该案例为最高人民法院的公报案例，有很高的参考价值。由该案例可以看到，生效在先的离婚协议是有可能排除执行的，理由除了时间在先以外，更重要的是对案外人来说房屋有保障生活的居住属性，其民事权益是高于单纯的金钱债权的。（2018）最高法民终 462 号、（2018）最高法民申 2777 号案件也作出了类似的认定，说明最高院的裁判基本遵循了同样的思路。

但是需要注意的是，公报案例（2015）民一终字第 150 号中并未对离婚协议签订多年后没有办理过户手续的原因进行分析，而在后续的一些同样是最高院的案例中，离婚协议签订后案外人没有办理过户手续的，则认为案外人怠于主张权利，基于自己的原因导致未能取得房屋的所有权，应自行承担后果，最终驳回了案外人的执行异议。例如，（2019）最高法民申 3379 号案件。但这里有些令人不解的地方，在（2018）最高法民终 462 号案件中，法院认为案外人未能办理房产证的原因是抵押贷款还未偿还，所以认为不是案外人的原因，但实践中很多人是通过委托担保公司赎楼后再抵押的方式办理的过户手续，所以房屋上是否还存在贷款似乎并不是没有办理过户手续的决定性因素。仔细阅读这些案例后发现，可能判决差异之间的深层次的原因并不完全在于案外人是否未办理过户手续，而在于离婚协议的签订是否完全没有故意逃避债务的嫌疑。比如，（2018）最高法民终 462 号与（2019）最高法民申 3379 号案件中案外人都主张因为按揭贷款未偿还而没有办理过户手续，但前者债务发生在离婚协议签订两年后，后者债务发生在离婚协议签订后的次月，并且后者离婚协议中绝大部分财产都分割给了一方，所有的债务都由另一方承担，显然后一个案件中法官并不相信离婚协议不是为了逃避债务而签订的，因此前一个案例支持了案外人的诉讼请求，后一个案例驳回了案外人的诉讼请求。

另外一种常见的情形是夫妻二人在离婚协议中约定房产归子女所有的，如果子女后续没有办理过户手续，也没有通过诉讼确定自己的权利，则其实际上并没有取得物权，在执行异议程序中也只是享有请求权，同样也需要对民事权益的优先级进行分析以判断是否可以排除金钱债权的执行。比如，（2021）最高法民申4533号案件最终基于与公报案例（2015）民一终字第150号类似的理由认定可以排除执行；（2020）最高法民终1226号案件则认为案涉的房产为商用，并非住宅，不属于为保障最基本生活居住条件的用途，因此不享有足以排除强制执行的民事权益。（2020）粤民申3247号、（2020）湘民终922号案件中则因为子女已经依据离婚协议起诉并胜诉，取得了物权，故而成功地排除了强制执行。所以当事人及时地主张自己的权利很重要。

还有一种情形是离婚协议在债权产生之前生效，但是在债权产生之后才依据离婚协议提起诉讼，通过判决确认了所有权。此时案外人已经通过判决取得了物权，在执行异议中可以依据物权排除金钱债权的执行。

七、生效在后的离婚协议、判决与没有优先权的金钱债权

《最高人民法院关于人民法院办理执行异议和复议案件若干问题的规定》（2020年修正）第26条第2款规定："金钱债权执行中，案外人依据执行标的被查封、扣押、冻结后作出的另案生效法律文书提出排除执行异议的，人民法院不予支持。"因此，如果在案涉房屋已经被执行程序查封后才生效的离婚判决，是无法排除执行的。同时，根据《最高人民法院关于人民法院民事执行中查封、扣押、冻结财产的规定》（2020年修正）第12条规定，共有财产被执行时共有人可以提起析产诉讼，析产诉讼期间中止执行。所以虽然在执行查封开始后无法依据后生效的判决来排除对整个房产的

执行，但可以提起析产诉讼明确自己的份额，并要求对该部分份额停止执行或要求在拍卖后所得款项中保留份额。如前文所述，也可以就案外人共有的部分直接提起执行异议，在执行异议之诉中同时确认份额。

如果离婚判决的生效发生在债务产生之后，但是在查封之前，此时依据《最高人民法院关于人民法院办理执行异议和复议案件若干问题的规定》（2020年修正）第26条，案外人可以依据该生效判决所取得的物权排除执行。但申请执行人可能因为离婚判决的内容对自己不利，而认为房产的分配数额会导致自己的利益受损。此时申请执行人可以依据《民事诉讼法》第59条的规定提起第三人撤销之诉，但是需要特别注意的是，第三人撤销之诉应当在知道判决、裁定、调解损害自己的权益之日起6个月内提出，6个月之后提出的法院将驳回起诉；并且该六个月的期间为不变期间，不适用诉讼时效中止、中断、延长的规定。

以上简要分析了在执行程序中，配偶一方作为执行程序的案外人，在共有或者分割归自己所有的房屋被执行时如何提起执行异议，并对比了案外人可能据以提起执行异议的各种民事权益与执行申请人据以申请执行的各种民事权益的优先级。法律规定中为案外人和执行申请人都提供了充分的渠道主张自己的权利，但法律不保护“在权利上睡觉的人”，各方当事人都需要及时地行使这些权利以维护自己的利益。

第四节　参考案例介绍

一、案例一[1]

（一）案情简介

2015年4月21日，开封中院受理民生小额贷公司诉被告开封市天香食品有限公司、浙江百基特材科技有限公司（以下简称百基特公司）、孙某、

[1]（2019）最高法民申5205号。

焦某、岳某、赵某、陈某民间借贷纠纷一案，于2015年11月4日作出（2015）汴民初字第183号民事判决，判决开封市天香食品有限公司偿还民生小额贷公司借款1850万元及利息，并判令本案孙某对该债务承担连带保证责任。该判决生效后本案依法进入执行程序。

该院依法查封了孙某名下位于浙江省温州市龙湾区永中街道巷底路×号房产（权证号02××），并于2017年4月20日向被执行人孙某公告拍卖事宜。张某提出书面异议，称该房产属于其与孙某的夫妻共同财产，张某依法享有一半份额，且系张某唯一住房，请求撤销对该房产的查封，终止对该房产的拍卖程序。

（二）法院观点

一审法院认为，一方共有人对另一共有人的抗辩在共有关系没有解除和分割前，不得对抗第三人。张某与孙某并未解除婚姻关系，民生小额贷公司得有权先以共同财产向债务人孙某主张债权，被申请执行人孙某配偶张某即使主张对孙某提供担保的行为不知情且不予认可，其可在解除二人婚姻关系时，再要求孙某承担内部责任。因此，一审法院对涉案房屋属于张某与第三人孙某夫妻共同财产的事实，予以认定；对张某要求终止执行对本案争议房屋的拍卖程序的意见，依法不予支持。故一审法院判决确认了房产归张某与孙某共同共有，但驳回了其他诉讼请求。张某不服一审判决，上诉至二审法院。

二审法院在（2018）豫民终1763号判决书中认为，涉案房产属于孙某和张某婚姻存续期间的共同财产，张某基于夫妻共有对该房屋享有一半的财产权益。因孙某对民生小额贷公司所负债务为其个人债务，且执行期间张某与孙某已经法院判决解除婚姻关系，法院仅可执行涉案房产中属于孙某的一半财产份额。因涉案房屋已拆迁，执行法院提取了房屋拆迁补偿款3,262,940元，在执行时只能执行其中的1,631,470元，不得执行剩余属于张某的1,631,470元。因此，本院支持张某在1,631,470元的范围内排除强制执行的请求，超出部分没有理据，不予支持。

民生小额贷公司不服二审判决，提起了再审申请。认为原一审法院确认房屋归张某与孙某共同所有的行为超出了张某的诉讼请求。最高人民法院在驳回再审申请的裁定书中认为：关于人民法院是否应在本案中对张某主张的民事权益进行审查及裁判的问题：人民法院在审理张某所提起的案外人执行异议之诉的过程中，判断张某就案涉房产是否享有足以排除强制执行的民事权益，必然涉及对张某所主张的实体权利进行实体审查，这属于执行异议之诉案件的审理范围。孙某、张某已于2018年1月24日经法院判决离婚，对案涉房屋所涉及的夫妻共同财产份额，根据《最高人民法院关于适用〈中华人民共和国民事诉讼法〉的解释》（2022年修正）第310条第2款之规定，张某既可以单独提起分割诉讼，也可以在本案中同时提出确认其权利的诉讼请求，人民法院亦可以就此一并作出裁判，民生小额贷公司主张张某仅能另案主张权利与上述法律规定明显不符，其据此提出的再审理由不能成立。

二、案例二[1]

（一）案情简介

执行异议诉讼一审原告，执行案外人赖某认为其配偶在婚姻关系存续期间伪造离婚协议，将登记在配偶一人名下的房产抵押贷款，据此主张抵押无效并以此提出执行异议。原审法院驳回了原告的诉讼请求。案件经一审驳回赖某的诉讼请求后，二审予以维持。赖某仍不服，于是提起再审申请。

（二）法院观点

最高人民法院在驳回再审申请的裁定书中认为，案外人提起执行异议之诉以排除对特定标的物的执行为目的。人民法院对执行异议之诉的审理，一般应当就案外人对执行标的物是否享有权利、享有什么样的权利、权利是否足以排除强制执行进行判断。因此，赖某虽提出中国银行龙岗支行不是善意取得、案涉房产抵押无效等主张，但原审法院以“中国银行龙岗支行对案涉房产的抵押权经生效法律文书确认”以及执行依据是否存在错误并非本

[1] 最高人民法院民事裁定书，（2021）最高法民申3587号。

案审理范围为由，告知赖某可另循法律途径解决，理据充分，本院予以认可。原审法院参照《最高人民法院关于人民法院办理执行异议和复议案件若干问题的规定》第27条关于“申请执行人对执行标的依法享有对抗案外人的担保物权等优先受偿权，人民法院对案外人提出的排除执行异议不予支持，但法律、司法解释另有规定的除外”的规定，并根据深圳仲裁委员会（2017）深仲裁字第1778号仲裁裁决作出时，赖某与黄某并未对案涉房产予以分割；案涉房产上设定的抵押权经生效法律文书确认；本案无涉法律、司法解释另有规定的除外情形等案件事实，遂作出驳回赖某关于排除对案涉房产强制执行的诉讼请求的处理意见，事实和法律依据充分，本院予以认可。

三、案例三[1]

（一）案情简介

2011年12月15日，一审法院作出（2011）闽民初字第22号民事判决，判令林某应返还王某已支付的转让款750.681万美元（合人民币5000万元）。（2011）闽民初字第22号民事判决生效后，王某于2012年12月23日向一审法院申请强制执行，申请执行标的750.681万美元（合人民币5000万元）及利息，一审法院于2013年12月24日立案执行，并于2013年6月19日作出（2013）闽执行字第1-4号执行裁定：继续查封林某所有的坐落于上杭县××的房产，查封期限自2013年7月21日起至2014年7月20日止。

2013年12月5日，钟某以诉争房产系其所有为由，向一审法院提起执行异议，请求一审法院中止对该房产的执行并解除对该房产的查封措施。一审法院认为，讼争房产至今仍登记在林某名下，尚未变更登记为案外人钟某，故上述房产的物权未发生变动，应仍为林某所有。案外人钟某认为讼争房产系其合法财产之理由无事实和法律依据，查封并无不当，故作出

〔1〕 最高人民法院民事判决书，（2015）民一终字第150号。

（2013）闽执外异字第3号执行裁定，驳回钟某异议。钟某不服，遂提起执行异议诉讼。

（二）法院观点

一审法院查明，林某于2014年2月17日、3月24日上杭县人民法院法庭审理中陈述，讼争房产土地使用权1994年向上杭县国土资源局购买，1995年建造竣工并乔迁入住，1996年向土地管理部门申请办理土地使用权证，1997年才办理好土地使用权证和房屋所有权证。1996年8月7日，钟某与林某办理离婚手续，《离婚登记申请书》及《审查处理结果》的内容体现钟某与林某经婚姻登记机关审查同意准予离婚。离婚时，双方已经协议夫妻共同财产即讼争房产归钟某及所生子女所有。由于购买土地时是用林某的名义购买的，所以办证机关要求用其名字办理，原本可以将房屋所有权过户到钟某名下，但一直未去办理。离婚后，该房产由钟某占有、使用和收益。讼争房产现在的门牌号是××，离婚时已协商归钟某及其所生子女所有。

一审法院判决停止对案涉房产的执行，王某不服提起上诉。

二审法院认为：本案系案外人钟某在王某与林某股权转让纠纷一案生效判决的执行中，对执行标的（讼争房产）提起的执行异议之诉，请求排除执行的理由为股权转让关系发生之前，该讼争房产已在离婚协议中作为其与林某夫妻共同财产进行处分，即归其和四名子女所有，因此，钟某对本案讼争房产是否享有足以阻止执行的实体权利是本案争议的焦点。法院认为，钟某对诉争房产享有足以阻却执行的权利。主要理由如下。

第一，现有证据不能证明钟某与林某之间存在恶意串通逃避债务的主观故意，钟某与林某解除婚姻关系及有关财产约定的意思表示真实。根据原审查明的案件事实，王某与林某之间转让股权的时间为2009年9月，王某因该股权转让纠纷根据生效判决申请原审法院对讼争房产进行查封的时间为2013年6月，此时讼争房产登记在债务人林某个人名下。钟某一审中提供的复印自上杭县档案馆的《离婚登记申请书》《离婚协议书》《审查处理结果》等三份证据，能够证明钟某与林某两人于1996年7月22日达成的《离婚协议书》已明确将夫妻双方共有的讼争房产归钟某及其子女所有。上述

《离婚协议书》系钟某与林某两人双方自愿达成，内容不违反法律、行政法规的强制性规定，且两人亦已依该协议并经行政机关批准解除婚姻关系，故一审法院认定该离婚协议合法有效，并无不当。由于该《离婚协议书》签订时间（1996 年 7 月）在先，法院对讼争房产的执行查封（2013 年 6 月）在后，时间上前后相隔长达十几年，林某与钟某不存在借离婚协议处分财产逃避债务的主观恶意。据此，钟某与林某在离婚协议中对于夫妻共同财产的处分行为亦属有效。王某上诉主张的钟某与林某之间的离婚协议属恶意逃避债务的理由不能成立。

第二，关于钟某对讼争房产的请求权的内容问题。根据《上杭县私有房屋所有权登记申请书》、杭房权字第××号《房屋所有权证》及杭国用（1997）字第 4468 号《国有土地使用证》等证据可知，讼争房产的用地面积为 172.8 平方米。由于钟某与林某签订《离婚协议书》时，讼争房产尚未办理门牌号码也未测量其实际面积，因此，钟某与林某在《离婚协议书》中约定，“……建在上杭县城关和平路的面积一百七十三平方米（尚未办理门牌号码）的房屋归女方及女方所生子女所有”，该约定的内容即应解释为诉争房屋的全部而非其中的 173 平方米归钟某及其所生子女所有。尤其是，在《离婚协议书》签订之后，钟某及其所生子女也一直实际占有、使用诉争房屋。因此，王某上诉以钟某仅对诉争房屋的 173 平方米部分享有请求权、人民法院不应停止对该房屋其他部分执行的主张不能成立。

第三，由于《离婚协议书》并不存在恶意串通逃避债务的问题，且钟某对案涉全部房产享有请求权，因此，需要进一步讨论的问题是，钟某依据《离婚协议书》对讼争房产享有的权利是否足以排除执行。

在法律适用上，应当看到，《最高人民法院关于人民法院办理执行异议和复议案件若干问题的规定》是针对执行程序中当事人提出执行异议时如何处理的规定。由于执行程序需要贯彻已生效判决的执行力，因此，在对执行异议是否成立的判断标准上，应坚持较高的、外观化的判断标准。这一判断标准要高于执行异议之诉中原告能否排除执行的判断标准。

由此，《最高人民法院关于人民法院办理执行异议和复议案件若干问题的规定》第25条至第28条的规定就应当在如下意义上理解，即符合这些规定所列条件的，执行异议能够成立；不满足这些规定所列条件的，异议人在执行异议之诉中的请求也未必不成立。是否成立，应根据案件的具体情况和异议人所主张的权利、申请执行人债权实现的效力以及被执行人对执行标的的权利作出比较后综合判断，从而确定异议人的权利是否能够排除执行。

在本案中，钟某与林某于1996年7月22日签订《离婚协议书》，约定讼争房产归钟某及其所生子女所有，该约定是就婚姻关系解除时财产分配的约定，在诉争房产办理过户登记之前，钟某及其所生子女享有的是将讼争房产的所有权变更登记至其名下的请求权。该请求权与王某的请求权在若干方面存在不同，并因此具有排除执行的效力。

首先，从成立时间上看，该请求权要远远早于王某因与林某股权转让纠纷所形成的金钱债权。债权的成立时间尽管并不影响债权的平等性，但是在若干情形下对于该债权能否继续履行以及继续履行的顺序产生影响。例如，《最高人民法院关于审理买卖合同纠纷案件适用法律问题的解释》（2020年修正）第7条针对出卖人就特殊动产订立多重买卖合同的继续履行问题明确规定，在均未受领交付且未办理所有权转移登记手续的情况下，依法成立在先合同的买受人的继续履行请求权就优先于其他买受人。以此类推，在本案中，至少不能得出王某成立在后的债权具有优先于钟某成立在前的债权的结论。

其次，从内容上看，钟某的请求权系针对诉争房屋的请求权，而王某的债权为金钱债权，并未指向特定的财产，诉争房屋只是作为林某的责任财产成为王某的债权的一般担保。在钟某占有诉争房屋的前提下，参考《最高人民法院关于审理买卖合同纠纷案件适用法律问题的解释》（2020年修正）第7条规定的精神可知，其要求将讼争房产的所有权变更登记至其名下的请求权，也应当优于王某的金钱债权。

再次，从性质上看，王某与林某之间的金钱债权，系林某与钟某的婚姻关系解除后发生的，属于林某的个人债务。在该债权债务发生之时，诉争房屋实质上已经因钟某与林某之间的约定而不再成为林某的责任财产。因此，在王某与林某交易时以及最终形成金钱债权的过程中，诉争房产都未影响林某的责任财产。在此意义上，钟某的请求权即使排除王某债权的执行，也并未对王某债权的实现形成不利影响。

最后，从发生的根源上看，讼争房产系钟某与林某婚姻关系存续期间基于合法建造而产生的夫妻共同财产，在钟某与林某婚姻关系解除之时约定讼争房产归钟某及其所生子女所有。从功能上看，该房产具有为钟某及其所生子女提供生活保障的功能。与王某的金钱债权相比，钟某及其子女享有的请求权在伦理上具有一定的优先性。

综上所述，法院认为，基于钟某与王某各自债权产生的时间、内容、性质以及根源等方面来看，钟某对诉争房产所享有的权利应当能够阻却对本案讼争房产的执行，钟某提起执行异议请求阻却对本案讼争房产执行的理由成立，一审法院判决停止对讼争的位于福建省上杭县××房产的执行正确，应予维持。王某上诉请求撤销该项判决的理由，不能成立，法院不予支持。

四、案例四〔1〕

（一）案情简介

刘某于2005年4月18日与郑某登记结婚。在婚姻关系存续期间，2005年10月30日，以郑某名义购买了位于北京市××区××楼××单元××号房××套，总房价为370,337元，登记在郑某名下。2005年12月14日，郑某作为借款人，北京市通州区城关农村信用合作社为贷款人，本金顺开房地产开发有限公司作为保证人签订《个人住房借款合同》，贷款29万元买房，期限为10年。2012年12月18日，刘某与郑某协议离婚，并办理了离婚登记。双方离婚时约定，婚生子随刘某共同生活，同时双方婚姻关系存续期间所购买的北京市××区××号楼××单元××号房产归刘某所有；该房屋剩余贷款由刘某承担。但诉争房屋没有过户到刘某名下。2017年3月20日，一审法院在执行周某与依林公司、融投公司、宝盛公司及郑某民间借贷与担保合同纠纷

---

〔1〕 最高人民法院民事判决书，（2018）最高法民终462号。

一案中，作出（2017）黔执28号执行裁定，对登记在郑某名下的位于北京市××区××号楼××单元××号房产进行查封。刘某提出案外人执行异议，一审法院以（2017）黔执225号执行裁定驳回刘某提出的异议请求。刘某遂提起本案诉讼。

（二）法院观点

一审法院认为诉争房屋系刘某与郑某在夫妻关系存续期间所购买，根据婚姻法相关规定，系诉争房屋应属刘某与郑某的夫妻共同财产。《物权法》第9条（已失效，现为《民法典》第209条）规定："不动产物权的设立、变更、转让和消灭，经依法登记，发生效力；未经登记，不发生效力……"双方在离婚协议中约定诉争房屋产权归刘某所有，这是郑某对自己在诉争房屋产权中所拥有份额的处分，该处分行为未经产权变更登记，不直接发生物权变动的法律效果，也不具有对抗第三人的法律效力。因诉争房屋的产权未发生变更登记，郑某仍为诉争房屋的登记产权人，其在诉争房屋中的产权份额尚未变动至刘某名下，故在郑某尚存未履行债务的情况下，周某作为郑某的债权人，要求对郑某名下的财产予以司法查封并申请强制执行符合法律规定。刘某依据《离婚协议书》对诉争房屋产权的约定要求确认房屋的所有权归其所有并要求解除对诉争房屋的司法查封、停止强制执行的诉讼请求于法无据，一审法院不予支持。一审法院依据《物权法》第6条、第9条（已失效，现为《民法典》第208条、第209条）之规定，判决驳回刘某的诉讼请求。

一审后刘某不服上诉至二审法院。

二审法院认为，本案的争议焦点为：（1）刘某请求确认案涉房屋归其所有的诉讼请求应否支持；（2）刘某对案涉房产是否享有足以排除强制执行的民事权益。

第一，关于刘某请求确认案涉房屋归其所有的诉讼请求应否支持。郑某在与刘某的夫妻关系存续期间，以自己名义购买案涉房屋并登记在自己名下，根据《婚姻法》（已失效）的相关规定，该房产属于夫妻共同财产。刘某与郑某所签《离婚协议书》的落款日期为2012年12月18日，并盖有民政部门登记章，该《离婚协议书》真实可信。刘某与郑某在《离婚协议书》中约定案涉房屋归刘某所有，属于双方对夫妻共同财产的合法处分，真实有效，刘某可根据约定向不动产登记机关请求变更登记。根据《物权法》第9条（已失效，现为《民法典》第209条）关于“不动产物权的设立、变更、转让和消灭，经依法登记，发生效力；未经登记，不发生效力，但法律另有规定的除外”的规定，共有人关于共有财产归属的约定并不必然导致不动产所有权的变动。刘某请求确认不动产物权发生变动，其实现有赖于案涉房屋抵押权人的同意与否，最终取决于是否在不动产登记机关办理了权属变更登记。本案中，案涉房屋上仍附有抵押权，刘某对案涉房屋现阶段仅享有请求不动产登记机关变更物权登记的请求权，该种请求权的实现仍需要以抵押权人的同意为条件，刘某直接通过本案诉讼的方式请求确认对案涉房屋享有所有权的条件并不完备。因此，本院对刘某请求确认其对案涉房产享有所有权的诉讼请求不予支持。

第二，关于刘某对案涉房产是否享有足以排除强制执行的民事权益。本院认为，民事诉讼法设立执行异议之诉的目的在于保护相关民事主体对标的财产所享有的足以排除强制执行的合法权益，保护其不因标的财产被强制执行而遭受不可逆的损害。在执行异议之诉案件的审理过程中，根据个案的具体情况，比较有关权益的形成时间和权益的内容、性质、效力以及对权益主体的利害影响等，是执行异议之诉案件的审理范围。因此，判断本案中刘某就案涉房产所享有的民事权益是否足以排除强制执行，应从权利的形成时间、权利内容、权利性质以及对权利主体的利害影响等方面进行分析。从本案查明事实看，刘某与郑某于2012年12月18日签订《离婚协议书》并登记离婚，该《离婚协议书》盖有民政部门公章并备案于婚姻登记部门，具有登记公示的效力。根据《离婚协议书》，刘某即取得了对案涉房屋所享有的请求过户登记的权利。但因双方离婚时该房屋尚存在按揭贷款未全部偿还而未办理抵押登记，刘某在未全部清偿按揭贷款并办理解押的情况下，无法申请办理过户登记。对此，不能认定刘某存在主观过错，该情形属于非基于刘某自身原因未能及时办理过户登记的情形。该离婚协议是双方在离婚时对夫妻共有财产的处分行为，是一种债的关系，刘某据此针对该房产享有的为债权请求权。刘某与郑某协议离婚以及对案涉房屋的分割远早于郑某对周某所负的债务，可以合理排除刘某与郑某具有恶意逃避债务的主观故意。虽然周某提出刘某与郑某协议离婚涉嫌转移财产、逃避债务，但未举示相应证据，故不能认定刘某与郑某的离婚系逃避债务的行为。在此情况下，刘某对案涉房屋所享有的请求办理过户的权利与周某对郑某的保证债权均为平等债权。从权利内容看，周某对郑某享有的保证债权的实现以郑某实质上所有的全部合法财产作为责任财产范围，并不单一地指向案涉房屋；而刘某对案涉房屋所享有的请求办理过户的权利则直接指向案涉房屋本身，其权利针对性更加强烈。从对相关民事主体的利害影响看，男女双方之间的离婚协议，往往基于双方之间权利义务的统筹安排，有关财产的分割也往往涉及其他有关义务的承担，另外还包含了情感补偿、子女抚养以及对一方生存能力等因素的考量，在财产分配上对于抚养子女一方作适当倾斜的情形较为常见。此类离婚财产分割协议，如无明显的不正当目的，亦未严重损害相关利害关系人的合法权益，则既为法律所允许，也为风俗所提倡。保证债权的权利保护，主要体现为交易的平等性和自愿性，并不涉及情感补偿、生活利益照顾等因素，在对相关民事主体的利害影响上，不及于离婚财产分割。另外，夫妻离婚时对共同财产的分割，经过一段时间后，在有关当事人之间以及相关方面已经形成了比较稳定的社会关系，如果不存在合理的必要性，不宜轻易打破这种稳定的社会关系。本案的基本案情与最高人民法院（2015）民一终字第150号案件所认定的事实具有高度相似之处，基于相类似案件作相同处理的内在裁判要求，本案亦作与该案相同的裁判，认定刘某对案涉房产享有足以排除强制执行的民事权益。

最高人民法院二审撤销了贵州省高级人民法院的判决，改判停止对案涉房屋的强制执行。

五、案例五[1]

（一）案情简介

张某与成某系夫妻关系，双方于2008年10月20日在广东省深圳市罗湖区民政局办理离婚登记手续，并在离婚协议中约定将成某名下的涉案房产划归张某所有。因涉案房产在离婚协议前已经抵押给招商银行上海东方支行，在未经抵押权人招商银行上海东方支行同意以及未还清按揭贷款之前，涉案房产未能办理变更过户给张某。成某于2011年10月10日出具《承诺书》，为富源贸易公司向万某借款提供连带保证责任，成某应对上述借款及利息承担连带清偿责任。最高人民法院于2013年11月26日作出（2013）民一终字第133号终审判决。该判决书中认定成某应对上述借款及利息承担连带清偿责任。原告张某在上述案件的执行程序中提起执行异议之诉。

（二）法院观点

成某的上述债务属于夫妻一方对外担保之债。根据《最高人民法院民一庭关于夫妻一方对外担保之债能否认定为夫妻共同债务的复函》（〔2015〕民一他字第9号）关于“夫妻一方对外担保之债不应当适用《最高人民法院关于适用〈中华人民共和国婚姻法〉若干问题的解释（二）》第二十四条的规定认定为夫妻共同债务”之规定，上述涉案债务不应认定为成某与张某的夫妻共同之债。

鉴于案涉离婚协议发生于2008年，而成某承诺对外承担担保责任发生于2011年，即离婚协议在先，夫妻一方对外承担担保责任在后。在没有证据证明张某与成某双方系恶意串通逃避债务的情况下，原审判决支持张某关于停止对案涉房产强制执行的请求亦无不当。

---

〔1〕 最高人民法院民事裁定书，（2018）最高法民申2777号。

六、案例六[1]

（一）案情简介

刘某与吕某原系夫妻关系，双方于2013年9月6日，经北京市海淀区民政局办理了登记离婚手续。双方签订的《离婚协议书》约定案涉房屋归刘某所有，案涉房屋贷款由吕某承担。

2013年10月22日、12月3日，交行友谊支行与医疗用品厂分别签订两份《流动资金借款合同》，借款金额分别2000万元和1000万元。吕某对上述借款提供连带担保。交行友谊支行因与医疗用品厂、吕某、刘某借款合同纠纷一案，经一审法院及黑龙江省高级人民法院审理，判决医疗用品厂承担给付交行友谊支行借款本金3000万元及利息、罚息责任；如医疗用品厂不能清偿部分，以其抵押的机械设备折价或变卖、拍卖的价款优先清偿；吕某对上述款项承担连带清偿责任。2015年2月9日，一审法院保全查封了吕某名下的案涉房屋。2016年9月12日，交行友谊支行申请执行。2016年11月8日，一审法院作出（2016）黑01执421号执行裁定书，继续查封案涉房屋。刘某以其为执行标的案涉房屋所有权人为由提出执行异议，要求解除对案涉房屋的查封。

（二）法院观点

《离婚协议书》作为吕某与刘某双方之间的内部约定，系双方对自身权利的合法处分，但此种权利处分是否能对抗对《离婚协议书》约定内容不知情的第三人，应以处分的权利内容是否符合法律规定的权利变动模式为准。本案诉争的是房屋所有权和处分权利，不动产物权设立、变更应严格依照法律规定进行登记，以发生物权变动效力。刘某与吕某在2013年9月6日协议离婚，医疗用品厂借款、吕某提供担保发生在2013年10月，人民法院查封案涉房屋发生在2015年2月，但直至2017年8月17日，案涉房屋已被依法查封后，刘某方向人民法院起诉吕某要求办理房产过户。双方协议

---

〔1〕最高人民法院民事裁定书，（2019）最高法民申3379号。

离婚时，已将包括案涉房屋在内的绝大部分巨额财产分割给刘某，债务全部由吕某负担。刘某在有条件起诉要求办理房屋过户登记手续的情况下，多年内始终未主张办理，怠于行使因《离婚协议书》取得的请求权，致使案涉房屋因不符合登记要件且不能认定为刘某个人财产或刘某取得处分权利。因此，在刘某并未取得对抗执行的权利基础情况下，其关于排除本案执行的主张，不能成立。

七、案例七〔1〕

（一）案情简介

大秦公司与中赢公司、贺某某企业借贷纠纷一案，西安中院于2018年7月13日作出（2018）陕01民初68号民事判决书，判决：（1）中赢公司于本判决生效后15日内向大秦公司偿还借款本金1000万元……（3）贺某某对上述款项承担连带清偿责任；贺某某承担连带清偿责任后，有权向中赢公司追偿……该判决已发生法律效力。因中赢公司、贺某某未履行生效法律文书所确定的义务，大秦公司向西安中院申请执行，西安中院立案执行。执行中，西安中院作出（2018）陕01执2027号执行裁定、（2018）陕01执2027号之一协助执行通知书，查封了贺某某名下位于西安市高新区××城××公寓××区××、××沿街商铺（面积294.29平方米，产权证号：105×××××××-20-1-8-10114-2）的房产，查封期限3年。西安中院向西安市不动产登记服务中心送达了查封裁定，协助执行通知书。贺某彭、贺某乐以涉案房产已约定为其所有为由，提出执行异议。

2009年5月7日，贺某彭、贺某乐的父母贺某某、彭某签署《离婚协议书》，约定：男女双方自愿离婚，解除婚姻关系；双方婚后生育的两个女儿贺某彭、贺某乐由女方抚养并管理；双方婚后共有房产即位于西安市××城商铺一套归两个女儿所有，西安市××城办公一套和西安市××城住宅两套归女方所有等。同日，贺某某、彭某在榆林市榆阳区民政局婚姻登记处登记

〔1〕 最高人民法院民事裁定书，（2021）最高法民申4533号。

离婚。大秦公司与贺某某于2012年12月24日签订《借款协议》，约定大秦公司向贺某某借款1000万元，年利率24%等，大秦公司实际向贺某某出借款的时间为2012年12月24日300万元、2012年12月25日700万元；后因该1000万元借款本息未清偿，大秦公司又与中赢公司先后两次签订《借款协议》，第二次《借款协议》签订时间为2016年1月24日，约定借款期限为一年，自2016年1月24日至2017年1月23日，月息贰分，中赢公司与贺某某对借款项下所有本息承担连带担保责任。

（二）法院观点

关于贺某彭、贺某乐所享有权益是否可以排除强制执行的问题。二审法院对贺某彭、贺某乐是否享有足以排除强制执行的民事权益从权利的形成时间、权利内容、权利性质以及权利主体四个方面展开论述，并不违反法律和司法解释规定，符合执行异议之诉制度的基本精神。原审法院对贺某彭、贺某乐所享有权利与大秦公司的权利为平等债权的表述，系根据各自权利形成时间作出贺某某与彭某并无提前预知以及逃避债务的可能性的判断，进而得出案涉权利均应受到法律保护的结论，并不影响继续从前述各个方面展开论述并最终对权利优劣作出排序。故大秦公司关于原审判决认定权利平等又认定其中某一权利可排除强制执行违法的主张并不符合本案情形。

陕西省高级人民法院二审裁判观点：首先，民事诉讼法设立执行异议之诉的目的在于保护相关民事主体对标的财产所享有的足以排除强制执行的合法权益，保护其不因标的财产被强制执行而遭受不可逆的损害。在案外人执行异议之诉案件的审理中，应当先查明案外人对执行标的物是否享有权利、享有什么样的权利，以及申请执行人享有民事权利的法律属性，根据个案的具体情况，比较有关权益的形成时间和权益的内容、性质、效力以及对权益主体的利害影响等。因此，判断本案中贺某彭、贺某乐就案涉房产是否享有足以排除强制执行的民事权益，就应从权利的形成时间、权利内容、权利性质以及对权利主体的利害影响等方面进行分析。

其次，从本案查明的事实看，贺某彭、贺某乐之父母贺某某与彭某于

2009年5月7日签订《离婚协议书》并登记离婚，该《离婚协议书》盖有民政部门公章并备案于婚姻登记部门，具有登记公示的效力。根据《离婚协议书》的约定，贺某某与彭某一致同意夫妻婚后共同房产即本案案涉房产归两个女儿贺某彭、贺某乐所有。该离婚协议是夫妻在离婚时对夫妻共有财产的处分行为，是一种债的关系，贺某彭、贺某乐据此取得了对案涉房产的请求过户登记的权利。贺某某与彭某协议离婚以及对案涉房产的分割早于中赢公司、贺某某对大秦公司所负债务三年多，可以合理排除彭某与贺某某具有恶意逃避大秦公司债务的主观故意，大秦公司亦未提供彭某、贺某某涉嫌转移财产、逃避债务的证据，不能认定彭某与贺某某的离婚系逃避债务的行为。在此情况下，贺某彭、贺某乐对案涉房产享有的请求办理过户的权利与大秦公司对贺某某的保证债权均为平等债权。从权利内容来看，大秦公司对贺某某享有的保证债权的实现以贺某某实质上所有的全部合法财产作为责任财产范围，并不单一地指向案涉房产；而贺某彭、贺某乐对案涉房产所享有的请求办理过户的权利则直接指向案涉房产本身，其权利针对性更加强烈。贺某某、彭某离婚之时，贺某彭、贺某乐均系未成年人，案涉房产在一定程度上承担了生活保障的功能。从本案查明事实看，案涉房产一直由彭某进行管理并对外出租，多笔租金直接打入贺某彭的银行账户。由此可以认定，在贺某某与彭某离婚之后，该房屋的收益用于贺某彭、贺某乐的生活保障。从对相关民事主体的利害影响看，男女双方之间的离婚协议，往往基于双方之间权利义务的统筹安排，有关财产的分割也涉及其他相关义务的承担，通常包括了情感补偿、子女抚养以及对一方生存能力等因素的考量。对于此类离婚财产分割协议，如无明显的不正当目的，亦未严重损害相关利害关系人的合法权益，应予以认可。而保证债权的权利保护，主要体现为交易的平等性和资源性，并不涉及情感补偿、生活利益照顾等因素，在对相关民事主体的利害影响上，不及于离婚财产分割。因此，贺某彭、贺某乐对案涉房产享有足以排除强制执行的民事权益。

八、案例八[1]

（一）案情简介

刘某邑的父母刘某发、林某琴于1988年6月登记结婚，于2009年7月登记离婚，离婚协议书第3条“房产处理”第2款、第3款分别约定私房辽宁省沈阳市皇姑区华山路×号801.84平方米房产、巴兰河街×号538平方米房产归女儿刘某邑。上述两处房产规划用途分别为网点、非住宅，购买时间分别为2000年12月、2004年7月，产权登记人均为刘某发。离婚协议书约定上述房产归刘某邑后，一直未办理登记过户手续，刘某邑委托亲属林某代为出租、管理上述房产。

中国长城资产管理公司北京办事处（以下简称长城资产公司北京办事处）诉石化物资公司、沈阳中油公司、鞍山中油公司、上海中油天宝钢管有限公司、刘某发金融不良债权追偿纠纷一案，一审法院根据长城资产公司北京办事处的申请，于2016年2月2日作出（2016）辽民初5号民事裁定，查封、冻结石化物资公司、沈阳中油公司、鞍山中油公司、上海中油天宝钢管有限公司、刘某发的银行存款25，850万元或其名下的其他等值财产，并于2016年4月12日告知石化物资公司、沈阳中油公司、鞍山中油公司、上海中油天宝钢管有限公司、刘某发具体保全内容（含本案所涉两处房产）。经审理，一审法院作出（2016）辽民初5号民事判决，判令石化物资公司给付长城资产公司北京办事处本金2.5亿元及利息，长城资产公司北京办事处对鞍山中油公司抵押的相关机器设备、土地使用权、房产享有优先受偿的权利，沈阳中油公司、上海中油天宝钢管有限公司、刘某发承担连带给付责任。石化物资公司不服该判决，提起上诉。最高人民法院于2016年12月27日作出（2016）最高法民终726号民事判决，变更一审判决利息部分，其他判项予以维持。该判决生效后长城资产公司北京办事处申请执行，一审法院于2017年2月23日作出（2017）辽执15号执行裁定，将本

[1] 最高人民法院民事判决书，（2020）最高法民终1226号。

案交由辽宁省沈阳市中级人民法院执行。该案所涉债权的原债权人为盛京银行股份有限公司沈阳市民主支行。2015 年 12 月，盛京银行股份有限公司北京分行经盛京银行股份有限公司授权，与长城资产公司北京办事处签订《债权转让协议》《委托清收协议》，盛京银行股份有限公司北京分行将包括案涉债权在内的相关债权转让给长城资产公司北京办事处，长城资产公司北京办事处委托盛京银行股份有限公司北京分行进行清收工作。2017 年 12 月 20 日，长城资产公司北京分公司与盛京银行股份有限公司北京分行签订《债权转移确认协议》，案涉债权作为长城资产公司北京分公司支付的委托代理费转移至盛京银行股份有限公司北京分行。同日，盛京银行股份有限公司上海分行经盛京银行股份有限公司授权，与睿银盛嘉公司签订《债权转让协议》，睿银盛嘉公司受让案涉债权。2018 年 5 月 25 日，辽宁省沈阳市中级人民法院作出（2018）辽 01 执异 149 号执行裁定，将本案申请执行人由长城资产公司北京分公司变更为睿银盛嘉公司。

2019 年 5 月 30 日，刘某邑对一审法院裁定查封刘某发名下的案涉辽宁省沈阳市皇姑区华山路×号、巴兰河街×号两处房产提出异议。一审法院于 2019 年 10 月 29 日作出（2019）辽执异 181 号执行裁定，驳回刘某邑的异议请求。刘某邑于 2019 年 11 月 13 日提起本案诉讼，一审法院于 2019 年 11 月 21 日立案。

（二）法院观点

根据刘某邑的上诉请求，本案的争议焦点是刘某邑对案涉房屋是否享有足以排除强制执行的民事权益。

根据一审法院查明的事实，刘某邑提交案涉房产档案、离婚协议书、林某证人证言等证据，用以证明案涉房产在刘某邑父母离婚时约定归刘某邑所有，案涉房产一直未办理过户登记手续，后其委托亲属对案涉房产进行实际管理。但是，依据《物权法》第 9 条（已失效，现为《民法典》第 209 条）关于“不动产的设立、变更、转让和消灭，经依法登记，发生效力；未经登记，不发生效力，但法律另有规定的除外”的规定，案涉房产未经登记，不发生物权变动的效力。刘某邑主张通过父母离婚协议书约定的受赠方式取得案涉房产，但其因自身原因一直未办理过户登记，故并未取得案涉房产所有权。刘某邑主张依据离婚协议书已取得案涉房产的所有权，但其仅依据夫妻内部处分行为排斥对外法定公示物权效力，并无依据。另外，案涉房产用途为商用，并非住宅，总面积达1340平方米，不属于为保障刘某邑最基本生活居住条件用途。因此，刘某邑对案涉房产不享有足以排除强制执行的民事权益，一审法院鉴于案涉房产仍然登记在刘某发名下，对作为登记的权利人财产予以执行并无不当，刘某邑的上诉请求缺乏事实和法律依据，法院不予支持。

九、案例九〔1〕

（一）案情简介

一审法院认定事实：为了提前还清涉案房产的银行按揭贷款，以便将涉案房产转让给胡某，梁某华与中国银行深圳福永支行于2015年4月27日签订了《个人贷款合同》，约定：梁某华向中国银行深圳福永支行贷款68万元，用途赎楼；该合同项下的全部债务由万通公司提供连带责任保证。

万通公司代梁某华提前偿还涉案房产赎楼贷款后，梁某华未向其偿还代偿款，万通公司遂于2015年7月14日向一审法院起诉，经审理，一审法院作出的（2015）深福法民三初字第1595号民事判决已发生法律效力，该判决确定：第一，梁某华应于判决生效之日起10日内向万通公司偿还代偿款687,276元并支付利息，利息以代偿款687,276元为基数按每月2%的标准自2015年6月3日代偿之次日起计至付清款之日止；第二，梁某华应于判决生效之日起10日内向万通公司赔偿律师费2万元、财产保全担保费9000元。

该案诉讼过程中，一审法院根据万通公司的申请，于2015年7月23日轮候查封了梁某华名下的涉案房产。2016年7月8日，该案转为正式查封。因梁某华未履行生效判决，万通公司向一审法院申请强制执行，一审法院立

---

〔1〕广东省高级人民法院民事裁定书，（2020）粤民申3247号。

案为（2016）粤0304执9402号执行案件。执行过程中，执行法院拟处分登记在梁某华名下的涉案房产，胡某作为案外人提出执行异议。执行法院经审查于2018年6月12日作出（2017）粤0304执异9号执行裁定书，裁定驳回胡某的执行异议请求。胡某遂向一审法院提起本案执行异议之诉。

胡某与梁某华于2006年12月8日登记结婚。涉案房产购置于2012年4月5日，于2013年7月9日核准登记在梁某华名下（房地产证编号：深房地字第××号）。2014年8月14日，胡某与梁某华协议离婚，双方于当日签订的《离婚协议书》约定："1. 房产归女方所有（房产证号：深房地字第××号）……"

胡某与梁某华离婚后，梁某华未将涉案房产转移登记至胡某名下，胡某遂向深圳市宝安区人民法院提起诉讼。深圳市宝安区人民法院作出（2015）深宝法家初字第787号民事判决书认为："原、被告在办理离婚登记时签订的《离婚协议书》为双方真实意思表示，对双方均具有约束力，涉案房屋归原告所有，被告应协助原告办理过户手续。现涉案房产已被法院查封，不具备办理房产过户手续的条件，故原告请求被告协助原告将涉案房屋变更登记至被告名下的请求，本院不予支持……"并判决：第一，位于深圳市光明新区××中心区××花园××#楼××号房屋（房产证号：深房地字第××号）归胡某所有；第二，驳回胡某的其他诉讼请求。该民事判决于2015年10月16日生效。

（二）法院观点

法院经审查认为，《物权法》第28条（已失效，现为《民法典》第229条）规定："因人民法院、仲裁委员会的法律文书或者人民政府的征收决定等，导致物权设立、变更、转让或者消灭的，自法律文书或者人民政府的征收决定等生效时发生效力。"就涉案房产，深圳市宝安区人民法院作出的（2015）深宝法家初字第787号民事判决书已判决该房屋归胡某所有，该判决于2015年10月16日生效。依据上述规定，人民法院生效法律文书具有设立物权的效力，涉案房产虽然仍登记在梁某华名下，但从2015年10月16日开始已归胡某所有，为胡某的个人财产。万通公司申请再审的主要理由是，依据《最高人民法院关于人民法院办理执行异议和复议案件若干问题的规定》第 26 条第 2 款规定，前述生效法律文书不能作为排除执行的依据。对此，法院认为，根据《民事诉讼法》（2017 年修正）第 227 条规定，案外人对执行异议裁定不服的，可以提起执行异议诉讼。从该条法律规定可知，案外人对执行异议裁定的结果不服，可以通过执行异议诉讼进行救济。执行异议程序和执行异议诉讼程序二者功能、目的不同，前者主要是解决执行过程中衍生的程序和实体争议，需要快速判断以利于执行工作的进一步开展，体现的是“效率优先，兼顾公平”的价值取向，因此采取形式审查的原则，即在执行标的的权属上采用物权公示原则和外观主义，根据执行标的的权利外观表彰来判断，执行标的物有登记的，按照登记机构的登记判断。执行异议之诉则是案外人对执行标的主张实体权利，意图就执行标的排除执行，人民法院需对案外人是否对执行标的享有实体权利、该种实体权利能否排除执行进行实质审理，依据查明的案件事实和法律关系作出判断，并依据民事实体法律作出判决，而不限于权利外观，价值取向是“公平优先，兼顾效率”，体现司法审判活动的共性价值。因此，执行异议作为执行程序与执行异议诉讼作为诉讼程序，二者的权利判断标准并非完全一致。《最高人民法院关于人民法院办理执行异议和复议案件若干问题的规定》第 26 条第 2 款规定：“金钱债权执行中，案外人依据执行标的被查封、扣押、冻结后作出的另案生效法律文书提出排除执行异议的，人民法院不予支持。”第 4 款规定：“申请执行人或者案外人不服人民法院依据本条第一、二款规定作出的裁定，可以依照民事诉讼法第二百二十七条规定提起执行异议之诉。”从前述第 2 款规定可以看出，案外人依据执行标的被查封、扣押、冻结后作出的另案生效法律文书提出排除执行异议的，人民法院不予支持，并规定为“……提出排除执行异议诉讼的，人民法院不予支持”；且既然可以依照第 4 款规定对依据第 2 款规定作出的裁定提起执行异议诉讼，就意味着执行异议诉讼对民事权利可能作出与执行异议不同的判断。因此，二审判决认为在案外人执行异议之诉中，《最高人民法院关于人民法院办理执行异议和复议案件若干问题的规定》只是参考适用，并无不当。

根据《最高人民法院关于适用〈中华人民共和国民事诉讼法〉的解释》第463条第1款规定："案外人对执行标的提出的异议，经审查，按照下列情形分别处理：（一）案外人对执行标的不享有足以排除强制执行的权益的，裁定驳回其异议；（二）案外人对执行标的享有足以排除强制执行的权益的，裁定中止执行。"本案的核心在于判断胡某对涉案房屋是否享有足以排除强制执行的民事权益。从本案事实看，梁某华和胡某的《离婚协议书》签订于梁某华与万通公司的债务产生和涉案房产被法院查封之前，（2016）粤0304执9402号案的债务人为梁某华，不包括胡某，该案执行依据所确定的债务也非夫妻共同债务，而（2015）深宝法家初字第787号民事判决已经认定《离婚协议书》关于涉案房产归女方（胡某）所有的约定合法有效，并判决涉案房产归胡某所有，二审判决据此认为胡某对涉案房产享有足以排除强制执行的民事权益、判决不得执行涉案房产，并无不当。

十、案例十[1]

（一）案情简介

林某台起诉捷通公司股权转让纠纷一案，2017年4月17日，湖南省长沙市中级人民法院作出（2016）湘01民初72号民事判决：第一，捷通公司支付定金200万元由林某台所有；第二，驳回林某台的其他诉讼请求。林某台不服该判决，并向二审人民法院提起上诉。2017年8月29日，二审人民法院作出（2017）湘民终337号民事判决：第一，维持（2016）湘01民初72号民事判决第一项；第二，撤销（2016）湘01民初72号民事判决第二项；第三，双方继续履行《股权转让协议书》及《补充协议书》，捷通公司在判决生效之日起10日内支付林某台股权转让款1792.2369万元，利息自2014年2月1日起按月利率2%计算至实际支付之日止；第四，驳回林某台的其他诉讼请求。2017年10月26日，湖南省长沙市中级人民法院受理林某台申请强制执行。2018年2月6日，湖南省长沙市中级人民法院以被

[1] 湖南省高级人民法院民事判决书，（2020）湘民终922号。

执行人捷通公司的股东胡某静、包某殷抽逃注册资金为由，作出（2017）湘01执1533号之一执行裁定，追加第三人胡某静、包某殷为本案被执行人，胡某静应在抽逃注册资金600万元的范围内对申请执行人林某台承担600万元赔偿责任，被执行人包某殷应在抽逃注册资金1300万元的范围内对申请执行人林某台承担1300万元赔偿责任；上述两被执行人应承担的赔偿责任以1900万元为限。2018年5月14日，湖南省长沙市中级人民法院作出（2017）湘01执1533号之二执行裁定：第一，冻结、扣划被执行人胡某静银行存款600万元或查封、扣押其价值相当的财产。第二，冻结、扣划被执行人包某殷银行存款1300万元或查封、扣押其价值相当的财产。2018年9月5日，湖南省长沙市中级人民法院向杭州市国土资源局发出（2017）湘01执1533号协助执行通知书，查封胡某静名下位于杭州市西湖区权证号：杭房权证西移字第××，查封期限为自2018年9月5日起至2021年9月4日止。2018年1月，案外人蔡某俊、蔡某童对此提出执行异议，要求解除对上述杭州市西湖区房屋的查封。2019年3月20日，湖南省长沙市中级人民法院作出（2019）湘01执异17号执行裁定：中止对被执行人胡某静名下位于杭州市西湖区房屋的执行。林某台不服，提起本案执行异议之诉。

另查明，2010年10月29日，蔡某俊与胡某静签订《离婚协议书》并约定：夫妻有坐落在杭州市某房产，现协商归男方（指蔡某俊）与儿子（指蔡某童）共同所有，包括房内的家用电器及家具等，所按揭余款全由女方支付，三年内女方一次性付清，否则可追诉女方。女方另向男方支付现金200万元归儿子所有，在离婚之日款项必须三日内付清，全部的支出必须为儿子的生活与学习所用，否则女方有权追诉回该笔款项所有……2015年3月18日，蔡某俊、蔡某童在杭州市西湖区人民法院起诉胡某静，法院作出（2015）杭西民初字第156号民事判决：第一，位于杭州市西湖区房屋（杭房权证西移字第××）归蔡某俊、蔡某童所有；第二，驳回蔡某俊、蔡某童的其他诉讼请求。该判决于2015年4月8日生效。因胡某静在多起民事案件中系被告，杭州市上城区人民法院、杭州市滨江区人民法院、杭州市西湖区人民法院查封或轮候查封了杭州市西湖区房屋，蔡某俊、蔡某童为此均提出了案外人异议。2015年4月27日、7月3日和2018年7月10日，杭州市上城区人民法院以（2015）杭上商初字第521-2号民事裁定、杭州市滨江区人民法院以（2015）杭滨执异字第27号执行裁定和杭州市西湖区人民法院以（2018）浙0106执异65号执行裁定相继解除对杭州市西湖区房屋的查封。

（二）法院观点

本案争议的焦点是案外人蔡某俊、蔡某童就执行标的涉案房产是否享有足以排除强制执行的民事权益。林某台上诉称浙江省杭州市西湖区人民法院（2015）杭西民初字第156号民事判决确认涉案房产归蔡某俊、蔡某童所有，但在该判决之前，林某台与胡某静建立了股权转让关系，涉案房产至今登记在胡某静名下，所有权未发生转移，根据《物权法》（已失效）的规定，涉案房产是胡某静的财产。法院认为，2010年蔡某俊与胡某静自愿离婚，两人依据该离婚协议并经行政机关批准解除婚姻关系，两人处分涉案该房产在前，林某台债权产生在后，现有证据不能证明蔡某俊、胡某静离婚过程中存在恶意串通逃避林某台债务的主观故意。2015年，就涉案房产权利归属，浙江省杭州市西湖区人民法院作出（2015）杭西民初字第156号民事判决，明确胡某静名下杭州市西湖区房屋归蔡某俊、蔡某童所有。根据《物权法》第15条（已失效，现为《民法典》第215条）关于"当事人之间订立有关设立、变更、转让和消灭不动产物权的合同，除法律另有规定或者合同另有约定外，自合同成立时生效；未办理物权登记的，不影响合同效力"以及第28条（已失效，现为《民法典》第229条）关于"因人民法院、仲裁委员会的法律文书或者人民政府的征收决定等，导致物权设立、变更、转让或者消灭的，自法律文书或者人民政府的征收决定等生效时发生效力"的规定，（2015）杭西民初字第156号民事判决生效后，蔡某俊、蔡某童对该房屋依法享有物权，林某台享有的是未指向特定财产的债权请求权。据此，一审判决对林某台要求执行涉案房屋不予支持，并无不当，法院予以维持。

第十一章

与婚姻有关的继承问题

本书探讨的是婚姻案件，没有涉及继承问题，但是在很多时候继承案件中掺杂夫妻共同财产认定等婚姻方面的问题。比如，继承时需要析出夫妻共同财产，其中夫妻共同财产的认定规则与离婚案件是一样的。所以有必要对婚姻与继承相交叉的部分进行一些探讨。

第一节　共同遗嘱的效力

共同遗嘱是指夫妻二人共同订立的一份遗嘱，在我国的法律中没有规定共同遗嘱；可能由于实务中经常有人要求，《遗嘱公证细则》第 15 条中进行了相关规定："两个以上的遗嘱人申请办理共同遗嘱公证的，公证处应当引导他们分别设立遗嘱。遗嘱人坚持申请办理共同遗嘱公证的，共同遗嘱中应当明确遗嘱变更、撤销及生效的条件。"由该规定可知在公证处办理共同遗嘱公证时，公证处会尽可能引导当事人分别设立遗嘱，这么规定也是因为在我国当前法律体系中，共同遗嘱的法律定义和形式要求是缺失的。另外，如果当事人自行订立共同遗嘱，也可以参考该规定，在共同遗嘱中明确遗嘱变更、撤销及生效的条件。

实务中，如果暂不考虑法律规定的遗嘱的形式要求，两人一起订立了共同遗嘱，最大的问题在于其中一方如何撤销、变更遗嘱的内容。共同遗嘱与一个人订立的遗嘱，在订立遗嘱的意愿上有所区别，在共同遗嘱中很难说其中一个人的订立意愿是独立的，因为两人实际上是对财产共同作出的安排，如果其中一个人变更这个安排，另一个人很有可能也要随之变更。所以如果其中一方新订立的遗嘱改变了共同遗嘱中的安排，新订立的遗嘱有效吗？这是很大一个问题。在一些案件中法官认为虽然是共同拟定的遗嘱，但是两人可以单独表达自己的意愿，在自己的财产范围内可以随时变更遗嘱。比如，北京市第三中级人民法院（2016）京 03 民终 4972 号案件中，法院认为："鉴于上述房屋系周×1 及孟某夫妻共同财产，周×1 虽曾与孟某共同立下遗嘱，但其系房屋共有产权人，其合法权益受法律保护。根据继承法之相关规定，遗嘱人可以撤销、变更自己所立的遗嘱。本案中，周×1 明确表示主张涉案房产中其自有份额的所有权，应视为周×1 对其之前所立遗嘱的撤销。孟×1 关于周×1 与孟某共同所立遗嘱同时也是双方对共有财产的共同约定，是周×1 与孟某的不可拆分的共同法律行为，周×1 在孟某去世后无权单方撤销遗嘱中有关内容的主张，于法无据，本院不予采纳。”按照该观点，共同遗嘱中两人的意愿是独立的，那么当事人在立共同遗嘱的时候要有心理准备，在共同遗嘱签订后，只有自己承诺的部分是稳定的，或者是可以随自己的意愿变更的，对方承诺的部分可能会随着对方的意愿变更。在签订共同遗嘱时不要存在和对方交换条件，或者各自妥协后签订的想法。

除了变更方面的问题外，由于法律中并没有规定共同遗嘱的法定形式，所以在案件中共同遗嘱的形式是否合法也有很大的争议。在判断共同遗嘱的形式合法性时，不得不用一个人订立的遗嘱中的法定形式要求来审查共同遗嘱，如代书遗嘱，如果共同遗嘱符合两个见证人签名签日期，立遗嘱人也都签名签日期等法定形式，可以认为对两个立遗嘱人而言，其代书遗嘱都是符合法定形式的。同样对于公证的共同遗嘱而言也是看对两个立遗嘱人而言是不是都符合法定形式。但是这种判断规则对于共同订立的自书遗嘱就行不通了，一般两人共同订立自书遗嘱时由一人书写，两人签名签日期。这样对书写的一方而言，符合自书遗嘱的形式要求，但是对于只签名签日期的一方就有很大的争议了。一种观点认为，对于没有书写遗嘱内容的一方，该遗嘱应当属于代书遗嘱，应当符合代书遗嘱的法定形式，这样就要求有两个以上的见证人在场、签名，而自书的共同遗嘱，但对此未亲笔书写的一方往往都不符合这个条件；另一种观点认为，共同自书的遗嘱是两人共同意愿的表达，其中任何一方书写在实质上都视作两人共同的意愿表达，故一人书写另一人签名也应当符合自书遗嘱的法律上的形式要求。

在北京市朝阳区人民法院（2013）朝民初字第 11488 号案例中，法院经审理认为，《遗嘱》为立遗嘱人姚某亲笔书写，共同立遗嘱人刘某在遗嘱上签字，表明该遗嘱为二人的共同意思表示，从主体上看，姚某和刘某都是本案《遗嘱》的立遗嘱人。从内容上看，《遗嘱》处理的财产系共同立遗嘱人的夫妻共同财产，处理财产的范围和对象都是同一的，系共同的意思表示。从形式上看，《遗嘱》系两个被继承人基于共同的意思表示对夫妻共同财产作出处理，只形成了一份遗嘱。因此，姚某和刘某所立遗嘱属共同遗嘱，具有遗嘱的合法效力。该案例曾被列入北京市高级人民法院发布的十起家事案件审判典型案例之一，有比较大的参考价值。在该案例中显然认为一人书写两人签名的自书共同遗嘱是有效的。

上海市第一中级人民法院（2020）沪 01 民终 12288 号案件中法院也与北京法院持同样的观点，其认为，“因《我们的遗嘱》系余某 3 夫妇之共同遗嘱，必然由其中一人书写遗嘱内容，夫妇二人签名署期，不能据此认定该遗嘱对于非书写遗嘱内容的被继承人而言为代书遗嘱，上诉人主张该遗嘱形式上欠缺两位见证人见证签名，于法无据，本院不予采纳”。

从上述案例看，法院是认可一人书写两人签名的自书遗嘱的，但是这是不是就说明自书遗嘱的有效性是毋庸置疑的呢？笔者认为并不是，虽然从案例看法院是认可的，但是一人书写两人签名的遗嘱有一个很大的问题，那就是只签名的一方的真实性与时空同一性是可疑的。首先，为什么自书遗嘱不需要见证人，那是因为从自书的笔迹上就可以确定确实为自书人所书写，但是一人书写两人签名的遗嘱，如果没有其他证据，笔者认为是可以合理地怀疑未书写的一方是在已经书写好的遗嘱上签名，还是在空白纸上先签名的；其次，还可以合理地怀疑未书写的一方是不是与书写的一方在同一时间、同一地点签名的。如果不是同时空下签名，那么有效性是值得怀疑的。可以思考一下为什么打印遗嘱需要两个见证人？代书遗嘱需要两个见证人？其原因中很重要的一点就是立遗嘱人只是签名了，没法证明签名的场景，没法证明是不是在充分了解遗嘱内容的基础上签名的。所以如果有初步的证据证明共同自书遗嘱中未自书的一方的签名与自书的内容不是同一时间形成的，或者未自书的一方在遗嘱上列明的日期并不在场，应当就可以认为遗嘱的有效性是可疑的。最后，夫妻二人订立的共同遗嘱中往往有一方先去世后由另一方处置财产等内容，那么在未书写只签名的一方去世之后，另一方在继承诉讼中的身份是继承人，继承人与被继承人一同签订的遗嘱是否可信，这也是一个问题。虽然《民法典》中并未禁止立遗嘱时继承人在场，但是继承人书写的遗嘱由被继承人签名的在实践中也很难认定有效。

目前实务中，法院对遗嘱的法定形式要求整体趋势是趋严的，很难讲以前的案例是否与当前或者未来审判的观点相符，而与每人单独立遗嘱相比，共同遗嘱的可质疑的点更多，更容易被推翻。推荐要立遗嘱的当事人，还是各自立遗嘱更稳妥。

一般遗嘱是在立遗嘱人死亡之后生效，但是由于共同遗嘱中有两位立遗嘱人，所以共同遗嘱是在两人死亡后生效还是一人死亡后即可对该人的遗产安排部分生效呢？

如果共同遗嘱中没有生效顺序方面的安排，根据以上分析，法院一般认可共同遗嘱中两名立遗嘱人各自的意愿表达，认可其中一名立遗嘱人独自变更自己的部分，按照这个思路，显然也应当认可在其中一人去世后，该人所立的部分遗嘱生效。

如果共同遗嘱中有关于如何生效的安排，或者区分了在一方去世后和双方都去世后的遗产安排，那么应当尊重立遗嘱人的意愿，按照遗嘱中的安排处理。比如，上海市浦东新区人民法院（2016）沪 0115 民初 83197 号案件中，法院认为：被继承人张某林及被告娄某某在共同遗嘱中已明确如果任何一方先于对方离世，则另一方可以永久居住崂山东路房屋，在夫妻双方均离世后，夫妻共有的崂山东路房屋则由其二人指定的继承人继承。可见，为保障另一方的生活，立遗嘱人已明确在双方均去世后崂山东路房屋才可作为遗产进行继承分割，即该份共同遗嘱具有“执行效力”的时间应为被继承人张某林与被告娄某某均离世之后，现被告娄某某健在，三原告即要求对崂山东路房屋进行继承分割，违背了被继承人张东林的意愿，于法无据，法院不予支持。

由以上案例可知，如果一定要订立共同遗嘱，一定要将遗嘱何时生效，两人之中一人去世后如何处理写清楚，以保证日后继承人按照被继承人遗愿处理财产。

第二节　继承时夫妻共同财产的析出

夫妻中一方去世后，如果没有遗嘱，各继承人将按照法定继承分割遗产。但是并不是去世一方名下的所有财产都直接拿来由各法定继承人平分。被继承的财产不包括夫妻共有财产中属于配偶的部分，所以此时应当首先将夫妻共同财产进行分割，一半归配偶所有，另一半由所有继承人继承。并且需要注意的是，并不是只有被继承人名下的需要析出归配偶的部分财产，尚在人世的配偶名下的财产也有一半是被继承人的财产，也应当析出由各继承人继承。

在实务中，很多当事人没有厘清财产关系，导致继承人之间发生争议。比如一个家庭中，老夫妻中一方去世后没有对共同财产作出分割和继承，一家人还是和之前一样，所有的财产由未去世的一方打理或者委托某位子女打理。又经过多年之后在世的一方考虑到时日无多，决定立遗嘱好好安排一下身后事，于是他/她对目前正在打理的所有财产作了安排，并作了公证遗嘱。以为这样安排后各继承人之间不会再发生纠纷。但是在他/她去世之后，各继承人还是会因为对继承方案的不同理解产生争议。有继承人认为，既然有遗嘱，就按照遗嘱分割继承好了，没什么好争论的；但是有的继承人却认为遗嘱中有部分财产的安排是无效的，对这些财产应当按照法定继承处理。对此，到底哪方的理解是正确的呢？

老夫妻两人在世时，双方名下的财产都是夫妻共同财产，在一人去世后，由于没有遗嘱，夫妻共同财产中归此时去世一方所有的部分是其遗产，应当按照法定继承来分割。由于老夫妻俩没有签订任何夫妻财产约定，所以在一人去世后，所有夫妻共同财产一分为二，一半归未去世的老人所有，另一半是去世老人的遗产，由各继承人按照法定继承平均分配。虽然各继承人没有进行分割，但根据《民法典》第 230 条，因继承取得物权的，自继承开始时发生效力。而根据《民法典》第 1121 条，继承从被继承人死亡时开始。所以实际上被继承人去世时各继承人已经取得了遗产的物权。因此后去世一方生前所立的遗嘱中，处分的原夫妻共有财产中属于其配偶的部分是无效的。但是针对其他归其所有的财产所立的遗嘱有效。

在我们办理过的一起案件中，两夫妻共有一栋农民房，男方生前没有留下遗嘱，去世后该农民房由女方打理，一儿一女协助老人。由于女方比较偏爱儿子，于是生前办理了公证遗嘱，将整栋农民房留给儿子继承，女儿继承部分存款。女方去世后，儿女为如何继承农民房产生纠纷，儿子主张按照遗嘱分割，农民房全部归其所有，女儿咨询律师后发现原来自己可以分割一定的份额，于是提起了继承纠纷诉讼。在这个案件中，根据上述分析，正确的分割方式是男方去世后，农民房一半的份额作为夫妻共同财产中女方的份额，应分归女方所有，剩余一半的份额由女方及儿女，三人平均分割（各分得 1/6 的产权），即男方去世后，女方取得 2/3（1/2+1/6），儿子分得 1/6，女儿分得 1/6；女方去世后，其名下的 2/3 根据遗嘱归儿子继承，即最后的份额是儿子分得 5/6，女儿分得 1/6。

当然在析出夫妻共同财产时也可能会面临如何区分夫妻共同财产、婚前婚后财产混同等各种问题，这些问题已经在前述章节中论述了，此处不再赘述。

第十二章

同居关系

同居一般是指男女没有结婚，但是在一起居住、生活。随着社会的发展、观念的变化，法律上同居的定义也在发生变化。最高人民法院在1989年发布的《关于人民法院审理未办结婚登记而以夫妻名义同居生活案件的若干意见》（已失效）中将“未办结婚登记而以夫妻名义同居生活的男女”称为“非法同居”。但随着社会的发展，男女未办理结婚登记而同居生活的也并不需要以夫妻名义，社会上逐渐接受了未婚同居；法律上也逐渐没有了非法同居的概念。

虽然未婚男女同居不被法律禁止，但是同居关系也不受法律保护，《最高人民法院关于适用〈中华人民共和国婚姻法〉若干问题的解释（二）》（已失效）第1条规定，当事人起诉请求解除同居关系的，人民法院不予受理。《最高人民法院关于适用〈中华人民共和国民法典〉婚姻家庭编的解释（一）》中也作出了同样的规定。同居关系完全靠当事人双方的自愿建立，不受法律保护，当事人感情不和自行结束同居关系即可，任何一方不能强迫另一方与自己同居，法院也不就同居关系是否解除作出判决。

同居的男女之间除了感情关系以外，往往也会产生很多经济上的联系，有些甚至还涉及小孩抚养的问题。法院虽然不处理解除同居关系的请求，但是受理同居期间产生的经济关系和小孩抚养问题。《最高人民法院关于适用〈中华人民共和国民法典〉婚姻家庭编的解释（一）》第3条第2款就规定：“当事人因同居期间财产分割或者子女抚养纠纷提起诉讼的，人民法院应当受理。”

第一节　同居财产关系

《关于人民法院审理未办结婚登记而以夫妻名义同居生活案件的若干意见》第10条规定：“解除非法同居关系时，同居生活期间双方共同所得的收入和购置的财产，按一般共有财产处理，同居生活前，一方自愿赠送给对方的财物可比照赠与关系处理……”但是该司法解释已经于2021年1月1

日废止。该司法解释废止之后并没有司法解释对同居财产关系专门进行规定，也就是说现行法律中针对同居中的财产关系没有特别的规定。

《北京市高级人民法院民一庭关于审理婚姻纠纷案件若干疑难问题的参考意见》第44条中规定："男女双方未办理结婚登记手续以夫妻名义同居生活的，同居关系解除后要求分割同居期间共同劳动、经营或管理所得财产的，有约定从约定；无约定且上述同居期间财产混同的，推定为共同共有，但根据同居时间、各自贡献、生活习惯等因素能认定为按份共有财产的除外。男女双方未办理结婚登记手续亦不以夫妻名义同居生活的，同居关系解除后要求分割同居期间共同劳动、经营或管理所得财产的，有约定从约定；无约定且财产混同的，推定为按份共有，具体份额比例可依据同居时间、各自贡献、生活习惯确定。"但北京市高级人民法院的指导文件并没有司法解释的效力，只是在当地审判实践中有参考价值，而且该参考意见的发布时间是2016年，2021年《民法典》生效之后该参考意见是否仍然被使用，这一点还有疑问。该参考意见中将同居分为以夫妻名义共同生活和未以夫妻名义共同生活两种，并且前者认定为共同共有，后者认定为按份共有。实务中如何区分同居是否是以夫妻名义的应当是一个难题，特别是现在社会越来越开放，很多人虽然未婚却也以"老公""老婆"相称。此外，该参考意见中的以夫妻名义是否要参考重婚罪中的"公开性"，也是存疑的。

在没有特别法律规定的情况下，与夫妻财产关系不同，同居男女之间的财产关系并没有当然的共有关系。夫妻之间是共同共有关系，如果没有书面的夫妻财产约定，任何一方婚内取得的财产都与配偶共同共有。但同居男女之间不同，如果没有特别约定，两人的财产关系默认是独立的，各自取得的财产归各自所有，除非两人之间的财产混同、无法区分。如果两人共同购房或共同进行其他投资，约定了共有份额，则按约定；没有约定份额，则按出资比例确定共有份额；如果既没有约定也无法确定出资比例，则按照平均份额处理。如果两人之间没有整体性的关于共有关系的约定，应当针对具体的财产分别判断该财产是否共有。

广西壮族自治区河池市中级人民法院在（2021）桂12民终1056号案件

中对同居财产关系进行了详细的阐述：在我国，未婚同居关系不受法律保护，未婚同居期间的财产分割与夫妻关系存续期间的财产分割有很大的不同。夫妻在婚姻关系存续期间所得的财产，属于夫妻共同财产，共同共有，离婚时一般等额分割。非婚同居期间的财产分割原则，可以总结归纳依次如下：一是意思自治原则，即双方按照自己的意愿达成分割财产协议，根据协议来处理财产。二是区分共同所有和个人所有原则，如果双方协议未达成，那么对于双方同居期间的财产，要区分财产的性质是共同所有还是个人所有，如果财产属于共同所有性质，则应该平均分割；如果是个人所有性质，则谁的财产归谁所有。三是一般共有原则，即如果财产性质不明时，无法认定财产是属于双方共同所有还是个人所有，则一般认定为双方共同所有，进行平等分割。四是照顾妇女、儿童权益和无过错方原则，即在财产分割过程中，适当照顾女方和抚养儿童一方的权益，在一方有过错的情况下分割财产适当照顾无过错方的权益。

在很多案件中，当事人之间并没有书面的约定，也没有关于财产是否共有的聊天记录，此时如果双方共同购置资产，比如，房产，在不动产权登记中心所登记的份额是否可以认为是双方对财产份额的约定呢？实务中对这个问题的处理有很大分歧，有的法院认为登记的份额并不是两人的约定；有的法院则认为是约定。例如，广州市中级人民法院在（2021）粤01民终24620号案件中认为：本案中，广州市从化区太平镇翠荔二街×号××房属于马某途、杜某同居期间创造的共同财产，根据广州市不动产权属登记簿记载，案涉房屋登记在马某途、杜某名下，双方按份共有，其中马某途占10%份额、杜某占90%份额。可见，双方对于案涉房屋的份额已经有明确约定，并非上述“没有约定或者约定不明确的，按照出资额确定”的情况，案涉房屋应按照房产登记的比例进行分割。一审按照马某途的出资比例计算案涉房屋的补偿款，实际是按照出资比例分割该房，改变了不动产权属登记的内容，也与双方约定不符，违反了上述规定，该处理不当，本院依法予以纠正。综上，案涉房屋应由马某途占有10%产权份额、杜某占有90%产权份额。但在很多案件中，登记在双方名下各50%或者登记在一方名下都没有视作双方对份额的约定。推测登记在双方名下各一半和一人名下属于常见的登记方式，在没有特殊约定的情况下大多会这样登记，但如果登记为其他的份额，则可以合理地推测是经过特别商议的结果。

在很多同居析产纠纷中，双方提交的银行流水等显示互相之间有很多流水的往来，财产已经完全混同，甚至有不少案件的当事人在离婚后仍然生活在一起，从银行流水的往来看与普通的夫妻无异。这类情形中一般按双方一般共有处理，即以按份共有、以平均分配的原则分割财产。

第二节 同居关系子女抚养

同居关系子女抚养纠纷中主要解决子女由谁直接抚养，以及不直接抚养一方应当支付多少抚养费的问题，该裁判的规则和离婚纠纷中的裁判规则相同。但是同居关系子女抚养纠纷中可能更多涉及亲子关系是否成立的问题。很多非婚生子的出生证上都没有父亲一方的名字，无法直接推定父亲是谁。对于这种情形我们一般建议当事人在孩子出生后，父母和孩子一起作亲子鉴定，将亲子鉴定报告保管好，日后在抚养、继承等案件中作为亲子关系的证明。如果没有合法的亲子关系证明材料，很多案件中可能不得不通过法院指定的鉴定机构进行亲子鉴定后才能确定亲子关系。

第三节 亲子鉴定

亲子鉴定，是指运用生物学、遗传学以及有关学科的理论和技术，根据遗传性状在子代和亲代之间的遗传规律，判断父母和子女之间是否为亲生关系的鉴定。涉及亲子鉴定的案件主要有：离婚纠纷、亲子关系纠纷、抚养纠纷、继承纠纷等。在婚姻家事中比较常见的是因继承要求确认亲子关系、因抚养问题否认亲子关系等。往往是一方因主张某种权利而提出具有亲子关系，比如，在被继承人去世后，没有一起生活的非婚生子女主张具有亲子关系，要求参与继承遗产；或者一方拒绝履行某种义务而否定亲子关系，比如发现孩子不是亲生的，拒绝支付抚养费甚至要求赔偿。

除了亲子鉴定外，常见的还有亲缘鉴定，在父或者母去世后通过对可能的兄弟姐妹之间的鉴定确定与已去世的父或母的亲子关系。

《民法典》第 1073 条规定："对亲子关系有异议且有正当理由的，父或者母可以向人民法院提起诉讼，请求确认或者否认亲子关系。对亲子关系有异议且有正当理由的，成年子女可以向人民法院提起诉讼，请求确认亲子关系。"

《最高人民法院关于适用〈中华人民共和国民法典〉婚姻家庭编的解释（一）》第 39 条规定："父或者母向人民法院起诉请求否认亲子关系，并已提供必要证据予以证明，另一方没有相反证据又拒绝做亲子鉴定的，人民法院可以认定否认亲子关系一方的主张成立。父或者母以及成年子女起诉请求确认亲子关系，并提供必要证据予以证明，另一方没有相反证据又拒绝做亲子鉴定的，人民法院可以认定确认亲子关系一方的主张成立。"

由以上规定可知，当事人对亲子关系有异议的，可以提起诉讼请求确认或否认亲子关系。如果对方同意鉴定，可以通过 DNA 鉴定的结果确认或否认亲子关系。但是由于进行亲子鉴定需要采集本人的人体生物学样本，涉及人权的问题，在民事案件的审理中无法强制采集。2021 年 12 月 21 日在第十三届全国人民代表大会常务委员会第三十二次会议上的《全国人民代表大会常务委员会法制工作委员会关于 2021 年备案审查工作情况的报告》指出，亲子关系涉及公民人格尊严、身份、隐私和家庭关系和谐稳定，属于公民基本权益，受宪法法律保护，地方性法规不宜规定强制性亲子鉴定的内容，也不应对此设定相应的行政处罚、处分、处理措施。因此公民可以拒绝进行亲子鉴定。

由于在一方提起确认或否认亲子关系的请求后，并不一定有机会通过采集生物学样本进行 DNA 亲子鉴定确认或否认亲子关系，法院很可能不得不依赖其他证据对是否存在或不存在亲子关系进行认定。于是其他证明亲子关系存在或不存在的证据就成了案件的关键。提出诉讼请求的一方应当积极举证，从各个角度证明亲子关系的存在或不存在。下面从一些案例来分析哪些证据能用来证明亲子关系的存在或不存在。

广州市中级人民法院的（2021）粤01民终7648号案件中，李某1主张其母亲李某2与吴某曾为情侣关系，李某2与吴某发生性关系；李某2怀孕后，吴某要求李某2流产，李某2拒绝后，二人分手，2019年11月8日李某2生育李某1。吴某主张其与李某2仅是普通朋友关系，二人不是情侣关系，没有发生过性关系，也没有生育李某1。为了证明亲子关系，李某1提供了微信聊天记录，可以证实其母亲李某2与吴某曾是情侣关系，并且两人发生过性关系，吴某知道李某2怀孕的事情，两人其后分手。李某1要求与吴某作亲子鉴定，吴某明确表示不同意。经一审法院两次传唤吴某本人到庭，吴某本人均未出庭，亦拒绝配合作亲子鉴定。一审确认了亲子关系后，二审期间，吴某主动表示同意进行亲子鉴定，二审法院决定启动亲子鉴定程序。经摇珠选定中山大学法医鉴定中心为本案的亲子鉴定机构后，二审法院通知双方当事人在2021年7月30日上午10时到达中山大学法医鉴定中心进行鉴定，李某2携李某1准时到达上述地址，而吴某直至该日上午10时30分仍未出现。法院最后认定，李某1对其与吴某之间存在亲子关系的主张已提交了必要的证据予以证明，吴某没有相反证据又拒绝作亲子鉴定，可以依法推定李某1与吴某之间存在亲子关系。该案中决定性的证据是李某1提供的吴某知道李某2已怀孕的微信聊天记录。

并不是微信聊天记录中所有有关孩子的表述都是可以充分证明亲子关系的证据，比如，广东省梅州市中级人民法院的（2020）粤14民终1131号案件中，原告在一审中只提交了户口等证据，但是证据上并没有被告的名字，一审判决驳回诉讼请求后原告上诉；原告在二审中提供的微信聊天记录显示，对方在聊天中称“我现在很期待我们的孩子”。由于被告拒绝进行亲子鉴定，无法通过鉴定结果确定亲子关系。法院认为，苏某与“WeChat老公”的聊天记录显示“我现在很期待我们的孩子”，该表述不能直接证明与卜某有关。卜某提交了证人证言，但未提供其他证据印证并形成证据链，陈某否认其是卜某的生物学父亲。因此，卜某提交的以上证据尚未达到上述司法解释“必要证据”的要求，其要求适用推定方式判断亲子关系的上诉理由不充分，不予支持。如前所述，没有证据证明陈某是卜某生物学父亲。

在一些案件，特别是继承案件中，当事人自己并不否认亲子关系，比如，被继承人一直与婚外生子保持联系，支付费用，甚至共同出游，在一些地方以父母的名义签名等，但是并未告知其家人。被继承人突然去世后，被继承人的家人并不知道婚外生子的存在，从感情上也拒绝相信婚外生子的存在，于是婚外生子为了取得自己的继承份额而提起诉讼。在此类诉讼中，婚外生子往往有各种证据证明亲子关系，如和被继承人的书信、聊天记录，被继承人支付学杂费的证明，甚至有些出生证上还有被继承人的名字。如果原告方提供了大量类似的证据，基本上法院很容易认可亲子身份，即使被告方不同意配合亲缘鉴定，法院也可以判决认可亲子关系，认可原告的法定继承人身份。比如，在（2017）桂 11 民终 510 号案件中，刘某2在一审中向法院提交的户口簿、接生证、张××计划生育妇检证、计划外生育费专用收据、儿童预防接种证、八步区中心校“两基”档案、义务教育学籍卡、大学入学报名卡、居民身份证等证据，刘某 2 在相关表格中父亲一栏也一直填写为刘××，从未变动过；被继承人刘××的同事、其母亲张××邻居的证人证言等证据，均可证明自其出生后直到读大学期间，被继承人刘××均认可并在社会上公开其与刘某 2 的父子关系，并负责其生活费、教育费等费用；刘某 2 的母亲张××计划生育妇检证、计划外生育费专用收据上也一直记载刘某 2 的父亲为刘××。刘××的家族对刘某 2 的身份知情并认可。虽然由于刘××已经去世无法作亲子鉴定，由于张某不同意刘某 1 与刘某 2 作亲缘鉴定而缺乏直接证据，但结合这些间接证据已经足以证实父子关系。

一般确认亲子关系在继承案件中比较常见，而否认亲子关系则在婚姻案件中比较常见。比如，一方发现或者认为孩子不是自己亲生的，在离婚时拒绝支付抚养费，或者要求对方返还已支付的抚养费用、赔偿损失。在这些案件中请求否认亲子关系的一方同样需要举证证明不存在亲子关系。一般要证明存在什么比较容易，但要证明不存在什么十分的困难，在否认亲子关系请求中也是，除非通过血型就能否定亲子关系。比如，（2020）浙05民终273号案件中，被上诉人与第三人结婚后生下上诉人，后协议离婚孩子由被上诉人抚养，后被上诉人第三人再次复婚。被上诉人发现其血型为AB型、上诉人和第三人均为O型，不符合血型遗传规律。被上诉人请求亲子鉴定，上诉人拒绝。法院认为：

（1）沈某2为提起亲子关系否认之诉已穷尽举证手段，且其提供的本人血型证明、其与第三人多年的感情状况、婚姻矛盾证明，以及其申请一审法院调取的沈某1、杨某血型证明等证据已形成合理的证据链条，应视为其已提供法律规定的必要证据。

（2）在沈某1与杨某均否认沈某2提交的证据但又无相反证据证明的情况下，沈某2与沈某1是否存在亲子关系的鉴定应为本案最为关键、最具有证明力的证据。然我国的亲子关系否认法律制度，考虑到当事人的隐私权、家庭和睦等问题，规定了当事人自愿原则，即在一方不同意的情况下，亲子关系鉴定程序难以启动，且亲子关系鉴定作为一种高科技的证明方法，必须遵循严格的程序，在诉讼中，只能经由当事人申请，人民法院同意并委托进行。但经一审法院释明，沈某1坚决不同意提出亲子关系鉴定申请，沈某2与沈某1是否存在亲子关系亦因沈某1一方拒绝配合而难以确定。

（3）沈某1及杨某本人经本院传票传唤，无正当理由均未到庭参加诉讼，经本院当庭向沈某1委托诉讼代理人释明，在本院指定期限内，沈某1仍拒绝申请进行亲子鉴定，故其应承担举证不能的法律后果。最后法院判决否认二人存在亲子关系。

也有当事人在起诉之前自己悄悄地取样进行DNA鉴定，在诉讼中将鉴定报告作为证据使用。但是需要注意的是，自行取样鉴定的，虽然鉴定仍然是科学的、可信的，但是取样过程不是可信的。当事人往往无法通过可信的手段证明检材确实来自其声称的当事人。比如，（2021）京03民终16579号案件中，法院认为“关于李某提交的《华医大DNA鉴定意见书》以及《北京旌正科技有限公司咨询报告》，法院认为，因上述鉴定、咨询均为李某单方委托，且检材的采集、送交程序存有诸多疑问，法院对其合法性不予采信，上述证据亦不能作为本案认定事实的必要证据”。但是这个观点不一定稳定，比如，在（2020）浙03民终5343号案件中，原告提出否认亲子关系的诉求后提交了自行委托鉴定的DNA鉴定报告，法院结合被告在收到鉴定报告后将孩子带走等事实，在孩子拒绝亲子鉴定的情况下判决否认亲子关系。由该案例可见，对于当事人自己进行的亲子鉴定，法院也不是完全不承认，还是要结合其他证据和对方的表现综合认定亲子关系。

当事人否认亲子关系的诉请得到支持后，当事人所要求的赔偿抚养孩子期间的抚养费、支付精神损害抚慰金等诉求也会得到法院的支持。赔偿的抚养费金额一般根据孩子的花费和当地的生活水平按照抚养的时间来计算。需要注意的是，虽然孩子是抚养费的最终受益者，但是上述返还抚养费和支付精神损害抚慰金的对象是配偶（原配偶），并不是孩子。

第十三章

离婚的程序

第一节　协议离婚

协议离婚是夫妻两人就离婚、小孩抚养、财产分割等事项都能达成一致时，共同到婚姻登记机关办理离婚手续的离婚程序。

《婚姻登记条例》第 10 条规定："内地居民自愿离婚的，男女双方应当共同到一方当事人常住户口所在地的婚姻登记机关办理离婚登记。中国公民同外国人在中国内地自愿离婚的，内地居民同香港居民、澳门居民、台湾居民、华侨在中国内地自愿离婚的，男女双方应当共同到内地居民常住户口所在地的婚姻登记机关办理离婚登记。"协议离婚手续应当在一方的户口所在地办理，而不是婚姻登记地。

《婚姻登记条例》第 11 条规定："办理离婚登记的内地居民应当出具下列证件和证明材料：（一）本人的户口簿、身份证；（二）本人的结婚证；（三）双方当事人共同签署的离婚协议书。

办理离婚登记的香港居民、澳门居民、台湾居民、华侨、外国人除应当出具前款第（二）项、第（三）项规定的证件、证明材料外，香港居民、澳门居民、台湾居民还应当出具本人的有效通行证、身份证，华侨、外国人还应当出具本人的有效护照或者其他有效国际旅行证件。

离婚协议书应当载明双方当事人自愿离婚的意思表示以及对子女抚养、财产及债务处理等事项协商一致的意见。"

根据以上条例可知，夫妻两人如果自愿离婚，可以在民政局办理离婚手续，除了提交身份相关的材料、结婚证明材料以外，还需要提供俩人共同签署的离婚协议书。所以如果要在婚姻登记部门办理离婚手续，应当就子女抚养、财产及债务处理等事项协商一致。如果两人就其中的任何事项无法达成一致导致无法签署离婚协议书，则无法办理协议离婚。

在实务中很多人以为只要两人都同意离婚就可以去民政局办理手续，有人甚至为了当前省事，在提供给婚姻登记部门的离婚协议中没有对财产作出任何明确约定，只是写上无夫妻共同财产。但在眼前的离婚问题解决之后，两人很快就发现财产方面的分歧没有解决，往往经过长时间的协商后还是不得不提起离婚后财产纠纷诉讼解决财产争议；并且由于离婚协议上关于财产的表述的解读不同导致财产分割上的巨大分歧，甚至给一方造成损失。为了避免日后的纠葛，在协商离婚时应尽可能地将小孩抚养、财产分割、债务处理等事项一并协商好，在离婚协议中一一进行约定后办理协议离婚。

另外根据《婚姻登记条例》第12条的规定，如果双方的结婚登记不是在中国内地办理的，则无法在内地婚姻登记机关办理离婚登记手续。但是这并不表示境外办理的离婚登记无效，根据《涉外民事关系法律适用法》第22条的规定，不是在内地办理结婚登记的，只要符合婚姻缔结地或者一方当事人经常居所地或国籍国法律的，均为有效。但是无法在内地的婚姻登记机关办理离婚手续，只能通过法院诉讼离婚。

《民法典》中新增了离婚冷静期的规定，第1077条规定："自婚姻登记机关收到离婚登记申请之日起三十日内，任何一方不愿意离婚的，可以向婚姻登记机关撤回离婚登记申请。前款规定期限届满后三十日内，双方应当亲自到婚姻登记机关申请发给离婚证；未申请的，视为撤回离婚登记申请。"

为此民政部发布了《关于贯彻落实〈中华人民共和国民法典〉中有关婚姻登记规定的通知》，将离婚登记程序细化为了五个步骤：

第一，申请。夫妻双方自愿离婚的，应当签订书面离婚协议，共同到有管辖权的婚姻登记机关提出申请，并提供以下证件和证明材料：

（1）内地婚姻登记机关或者中国驻外使（领）馆颁发的结婚证；

（2）符合《婚姻登记工作规范》第29条至第35条规定的有效身份证件；

（3）在婚姻登记机关现场填写的《离婚登记申请书》。

第二，受理。婚姻登记员按照《婚姻登记工作规范》有关规定对当事人提交的上述材料进行初审，婚姻登记员对当事人提交的证件和证明材料初审无误后，发给《离婚登记申请受理回执单》。

第三，冷静期。自婚姻登记机关收到离婚登记申请并向当事人发放

《离婚登记申请受理回执单》之日起 30 日内，任何一方不愿意离婚的，可以持本人有效身份证件和《离婚登记申请受理回执单》（遗失的可不提供，但需书面说明情况），向受理离婚登记申请的婚姻登记机关撤回离婚登记申请，并亲自填写《撤回离婚登记申请书》。经婚姻登记机关核实无误后，发给《撤回离婚登记申请确认单》，并将《离婚登记申请书》、《撤回离婚登记申请书》与《撤回离婚登记申请确认单（存根联）》一并存档。

自离婚冷静期届满后 30 日内，双方未共同到婚姻登记机关申请发给离婚证的，视为撤回离婚登记申请。

第四，审查。自离婚冷静期届满后 30 日内（期间届满的最后一日是节假日的，以节假日后的第一日为期限届满的日期），双方当事人应当持《婚姻登记工作规范》第 55 条第 4~7 项规定的证件和材料，共同到婚姻登记机关申请发给离婚证。

婚姻登记机关按照《婚姻登记工作规范》第 56 条和第 57 条规定的程序和条件执行和审查。婚姻登记机关对不符合离婚登记条件的，不予办理。当事人要求出具《不予办理离婚登记告知书》的，应当出具。

第五，登记（发证）。婚姻登记机关按照《婚姻登记工作规范》第 58 条至第 60 条规定，予以登记，发给离婚证。

上述程序中第四步审查中需要提交的材料中包含离婚协议书。

按照当前实务中的反馈，在民政局办理离婚手续需要提前预约，有的地方可能需要提前一个月以上，预约时间后第一次在民政局只能提交离婚登记申请，在 30 日后必须再次到民政局办理正式的离婚手续，此时需要提交离婚协议书。

冷静期的规定出台后，整个协议离婚程序的时间被大幅延长，这样的好处在于避免了一些冲动型的离婚；但是弊端在于如果当事人双方已经考虑好确实要离婚了，很可能好不容易才谈好了一个财产分割方案，30 日的冷静期里又会有所反复，导致双方无法对离婚协议达成一致。按照以上程序，如果冷静期届满后 30 日内当事人双方没有共同申请发证，即视作撤回离婚申请。如果当事人双方在冷静期内有所反复，冷静期满后一方没有去申请发证，那么此次申请就撤回了。后续如果再协商好了就得重新申请离婚，需要再经历冷静期，最后可能导致协议离婚所花费的时间比诉讼离婚还长。

第二节 诉讼离婚

诉讼离婚是指夫妻中的一方根据《民法典》第 1079 条的规定向法院提起离婚诉讼。该条第 1 款和第 2 款规定："夫妻一方要求离婚的，可以由有关组织进行调解或者直接向人民法院提起离婚诉讼。人民法院审理离婚案件，应当进行调解；如果感情确已破裂，调解无效的，应当准予离婚。"

与协议离婚相比，诉讼离婚耗时要长很多，虽然按照《民事诉讼法》的规定，简易程序一般在 3 个月内审结，普通程序一般在 6 个月内审结，但是实务中由于法院人少事多，很多案件都无法在审理期限内审结。再加上离婚案件中当事人往往会提出针对对方财产线索提交很多调证申请，或者财产评估申请，导致期限进一步拉长，所以，一般而言诉讼离婚比协议离婚耗时要长。

虽然在实务中一个离婚诉讼往往要经过半年以上才会出结果，但是如果双方在是否离婚、小孩抚养、财产分割等事项中，只要有一项无法达成一致，无法签署离婚协议，就只能由法院作出裁判。而在离婚时，当事人之间往往缺乏互信，很多当事人都无法仅靠双方之间的谈判达成一致，所以当事人选择诉讼离婚的不在少数。

不过并不是所有的离婚诉讼都要耗费很长的时间。目前各地法院都在民事案件中安排了前置的调解程序。在递交立案手续后，法院会先为案子安排调解员，调解员会联系双方当事人询问双方的调解意向。如果在诉前调解程序中，在法官或调解员的主持下双方就离婚、小孩抚养、财产分割等事项能达成一致，可以由法院出具调解书，双方签收调解书之后婚姻关系就正式解除了。很多时候离婚双方之间虽然无法理性地商谈，在第三方居中沟通调解下却可能达成一致。

实务中离婚案件的调解是贯穿案件审理的全流程的，在离婚诉讼过程中任何一个阶段双方都可以达成调解。离婚案件不同于经济纠纷等利益分明的民事案件，双方之间除了财产纠葛以外还有很多感情纠葛，如果感情纠葛能放下，往往财产方面也不太难达成一致，调解的可能性很大；而如果感情纠葛无法放下，往往在财产方面也会锱铢必较，这样就很难通过调解解决。

离婚诉讼的流程大致包括准备立案，立案受理，财产申报与提交证据，开庭，判决几个环节。

当事人决定起诉离婚之后就需要着手准备立案的材料，有财产分割的当事人最好委托律师，在律师的指导下搜集证据、准备材料。虽然当事人可以自己起诉离婚，但是由于当事人并非专业人士，自己的认识可能和法律上的定性不一致，导致一些额外的损失。比如，由于不熟悉夫妻共同财产的相关规定，有当事人曾经以为对方婚前购买的房产与自己没有关系，在诉讼中没有主张，但实际上该房产婚后偿还了贷款，当事人可以分割还贷及对应的房产增值部分。我们还见过一个案子，当事人没有将银行流水和财产现状梳理清楚，对方将收入和现存的财产混淆后重复计算了，当事人没有发现，最后多支付给对方几十万元。

在咨询并委托律师后，当事人应完整地向律师披露所有的财产、债务等信息，和律师一起确定诉讼的策略，并在律师的指导或帮助下搜集证据。

在收到证据后，律师将撰写民事起诉状、整理证据，确定管辖法院后到法院递交立案手续，目前很多法院都可以网上立案后邮寄资料。如前所述，法院接收材料后会安排一个调解员与双方联系进行调解工作。如果调解不成，调解员就会将案件转入诉讼程序。但是需要注意的是，如果需要进行财产保全的离婚案，则法院不会组织诉前调解，而是直接正式立案并根据原告提供的财产线索采取保全措施，但保全行为完成后，才会通知被告。

进入诉讼程序后法院首先要向对方送达原告方的材料以及举证通知书等法律文书，很多法院在这个阶段还会给双方送达财产申报表，由双方申报财产。需要注意的是，法院送达文书有自己的送达程序，当事人只需要提供对方的联系方式和地址等信息即可。有些国家和地区有不同的送达手续，有的可以由原告自行送达，但是在我国送达程序是法院完成的。并且由于是离婚案件，夫妻二人是审理中对立的双方，所以即使同处一室，也不能代对方接收法院送达的材料。

《民法典》第 1092 条规定："夫妻一方隐藏、转移、变卖、毁损、挥霍夫妻共同财产，或者伪造夫妻共同债务企图侵占另一方财产的，在离婚分割夫妻共同财产时，对该方可以少分或者不分。离婚后，另一方发现有上述行为的，可以向人民法院提起诉讼，请求再次分割夫妻共同财产。"

根据上述规定，离婚诉讼的原被告双方均不得隐瞒财产。如果法院送达了财产申报通知书和财产申报表之后，当事人没有如实申报，法院可能会据此认定当事人隐藏夫妻共同财产，在离婚时对该方少分或者不分。并且如果未来对方提起离婚后财产纠纷诉讼，财产申报表是很好的证据，只要是财产申报表上没有的财产，就可以主张是一方在离婚诉讼时隐藏，另一方可以提起离婚后财产纠纷诉讼，并且同样可以要求少分或不分给对方。另外，除了少分财产外，不如实申报的，法院还可以予以处罚。近年来各地法院均有不如实申报财产被罚款的案例，比如，有当事人在厦门思明区法院诉讼离婚中曾因不如实申报被罚款 1 万元，南通市崇川区人民法院在一起离婚案件中因当事人未如实申报财产对当事人罚款 8 万元。因此当事人应对财产申报予以重视。

双方需要在各自的举证期内提交证据，但由于离婚案件中往往需要深挖对方的财产，可能会提交调取证据申请书要求对方提供或从银行和有关机构调取银行流水、证券账户流水等各种财产信息。离婚案件中往往在举证期外双方都还会有各种证据需要按照法院的要求提交。《最高人民法院关于适用〈中华人民共和国民事诉讼法〉的解释》第 94 条第 2 款规定："当事人及其诉讼代理人因客观原因不能自行收集的证据，可以在举证期限届满前书面申请人民法院调查收集。"所以当事人如果需要调取对方的财产线索等证据，应当在举证期满前提交书面的调取证据申请书。

双方都提交证据后，下一步就是开庭了。在开庭时，首先由原告阐述自己的诉讼请求及事实与理由，被告阐述自己的答辩观点。双方均对自己的证据进行举证，对对方的证据进行质证。举证质证完毕后法官会针对焦点问题进行提问，最后双方进行辩论和最后的陈述。

离婚案件的调解是贯穿始终的，在庭审完毕后法官可能还会组织调解，这时经过庭审之后双方都和开庭之前相比有了不同的期待，有的可能明白了自己之前的一些要求是不合理的，此时降低了要求，就可能调解成功。但是有些当事人之间积怨很深，在庭审之中情绪很激动，依旧很难达成调解。

复杂一点的离婚案件往往无法通过一次庭审解决问题，在一次庭审之后还要调取对方的证据，或者对房产等财产的价值进行评估，然后再一次开庭对这些证据进行质证，或者书面质证，最后庭审完后还要等待一段时间才能收到判决。整个流程走下来十分漫长，大部分情况下半年内都无法收到判决。在实务中，有些当事人听完整个流程要花这么长时间后就产生了畏难情绪，不愿启动这个程序。但很多人在第一次咨询后过了几年又联系律师最终还是决定启动该程序。所以在是否离婚这个问题上要遵从自己的内心，从两人之间能不能过好，感情能不能修复来考虑，不要考虑流程要花多少时间，因为不管花多少时间，总得启动了才开始计算，如果几年后启动，几年后仍然要花同样的甚至更长的时间走完流程。当然，如果双方能很快达成调解，那么也是有可能在一两个月内（诉前联调期间）或第一次庭审中就能调解结案。

和其他类型的案件相比，离婚案件的当事人一般有很强的表达欲，希望提交很多证明对方在婚姻中的过错的证据，一方面希望能在分割财产时对无过错方有所照顾，另一方面很多当事人希望能通过裁判文书把对方的过错展示、记录下来，以便将来向子女或家人解释自己并非婚姻中的过错方。对当事人的这些想法，律师应予以理解，但是也应当引导当事人适度的提交这些证据。如果有对方过错的实质性的证据，应当尽可能地提交，但如果只是捕风捉影的证据，则点到为止即可，毕竟证据数量多少和证明力关系不大；以能实质性地证明对方的过错为标准，尽可能减少情绪的宣泄。

离婚案件中对方的证据十分重要，比如，对方提交或者在持法院调查令调取了对方的银行流水等证据，应当仔细研究、核对这些证据，一般从对方的流水中可以获得很多有用的线索，比如，可以获得对方未提交的银行账号，获得对方的资金流向进而获得进一步的财产线索，获得对方转移或隐瞒的财产线索等。

第三节　实务分享

◇ 离婚诉讼举证指引

一、证明当事人（原告、被告）的诉讼主体资格的证据

1. 证明被告主体身份的证据，主要指身份证，在国内居住的外籍人士提交相应的护照等证件。原告不需要提供被告身份证件的原件，如果委托律师办理，则最少需要对方的姓名和身份证号码，律师可以在当地公安机关调取被告的身份信息及居住登记信息。

2. 证明原告、被告是夫妻关系的证据，即结婚证，结婚证一般有两本，男女双方各持一本，当事人只需要提交自己的一本就可以了。如果判决离婚，结婚证的原件将上交给法官。如果是在国外办理的结婚手续，需要提交经过公证认证的结婚证。如果国内办理的结婚证已遗失，可以在婚姻登记机关办理婚姻关系证明。

3. 如涉及构成事实婚姻，应提交居委会或街道办出具的证明。

4. 证明被告下落不明的，应提交被告住所或经常居住地公安机关的证明。

二、证明子女身份

1. 出生证，如果涉及非婚生子，需要提供亲子关系鉴定报告，除非出生证上写明父亲的姓名和身份证号。

2. 户口簿。

三、证明婚姻关系破裂的证据

1. 如涉及家庭暴力，应提交伤情鉴定报告；如果需要证人出庭作证，提交证人出庭作证申请书，同时提交证人亲笔签名的书面证人证言及附上证人身份证复印件。

2. 如涉及吸毒、赌博行为，应提交相应证据，如聊天记录、视频影像、证人证言等；涉及行政处罚、刑事犯罪的，应提交有关处罚决定或判决书。

3. 重婚或与他人同居的证据。如涉及有重婚行为或有配偶与他人同居，应提交上述行为相关的结婚证、子女出生证、居住证明、照片、视频或居委会、街道办、公安机关出具的证明等证据。如果配偶与他人同居，当事人需要注意取证的手段的合法性。一般在配偶的手机、平板中发现照片、视频、聊天记录等证据是合法的；当事人与配偶之间对话的录音一般也可以作为证据；在公共场所拍摄的照片、视频也是合法的；但是通过委托私家侦探等用跟踪、窃听等违法手段获取的证据是不合法的。在笔者办理的案件中，配偶出轨的证据主要是照片、视频、聊天记录等，少数案件有保证书之类的过错方亲自签名确认的证据材料。有的家庭用车绑定了停车场自动支付系统，可以通过自动支付的情况了解到配偶经常出入其他小区。有的当事人还通过社交媒体等查到配偶与其他人出游的照片等证据，这些都可以用来证明对方有出轨行为。除了上述在立案时提交的证据以外，很多案件在财产调查部分可以从法院调取的银行流水、微信流水、支付宝流水中间接获得对方出轨的证据。例如，对方给其他人的转账、微信红包中经常出现“520”“52.0”“1314”等暧昧的转账金额，或者在微信或者支付宝交易记录中有很多为他人购买女性用品的账单。随着社会的发展，此类证据的取得方式也越来越多，比如，有的当事人通过登录对方的 icloud 等云盘同步了对方手机中的照片和视频；再如，现在很多车辆都带有定位功能，可以通过软件了解车辆所处的位置和近期的轨迹等。这些夫妻二人在生活中能接触到的证据都是合法的。在取得这些证据后当事人要注意及时作电子存证或者到公证处办理电子证据的公证手续，以免开始诉讼后对方修改设置、密码、权限等导致开庭时无法提供证据出处或原始载体。

4. 证明分居的证据。要证明分居，需要证明自己没有和对方一起居住，要证明没有做一件事往往比证明做过要困难很多。但是在民事诉讼中，不需要绝对地证明没有在一起居住，只需要按照合理的理解表明并没有一起居住即可。一般可以提供在外租房的合同，进出其他小区的门禁记录等。在实务中如果对方当事人不同意离婚又比较有心计的，应注意向社区了解原先和配偶共同居住地所登记的居住信息，笔者在实务中就碰到过对方刻意向社区登记了我方当事人的居住信息，导致居住登记信息中双方在同一住所。

四、证明由一方抚养子女为宜的证据

1. 证明一方经济状况良好的，应提交工资单或其他合法收入的证明，或提交有关居住情况的证据。

2. 如涉及8周岁以上未成年子女的，应提交子女本人愿跟随父亲或母亲生活的相关证据，如子女手书的意愿书、子女自己叙述的视频等。

3. 超过2周岁、不满8周岁的子女，当前的生活现状对判决由哪方直接抚养有很大的影响。当事人应当尽可能地提供当前自己或者自己的父母照料小孩的证据。比如，照片、为子女购物的记录、接送子女的接送卡、在学校的签名等。

五、证明共同财产的证据

1. 证明有房产的，应提交房产证或购房合同、交款发票等购房材料。如果不是自己的账户直接支付，还需要提供代付款证明等用以证明自己出资的证据。共同还贷的房产需要到还贷银行打印还贷清单，清单上应显示每期本息各多少，并且显示剩余本金金额。

2. 证明有银行存款并申请法院调查的，应提交开户行名称和账号，开户行可以通过账号在银行客服等渠道查询。国内无法调取国外银行的交易记录，如果对方转移资产到国外，当事人可以尽量提供国内的相关交易记录。

3. 证明有股票并申请法院调查的，应提交股东代码、资金账号以及开户的证券营业部。

4. 证明有车辆的，应提交行驶证、车牌号。

5. 证明对方在公司拥有股权的，应提交该公司的工商登记情况、出资的证明等。如果对方有股权等由他人代持，需要提供代持协议等证明代持关系的证据。

6. 证明一方有债权债务的，除提交借据以外，必须有相关的收取、交付资金等的证据佐证。

7. 证明夫妻双方财产有约定的，必须提交协议书等相关的证据。

8. 如果对方在公司有虚拟受限股等股权激励类的虚拟股权，非上市公司的没有在工商登记的各种特别的股权，可以申请法院向所在公司调取。

9. 其他各类股权及金融类资产，都要提供相关的证明材料。

10. 要调取微信、支付宝流水的，需要提交微信号和支付宝账号。

11. 有小产权房、统建楼等没有房产证的房产要分割的，需要提供相应的合同、村委会证明、单位证明等。

六、其他举证相关事项

1. 当事人对自己主张的事项承担举证责任。

2. 反驳对方的证据时，最好有证据证明自己反驳的观点。

3. 民事证据达到高度盖然性即可，如果无法从逻辑上百分百地证明相关事实，不要轻易放弃，要尽可能地举证。

4. 对于对方提交的协议书等书证，如果认为书证上的签名是伪造的，一定要及时提出申请笔迹鉴定。

5. 应尽可能地在举证期限内提交证据，当事人在举证期限内提交证据材料确有困难的，应当在举证期限内向人民法院申请延期举证。

6. 当事人申请人民法院调查收集证据的，应依法在举证期限届满前提出。当事人及其诉讼代理人申请人民法院调查收集证据，应当提交书面申请。申请书应当载明被调查人的姓名或者单位名称、住所地等基本情况、所要调查收集的证据的内容、需要由人民法院调查收集证据的原因及其要证明的事实。

7. 证人应当出庭作证。当事人申请证人出庭作证应当在举证期限届满前向人民法院书面申请。

8. 对电子证据应及时办理公证手续或者电子存证。如果是微信中的证据，在公证或存证前不要清理微信存储空间。

9. 对对方提交的证据的真实性存疑的，应当及时提出鉴定申请；对需要鉴定的事项负有举证责任的当事人，在人民法院指定的期限内无正当理由不提出鉴定申请或者不预交鉴定费用或者拒不提供相关材料，致使对案件争议的事实无法通过鉴定结论予以认定的，对该事实承担举证不能的法律后果。

10. 离婚案件当事人不需要提起反诉，可以直接提出要分割的财产和自己的分割请求。

11. 开庭前应准备好各种证据的原件，电子证据没有办理公证或电子存证的，需要提供证据的原始载体，例如，对微信聊天记录证据，在提交证据时可以将聊天记录截图打印后提交，开庭时需要出示手机上的原始聊天记录供对方和法官查验。

12. 当事人向人民法院提供的证据是在中华人民共和国领域外形成的，该证据应当经所在国公证机关予以证明，并经中华人民共和国驻该国使馆予以认证，或者履行中华人民共和国与该所在国订立的有关条约中规定的证明手续。当事人向人民法院提供的证据是我国香港特区、澳门特区、台湾地区形成的，应该履行相关的证明手续。

13. 当事人向人民法院提供外文书证或者外文说明资料，应当附有中文译本。

14. 当事人应当对其提交的证据材料逐一分类编号，对证据材料的来源、证明对象和内容作简要说明，签名盖章，注明提交日期，并依照对方当事人的人数提出副本。

◇ 如何从交易流水中发掘线索？

涉及夫妻共同财产分割的离婚案件，银行流水是最常遇到的证据材料之一，且现如今手机支付如微信、支付宝支付已普及，尤其在大城市，大多数人消费已基本上不用现金，每笔手机支付都有迹可循。善用银行流水，可以给我们办案带来很多线索。

一、如何获取交易流水

我方当事人银行流水获取很简单，直接让当事人在网银或去银行柜台打出含“交易对手”信息的银行流水即可。微信、支付宝直接在手机 App 上申请即可。

对方当事人交易流水，可以申请法院责令对方提交其名下所有含“交易对手”信息的银行账户流水（如有其他特别需要调取的银行流水信息会进行强调，申请提交的时间段根据案情确认，一般为 1 年至 2 年），微信、支付宝同理。

二、交易流水中可以发掘的线索

1. 可以尝试找找对方当事人的银行账号。如果需要进行财产保全，可以从流水中找找对方当事人的银行账号，毕竟离婚案件中，双方当事人作为夫妻，资金往来较为频繁，从我方当事人的银行流水里可能会找到当事人遗漏的对方银行账号。

2. 对方存款、账户余额。从银行流水中可以知道在一定时间节点对方银行存款数额，并确认该数额请求法院进行分割。微信、支付宝同理。

3. 了解对方收入水平。如果对方是公司职员、公务员等，工资账户可以了解对方的收入水平，以此作为参考，确认要求对方支付抚养费的金额。如果对方当事人是自由职业，也可分析一下作为参考。

4. 查找对方其他财产线索。

（1）基金、证券等理财产品：购买基金、上市公司股票会关联银行账户，从银行流水中可能可以看到购买基金、股票等交易记录，进而了解对方基金、证券账户信息。

（2）保险、房产：如果“交易对手”栏显示是保险公司，可能对方还购买了保险，可以请求法院责令对方提供购买保险的情况并视情况要求分割（同理，如果显示房地产公司也如此）。

5. 注意对方是否有异常的大额支出，找出对方转移财产的线索。夫妻一方处分超出正常生活所需的金额，需要获得另一方同意。如果在银行流水中发现大额支出而我方当事人并不知情，可以指出并要求对方作出合理解释。如果对方无法作出合理解释，我方可以请求法院对该大额支出作出对对方不分或少分的判决。

6. 从流水中还可能发掘对方出轨的蛛丝马迹。

注意特殊节日里含有特殊含义的交易金额，如情人节、七夕、5 月 20 日、生日等，是否有数字为“520”“1314”等转账记录。我们代理的一起离婚案件中，从微信交易明细中发现，对方常在深夜或凌晨有交易记录，交易对手常为“酒吧”“酒店”“歌舞厅”等场所，该时间段还给明显是异性的微信号转账，我方有理由怀疑对方存在嫖娼行为，整理出来或可影响法官自由心证，判定对方存在过错。另外，应注意是否有规律地给他人转账。我们代理的一起离婚案件，对方当事人每个月给自己的微信小号转账一定数额（每笔转账金额不大，但每个月加起来均近 2000 元），我方要求对方提供该微信账号交易明细，对方可能心虚，主动提出给我方当事人补偿。

可分析对方是否经常出差或生活在外地。微信交易记录中，有时消费记录可以看出消费地点，如果显示对方经常在外地，可证明对方常年不在家，可将此作为争取孩子抚养权的有利证据。

三、如果对方不提供或提供不完整的银行流水怎么办

有时收到对方提交的流水，会发现对方流水并不符合法院责令提交的材料要求，比如，印刷不清晰、时间区间不对、没有含交易对手信息，甚至是少了部分账号流水，微信支付宝交易明细并没有显示余额等，对此通常是直

接与法官反馈，请求法官责令对方补充提交，但还是存在没有任何反馈的可能。没有收到其他材料，仍可以为当事人尽可能争取。

庭审时，请求法官要求对方当庭展示。笔者代理的几个案件中，对方并未提交我方已知的其他银行账户流水，且支付宝、微信交易明细也并未显示余额。于是我们在庭审中向法官申请要求对方当庭展示，双方登录手机银行App查询银行账户余额，登录微信查询微信零钱、理财通、零钱通等，登录支付宝查询其总资产（含余额、余额宝等理财产品总额）情况。当然，是否查询这么细致也看己方当事人的意愿，毕竟将大笔财产放在微信、支付宝的情况还是少数。

此外，我们还可以根据现有材料尽可能作出分析。笔者代理的一起离婚案件，法院要求对方提交其在国外的工资账户流水，但收到的银行流水印刷出来比较歪斜，尤其是靠边的交易金额那一栏，有的金额显示不完整，且流水上显示的最后一笔交易时间与确定的财产分割日相差一周左右。但对方明确表示交易明细已经完整提交且法院不可能到国外去调取银行流水，笔者就按照手头上的材料分析进行质证。从以下角度进行分析：（1）因为是工资账户，从流水中可看出每个月收入时间点固定，数额虽有变动但差距不大，而材料中缺失交易记录的最后一周里正好含有发薪日，于是指出对方故意隐藏一笔工资收入，并要求分割。（2）虽然有的交易金额未全部显示完整，但根据其他完整的金额推算出显示数字的部分是位于千位数还是百位数，比如，有笔交易记录数额仅显示“1”，后面数字没有印刷出来，但根据上下交易记录数额位数的比较，推出“1”处于百位数，我们则将该笔交易金额视为“100”，据此逻辑计算出近半年来对方的收支差额远远高于对方所提交流水中显示的余额，并提出异议。（3）列出其他显示的大额消费记录要求对方作出解释，并强调对方恶意隐藏财产。最后法院采纳了笔者的意见，未以账户显示的余额进行分割，而是以笔者计算出的收支差额作为参考，再加上对方遗漏的一个月工资，按照55%的份额分割给我方。

总而言之，银行交易流水中隐藏着大量的信息，在办理案件时要仔细分析银行流水，寻找蛛丝马迹。

以下为财产申报告知书样例：

××法院离婚案件当事人夫妻共同财产申报告知书

为平等保障离婚诉讼当事人的权利，防止并遏制离婚诉讼当事人隐藏、转移夫妻共同财产的行为，离婚诉讼当事人应如实申报夫妻共同财产，相关要求告知如下：

一、财产申报的范围和流程

● 适用情形

离婚诉讼中涉及财产分割的，夫妻双方当事人均须填报《离婚案件当事人夫妻共同财产申报表》。

● 申报时间

原告、被告（或上诉人、被上诉人）自收到本告知书之日起，至人民法院指定的财产申报期限截止之日止。经人民法院同意，申报期限可予以延长。

● 申报内容

婚后取得的所有财产、权益等夫妻共同财产，具体包括：（1）工资、住房公积金、奖金、津贴、补贴等收入；（2）土地、房产等不动产；（3）车辆、贵重私人物品等价值较大动产；（4）银行存款；（5）租金、政府津贴、农村集体组织红利等生产、经营性收益；（6）股权及其收益；（7）股票、基金等有价证券；（8）投资型保险；（9）知识产权的收益；（10）继承或赠与所得的财产，但遗嘱或赠与合同中确定只归夫或妻一方的财产除外；（11）其他依法属于夫妻共同财产的财产或权益。

同时还须申报：（1）债权债务；（2）婚前购买，婚后还贷的动产或不动产；（3）其他登记于一方名下或由一方持有、保管的，双方对于是否属于夫妻共同财产有争议的财产或权益。

● 申报要求

（1）夫妻双方须分别填写申报；申报必须真实、全面、不得隐瞒或遗漏。

（2）提交申报表时应同时提交相应的证据，如劳动合同、工资收入证明、房地产权属登记证明、房屋（车辆）贷款合同、银行存款明细等。

（3）如表格空间不够，应另附纸张补充一并提交。相关证据应与本表格同时在人民法院指定期限内提交一式两份，人民法院将附卷一份，另一份送达给对方当事人。

二、未如实申报的法律后果

● 人民法院查实存在故意隐瞒、不完整申报等未如实申报情形的，可适用《民法典》第1092条的规定判决其少分或不分该项财产；

● 以上未如实申报情形如构成妨害民事诉讼的行为的，人民法院可依法对该当事人予以罚款、拘留，构成犯罪的，依法追究刑事责任；

● 涉夫妻共同财产分割诉讼终结后，如一方发现对方在本案中未申报的财产，可依法另行起诉要求分割。在处理该财产时，如人民法院查实存在未如实申报夫妻共同财产的情形的，经核实存在故意或者重大过失的，可判决未申报方少分或者不分该项财产。

◇ 律师如何参与家事调解

大多数人就婚姻问题来找律师时已经在痛苦的婚姻里挣扎好长一段时间了，少则数月，多则长达数年。我曾经代理的一起离婚案件中，当事人来找我时，哭诉着告诉我，自己十年前就想与老公离婚了，可是当时因为孩子太小，所以犹豫不决，就这样十年过去了，感觉每一天都过得很痛苦，而在没有爱的环境里，孩子的性格也变得越来越古怪。

也许很多人没有经历过那种极端的痛苦，所以无法体会到，不过作为一名家事律师，虽然我未曾有过同样的处境，但是由于几乎每天都在耳闻、目睹类似的案件，所以，我能深深理解她的痛苦。

每接手一起案件，当我听完当事人的讲述，对于其感情是否破裂有了一个初步的判断后，其实我都特别希望能够通过调解的方式来帮助当事人早日解决痛苦。我希望我手上的每一起案件都不要走到诉讼那一步，当然，同时我也知道这只是一种理想主义，现实情况是，来找律师的当事人由于大多数

“病”（婚姻之“病”）入膏肓或者各种各样的原因，使得诉前能成功达成调解的案例并不多。尽管如此，我还是愿意不断作出努力，尽量提高调解成功率。

现就我过去成功调解的家事案例分享几点体会：

体会一：调解之前充分了解案情，并做好各项准备。

都说做离婚案件是一个磨性子的活，这话一点都没错。在我正式介入当事人的调解之前，我一般至少会与客户有两次详细的面谈。第一次面谈是初步了解情况，主要围绕夫妻感情破裂原因、子女抚养情况、双方经济能力、家庭财产情况这几个核心要素来了解（这也是将来万一走到诉讼，法官所关注的问题)，这次面谈很重要，它会使我对案件难度有一个初步的了解和判断，并能大概预测案件的结果。

第一次面谈结束后，有的当事人会当场委托我，也有的可能需要考虑一段时间，不过这都很正常。如果当事人选择委托了我，则我将会进行第二次面谈。这次面谈更重要，因为我将不仅了解基础情况，还会进一步了解一些背景情况（包括对方性格、家庭背景、教育背景、工作背景等）。很多细节问题，在当事人看来也许并没有多大意义，然而，这些细节被我们捕捉后，在办理案件中能够起到关键作用。举一个例子，曾经办理的一起男女朋友在同居期间因经济问题发生纠纷，委托我们的是女方，在办理案件过程中，当我们了解到男方的某亲属在深圳有相当的社会地位和经济地位，于是尝试与其亲属联系，并阐明事理和法理，希望其帮忙劝劝男方勿因小失大，结果后来使得案件很快顺利解决。

二次面谈结束后，对于多数案件，我甚至能大概判断出案件的走向，是否有达成调解的可能，并同时指导当事人做好各项准备，包括证据方面的准备和心理准备，并为当事人分析最好的结果、最差的结果等。告诉当事人哪些可以主张，哪些就不要去提了（比如，自己名下存款与对方名下存款相当，或者甚至自己名下的比对方名下的可能还要多，那么就不要去提分割对方名下的存款了，因为提了只会把事情搅得更复杂，对自己也不利，当然，如果走到法院那一步，法庭要求申报财产又是另外一回事。)

此外，对于比较复杂或可能出现争议的案子，还要准备几份对我方有利的类似判决以及相关法理、法律依据，以做到心中有数；以备将来对方提出自己的观点时，律师也能有一个从容不迫的应对。

体会二：与对方初次见面，既要友好和善，又要不卑不亢。

尽管在与对方见面前，我们已经从当事人那里了解了相当多的信息，并已做好一系列准备，但是，当真与对方见面后，还是得要时时观察对方，并随机应变，做出适当调整。对于第一次见面，一条总的原则是，既要对对方友好和善，同时也要不卑不亢，以维护自己和己方当事人的尊严。根据我过去办理案件的感受，在我与对方第一次见面时，很多人刚开始往往对我并不友好，总认为我是帮他（她）妻子（丈夫）说话的，所以对我警惕心也很高，不过，我都不会去计较，仍然会有礼貌地与其打招呼，接下来我往往会先听听对方怎么说。有的对方当事人不仅自己来，可能还会带上亲属或律师，我也会先请对方亲属或律师表达他们的看法、观点。记得多年前曾经碰到的一起离婚案件，对方当事人带来的亲属一开始对我并不友好，不过我不卑不亢、不紧不慢地说道："既然来了，那就不妨先坐下来聊一会，不管问题现在能不能得到解决，至少也能相互了解一下想法，再说，如果现在解决不了，将来上法庭，也还是要讨论这些问题的，而且对于这种家事案件，到了法庭，法官是不管双方是什么背景的，最终还是会结合证据和法律，一一做出判决，与其那样，还不如咱们自己聊聊，看能不能解决，您说对吗？"一番话过后，对方态度明显缓和了很多。后来，该案成功达成调解。谈话是技术，更是艺术，这的确需要不断修炼。只有内心强大，才能在各类人面前都能表现从容淡定。

体会三：不要急于求成，做好二次谈判的打算。

对于简单的案件还稍微好点，对于比较复杂的案件，千万别过度指望一次能谈成。很多时候，尤其是对于比较复杂的案件，往往在进行第一次谈判时，我们的主要任务就是听对方说，对方可以说出他（她）全部的想法，哪怕是他（她）对我方当事人的指责、抱怨、愤怒等各种情绪，我们都要能够静下心来听对方倾诉，让对方一一表达。从某种角度来讲，当一个人把他（她）的想法闷在心里，无人倾诉时，他（她）可能会走进死胡同，思想也转不过弯来，而他（她）把这些都一一倾诉出来后，他（她）反而会畅快了，也许还能想通点。同时，对于他（她）说得有道理的地方，我们也要适当表示赞同，同理心很重要，尽管他们不是我们的当事人，但是，作为独立执业的律师，也可以有自己的判断，只要这种判断并没有损害我方当事人的利益，就不违背律师职业道德。其实，耐心听对方倾诉也能为二次谈判打下基础。当再次见面时，会与第一次谈判有明显的区别，我代理的案件，一般到第二次见面谈判时，目的都非常明确，那就是直奔主题，直指要解决的问题。

体会四：从情感出发，从细节着手，根据案情需要适时阐明事理及法理。

谈判过程中（对于复杂的案件，一般是指第二次谈判时），我会把问题一个个列出来，一般按照如下顺序推动调解进程：归纳对方诉求——陈述我方诉求——确认调解核心内容——（把无争议的问题放一边），重点讨论争议内容、了解矛盾、差距——分别给双方做工作，从情感出发、从细节着手，阐明事理、法理——总结双方观点，宣告调解结束（成功或失败）。

在其中，有两个问题需要特别强调。首先，作为律师，我们与对方谈话时，态度应当是自然随和的，我之所以在本书中多次提到这一点，是因为对于对方当事人而言，其实并没有义务来配合我们协商，尽管若能协商成功，也是帮助其自身解决问题，如果我们态度傲慢甚至得理不饶人，那么只会直接导致谈判无法进行下去。要知道，我们的目的是在于解决问题。

其次，要从细节着手，以感染对方，有时候，适度夸一下对方也是无妨的。比如，有些时候，可以提一下对方曾经给过我方当事人及家人所带来的帮助（要能举出具体事例，所以如前所述，调解前的准备工作很重要），并表示感激。甚至赞美对方有气度、有能力等。俗话说，最容易打动人的都是细节，最容易激发矛盾的也是细节。所以，细节的运用需要自然而然，恰到好处。

最后，还有三个问题与大家分享：一是调解要不要双方同时到场的问题，我的观点是，双方可以都在场，但是根据情况，律师单独与对方先谈一下，效果可能会更好（尤其是在有的双方当事人一见面就吵架的情况下），这时可请我方当事人先回避下。二是如果对方是男士，我通常会带上男助理一同参与谈判，一方面考虑到安全问题，另一方面能给到对方一个心理上的感觉，那就是男同事能站在他的角度考虑。不会让他从一开始就觉得我们无法理解他。我们曾经参与调解的一个案子，双方当事人差点打起来，不过该案最后也成功达成调解。所以，一般建议最好两位律师同时参与调解。三是调解次数的问题。我的原则是，调解会设置一段时间（比如，两个月或三个月，具体根据案情与当事人商量），并设定次数，一般面谈不超过三次，如果三次仍未谈成功，则建议及时走诉讼程序。

当然也并不是每一起案件都可以调解，对于有几类我是不建议诉前调解的，一是对方心理严重扭曲、人格不健全的，比如，有自杀或杀人倾向的（所以，律师需要不断提高观察力，学会鉴别出这类人）；二是思想“钻牛角”走不出来的，就是无论你说什么，他都无法听进去，那么继续协商下去，只会浪费时间，此种情况下，我也不建议继续调解。

家事案件的过激事件时有发生，我们在办理家事案件中，在维护己方当事人的权益的同时也要对对方当事人保持尊重，尽可能地从好聚好散的角度出发，在法律框架内解决问题，不要和当事人一起陷入离婚的情绪中锱铢必较。很多时候当事人在离婚时情绪很激动，但离婚之后一切都尘埃落定了，反倒能冷静地相处。特别是有子女的，因为探望的原因，两人在离婚后还是免不了要经常见面；与其每次见面都吵架，不如各自放过，心平气和地以路人或朋友的身份相处。

◇ 夫妻一方因疫情影响不便回国，远程视频调解离婚解客户之愁

一、案情简介

M 先生和 S 女士都是中国人，曾在国内登记结婚，数年前，S 女士出国

进修之后留在国外工作，由于两人长期分居两地，感情日渐淡化，现双方都要求离婚，并对孩子抚养权以及财产分割都已达成一致意见，但是受疫情影响，且S女士工作繁忙，实在不便回国办理离婚手续，于是S女士咨询我们如何能够顺利解决离婚这一难题。

二、办案心得

当我们详细了解了S女士的情况后，首先给S女士讲解了关于离婚的两种方式。一种方式是夫妻双方带上离婚协议共同到民政局办理离婚登记手续，此种方式成本较低，不过自2021年1月1日《民法典》实施以来，到民政局办理离婚手续是有离婚冷静期的，也就说需要先后两次亲自到民政局办理，即双方先签订书面离婚协议，并亲自到婚姻登记机关申请离婚登记，这是第一步；然后自婚姻登记机关收到离婚登记申请之日起30日届满后的30日内，双方再亲自到婚姻登记机关申请发给离婚证。另一种方式是夫妻一方向法院提起离婚诉讼，另一方应诉，双方将已达成一致意见的和解协议上传至微法院，经法院审查后，即可安排调解，通常当收到法院离婚调解书时，婚姻关系即解除。

本案中，结合S女士的情况，S女士两次回国登记显然不现实，众所周知，目前从国外过来都要求隔离一段时间。于是我们建议通过诉讼方式来解除婚姻关系。具体分为如下几步：

第一步，由于M先生在国内比较方便，故先由M先生作为原告，自行向法院起诉离婚，在此需要提醒的是，离婚案件中如果原告本人不亲自到庭有可能被法官裁定按撤诉处理，而撤诉后如果原告再起诉则需要等待6个月。本案中，S女士是无法亲自到庭审现场的，为了避免法院不同意线上开庭或因为技术原因无法线上开庭从而导致按撤诉处理，所以最好由身处国内这一方作为原告起诉。

第二步，我们将授权委托书模板发给S女士，我们作为S女士的代理律师，由S女士到其所在国办理委托手续的相关公证认证手续。办理方式因各国要求不同，具体以当地要求为准。比如，在澳大利亚，需要三级公证认证，首先需要当地公证员或有资格的公证律师公证，再递交到其所在国外交部对公证员的签字盖章进行认证，最后再递交到中国驻该国领事馆对外交部的签字盖章进行认证。

第三步，我们起草调解协议，并指导当事人注册“深圳移动微法院”小程序、及时跟进案件、并申请线上调解。经过与法院沟通，法院同意线上安排调解。不过虽然是线上，但我们团队的律师仍按法院要求到达了庭审现场，只是S女士确实因特殊情况而远程在线视频参与调解。

第四步，拿到调解书并同时申请法院开具离婚证明。

这个案件从申请立案到拿到调解书、离婚证明大约花费一个月时间，与到民政局办理离婚登记离婚需要的时间也差不多，但是解决了我方当事人无法回国办理的难题。

不过，需要特别提醒的是，对于当事人无法亲自到场办理的情况，律师在接受委托时需要格外谨慎，防止极少数人利用诉讼程序虚假诉讼（例如，为逃避债务或为达到其他目的等），本案中，我们对当事人的每一项陈述及提交的资料都进行了认真确认和审查，且联系对方又进一步进行了确认，除此以外，我们还要求S女士严格按照法律程序进行公证认证，除了上面提到的委托手续进行公证认证之外，我们还要求S女士将其对离婚及财产问题等问题的意见形成书面材料。正因为我们提前作好了一切准备工作，所以才得以高效解决。为客户提供合法有效、专业细致的法律服务，帮助客户解决问题正是律师职责所在。

后记：我与盈科的故事

——破茧成蝶，朝着梦想的方向飞翔[1]

我是 2015 年 1 月加入盈科的，而来盈科之前，我曾与好友谈起我打算加盟盈科，好友坦诚地对我讲："那些大所都人才济济，业绩压力大，竞争力强，而我知道你的性格，你一向温文尔雅、与世无争、崇尚小富即安的生活理念，你恐怕是难以适应盈科的大环境的。"然而，来盈科之后的发展却是连我自己都未曾想过的。我从来也没想到我在盈科会收获这么多精彩和美好的回忆，当然，也曾有过不少坎坷，但一切过往皆为序章，所有将来皆为可盼。

一、选择——一见倾心、毫不犹豫

说到我为何会加入盈科，还得从我和我老公的故事说起，我和他是高中同学，我读的是警官学院，他毕业于华中科技大学，我毕业后回到家乡做了一名警察，后来因为他研究生毕业后被一家知名外企校招到深圳，于是我就辞去工作也来了深圳，并于 2007 年考取律师资格，进入了律师行业。

至于我为何会选择盈科，是因为我老公在外企工作了多年后，受我的影响，也对法律产生了浓厚了兴趣，于是他利用业余时间自学法律，并于 2012 年一次通过了司法考试。2014 年年底，他也想进入律师行业发展，我们当时走访了几家大所，印象最好的就是盈科，让我们感到若能有幸在这个

---

〔1〕 文章是我应《民主与法制》编辑部的邀请撰写的关于"我与盈科的故事"原稿。后经稍加修改后发表于《民主与法制》周刊（2020 年第 42 期），见《相亲相爱：夫妻盈科共前行》一文。

平台上发展，未来应当会有无限可能。于是就这样，我们被吸引到了盈科。

二、发展——走过一段相对孤独的岁月

刚加入盈科时，我还只是一名普通的执业律师，而不到半年时间，就从卡座搬入了办公室，并招聘了一名助理。到当年年底时，我们粗略盘算了一下业绩，全年业绩竟已接近律所对高级合伙人的业绩要求了，而我当年的收入较上一年度翻了一倍还多。当然，那年也有一点“运气”的成分，比如，刚好赶上“330”房产新政，爆发房屋买卖违约潮。那一年，我们带着另一名实习律师办理的案件，单房产纠纷就将近50件了。

但是违约潮终究只是一股“潮流”。2015年9月，我们从上半年忙到无暇思考到下半年终于可以喘口气的时候，老公因与他大学同学聚会时无意聊到人工智能是未来的发展趋势时，他便从此动了心思，一心想将人工智能与法律行业相结合，并由此开始了他的创业之路，甚至为此还注销了已经实习了大半年的律师实习证。

说实话，我当时其实并不太希望他创业，我性格相对保守，我认为做律师挺不错的，虽然发不了财，但小康生活还是没问题的，且风险比创业要小很多。但是他苦口婆心劝我道：“老婆，你的收入还不错且已经相对稳定了，咱们过日子不用愁了，但咱们家总得有一个人闯一下，梦想还是要有的，万一实现了呢？反正我们也还年轻，就闯这一次，如果闯不出来，我就再回来做律师。”

于是就这样，我同意了他与他同学合伙创业。不久后，他便搬到了同学公司办公，为节省创业成本，曾有相当长一段时间，他与几个小伙伴在一个四面无窗、环境阴暗的阁楼上办公。我记得他创业那几年，每天早出晚归，工作环境堪忧，我婆婆说了一句话让我印象深刻却又哭笑不得，婆婆说都怪我这个儿媳妇太能干了，如果媳妇少赚点钱养不起家，儿子自然就不会想着去创业瞎折腾了。

而在这一年，除了我老公创业这件事外，我们家里还决定了一件大事——要二胎。2015年年底，二孩政策放开，当时我老公刚开始创业，当

他还在犹豫是否等过两年再要二宝时，我却迅速作了决定。我理解他当时的想法，他是希望等他的事业稳定一点了再要二宝，这样，我就不用那么辛苦地工作，可以轻松一点，多一些时间陪伴孩子。而我却对老公说："没关系，家里还有一点积蓄，而且怀孕期间我也是可以工作的，对于女人来说，怀孕的年龄也是很重要的，现在还为时不晚，但如果再过两年，年纪更大了，会增加生育的风险，且可能会影响宝宝的健康。"就这样，我很快有了二宝，整个怀孕期间，我并未间断工作。我记得在二宝出生的前两天，我都还挺着大肚子陪同当事人参与一起家事案件的调解工作。而生完二宝的第三天，又由于一起老客户的案件需要紧急立案，我还未出院便在医院的病床上搭起小桌板修改起诉状。国庆节后没几天，又有一个案子因二审开庭（该案一审是我代理的且一审胜诉，只有我对当事人的案情最了解，且当事人也希望我亲自出庭），刚生二宝不到二十天的我便出现在法庭上，连同事都感到震惊。我倒真的不想说我有多优秀，而只想说：首先，我们必须对自己的选择负责；其次，遇到任何问题，我们都不要自怨自艾，因为抱怨解决不了任何问题，尽管我怀孕期间老公因工作太忙而没有多少时间陪我，甚至绝大多数时候的产检都是我自己一个人去的，我也会有情绪不好的时候，不过幸亏有工作及时"解救"我，因为有工作陪伴，因为在这段特殊的时期，依然有当事人愿意信赖我而委托我（在这里，再次特别感恩那些信赖我的当事人们），所以，我很快就能调整好自己的情绪，从不愉快中走出来。

2016 年生二宝那年，我办理的案件数量虽然比上一年度有所下降，但也办理数十起案件，当然，收入也还可以，没有影响家庭的生活质量。回想那段岁月，其实也是孤独的，不过那段特殊的日子也留给我不少特殊的回忆。比如，我怀孕 6 个月时，与我的美女助理一同到上海开庭顺利达成调解，开完庭后开心逛上海外滩及步行街的日子。再如，我怀孕 9 个月打车到南山区沙河法庭开庭叫了一辆滴滴车，结果滴滴车一路抱怨说载一名孕妇风险责任有多大，而我却不急不躁一路都在安抚司机的情绪，心里却偷着乐总算打到车，不用担心迟到了；又如，怀孕后期，肚子大了，委托的客户渐渐少了，闲时，我和我的助理编纂房屋买卖风险提示，一下子吸引房产群里的好多粉丝；怀孕后期，我几乎一周写一篇《陪您走过那道坎》系列与专业相关的文章，与其说是陪同我的当事人走过那道坎，不如说是陪同我自己，因为我真的从办案子和写作中得到了释怀。

三、收获——砥砺前行、绽放精彩

2017 年，我的事业在老公的鼓励下又上了一个新台阶，之后业绩一直都比较稳定。同时也深获不少当事人好评以及多位当事人赠送的锦旗，并连年被律所评为优秀律师，记得 2018 年的元月，还作为优秀律师代表前往南京参加盈科总部举办的优秀表彰大会。虽然相比律所其他众多优秀同事，我算不上耀眼，但对于自己而言，以及与多年前的自己相比，我却已经很满足。

2018 年 5 月，老公经过两年多的创业仍未走出困境，终于决定放弃。这一年，他将公司注销后又重新回到律师事务所，又重新跟着我实习。这一次，他显然安心很多，一心一意想做律师，目前已顺利成为盈科的一名专职律师。

2020 年 5 月，我购买了律所的股权，加入了律所管委会，我除了做好自己的本职工作外，还为律所的发展尽自己的一份力量。

四、结语——温暖相伴、携手同行

目前，我和老公的状态是：既彼此独立，又相互扶持，他研究他感兴趣的领域，如科技领域、公司领域等，而我一直做我的家事和房产领域，但遇到重大案件我们会在一起讨论，我老公是理工科出身，他的逻辑思维能力较强，总能给我提供不少很有价值的建议。

有人问我：“两口子在一起工作有何好处？”我笑着答：“一起上下班可以节省油费。”当然，用他的话说，也有“弊”端，那就是工作和休闲时间没啥区分了，经常休息时却突然与他讨论起某个案子。

总之，我们非常感谢盈科平台，如果说律师这一职业给了我们充实而又有意义的人生。那么盈科便是实现我们人生梦想的舞台。俗话说，爱出者爱返、福往者福来，我从来没想过自己这一辈子能有多大成就，曾经加入盈科时想的不过是希望成就我老公，但没想到几年过去了自己也成长了不少、收获了不少。真心感恩所有，感恩老公的帮助和陪伴，感恩团队小伙伴的辛勤付出，感恩一切支持我、鼓励我、帮助过我的朋友、同事和客户！最后再次祝福盈科越来越好！